Grundrisse zum Neuen Testament

2

V&R

Grundrisse zum Neuen Testament

Das Neue Testament Deutsch · Ergänzungsreihe

Herausgegeben von Jürgen Roloff

Band 2

Theologische Einleitung in das Neue Testament

Göttingen · Vandenhoeck & Ruprecht · 1989

Theologische Einleitung in das Neue Testament

von

Eduard Schweizer

Göttingen · Vandenhoeck & Ruprecht · 1989

CIP-Titelaufnahme der Deutschen Bibliothek

Schweizer, Eduard:
Theologische Einleitung in das Neue Testament / von Eduard Schweizer. –
Göttingen: Vandenhoeck u. Ruprecht, 1989
(Grundrisse zum Neuen Testament; Bd. 2)
ISBN 3-525-51370-4
NE: GT

Satz: Schriftsatz-Studio Grohs, Landolfshausen
Druck und Einband: Hubert & Co., Göttingen

Dem International Baptist Theological Seminary
in Rüschlikon / Zürich
als bescheidenes Zeichen der Dankbarkeit für die
mir am 24. 4. 1986 verliehene „Scroll of Honour"

Vorwort

Je älter ich werde, desto klarer wird mir, wie vieles wir nicht wissen. Das ist übrigens auch eine befreiende Einsicht, die mir auch in vielen Gesprächen mit meiner Frau aufgegangen ist und immer wieder aufgeht. Man wird dann nämlich immer dankbarer für die, die das können, was man selbst nicht kann, und lernt so auch, die Grenzen der eigenen Gaben ruhig zu sehen.

Von daher war mir die klar umgrenzte Aufgabe willkommen, die mir der damalige Herausgeber der „Grundrisse zum Neuen Testament", G. Friedrich, vorschlug. Eine „theologische Einleitung" zu schreiben, leuchtete mir ein. Darin muß man ja die unterschiedlichen Zeiten und Situationen ernstnehmen, in denen der *eine* Glaube bezeugt und vor allem gelebt werden muß. Das gilt für das Neue Testament wie für die heutige Gemeinde. Direkt nach meinem Studium und einem halbjährigen Vikariat mußte ich in meiner Heimatstadt Basel in einer Notlage die Stellvertretung für drei Pfarrer übernehmen, in einem Arbeiterviertel mit 13500 Gemeindegliedern und hundert 15–16jährigen Konfirmanden, die abends von 6–7 aus den Fabriken und dem Rheinhafen zum Unterricht kamen. Da es die Zeit der Arbeitslosigkeit war, ergaben sich viele Gespräche mit Männern bei den Hausbesuchen. Ich habe daran anschließend fast zehn Jahre in einer Bauerngemeinde in den st.gallischen Bergen gelebt und dabei, wenn auch noch zu wenig, gelernt, daß man die gleiche Botschaft hier wie dort in sehr verschiedener Weise ausrichten mußte. Das hat sich fortgesetzt in meinem akademischen Dienst. Ich habe in den verschiedenen Kontinenten unserer Erde, aber vor allem auch bei Menschen aller möglichen Konfessionen immer neu lernen müssen, auf sehr ungewohnte Aussagen zu hören und auch selbst in Neuland vorzustoßen. Dazu gehören die guten Erfahrungen in der Arbeitsgemeinschaft des Evangelisch-Katholischen Kommentars, aber auch die Verbindung mit der Theologischen Hochschule der Baptisten in Rüschlikon / Zürich, von der aus manche bei uns an der Universität ihr Doktorexamen bestanden. Die Widmung mag ein Zeichen sein für erfahrene Glaubensgemeinschaft dort und über sie hinaus bei ihren Lehrern und Freunden in den USA. Daß sie mir als erstem Nichtbaptisten die höchste, ihr mögliche Ehrung zukommen ließ, hat mich sehr bewegt. Daß wir weder die Taufe mit den Baptisten noch das Abendmahl mit den Katholiken gemeinsam feiern können, zeigt, daß wir die Einheit der Gemeinde im Neuen Testament noch nicht gefunden haben. Das schmerzt uns. Und doch ist bei allen dogmatischen und kirchlichen Unterschieden in den letzten Jahrzehnten viel gemeinsames Suchen, Hören und Wagen wahr geworden.

So wollen wir desto ernsthafter versuchen, sehr intensiv auf das Neue Testament zu hören, auch auf das, was uns zunächst gar nicht in den Kram paßt. Und weil so viele Vorurteile uns und unsere Art zu lesen immer schon prägen, können wir nur bitten, daß Gott selbst uns immer mehr davon befreit. So mag denn auch mein Versuch verstanden werden, und ich hoffe, daß der Leser ihn nicht nur kritisch, sondern auch mit einem Schuß von freundlichem Humor liest, wo er Fehler entdeckt. Er weiß ja auch, daß nur der, der im Gras sitzen bleibt und nie auf einen Apfelbaum steigt, nie riskiert herunterzufallen, aber eben auch nie Äpfel pflücken wird.

Eduard Schweizer

Inhalt

I. Mündliche Überlieferung und erste schriftliche Fixierung

*Vorbemerkung**

Eine *Einleitung* ins Neue Testament zu schreiben schließt eine Vorentscheidung ein, nämlich die Beschränkung auf die kanonisch gewordenen Schriften, obwohl es urchristliche Dokumente gibt, die ebenso alt oder älter sind als gewisse Teile des Neuen Testaments: das Tomasevangelium, judenchristliche Evangelien, der erste Clemensbrief usf. Doch unterscheiden sich die neutestamentlichen Texte von ihnen dadurch, daß sie, immer wieder als „Schrift" gelesen, für die Gemeinden wegweisend wurden[1] (vgl. dazu unten 3.2).

Es ist jedoch nicht zu vergessen, daß sie in einer ganz bestimmten Zeit und Situation geschrieben wurden. Darum soll im Folgenden nicht ausgegangen werden von bestimmten Problemen, z.B. von der Frage, was „Sünde" oder was „Gnade" im Neuen Testament bedeute. Es soll vielmehr im wesentlichen von Schrift zu Schrift vorgegangen und so die geschichtliche Zeit und Situation jedes einzelnen Buchs ernstgenommen werden. Freilich kann nur sehr knapp und ohne größere Diskussion festgestellt werden, was allgemein anerkannt oder umstritten ist. Es wird dabei deutlich werden, wo der Verfasser am ehesten die richtige Lösung sieht, ohne daß dies doch erschöpfend begründet werden kann. Dazu wären die üblichen „Einleitungen" zu vergleichen[2]. Die eigentliche Frage, um die es hier geht, ist die, was „theologisch" geschehen ist, also was bis heute für den Glauben der Kirche wesentlich ist, als z.B. die mündliche Tradition zum ersten Mal niedergeschrieben wurde, oder als Matthäus den Markus in einer anderen Zeit und Situation durch ein neues Evangelium ersetzen wollte, oder als Paulus von der Antwort auf die heftigen Angriffe gegen ihn in Galatien zur Aufgabe überging, seinen Besuch in Rom vorzubereiten, wo ähnliche Probleme im Hintergrund stehen konnten, aber eine Gegnerschaft gegen ihn jedenfalls nicht offen ausgebrochen war, usf.

---

* *Das Buch kann auch ohne Beachtung der Anmerkungen gelesen werden; diese sollen nur der wissenschaftlichen Weiterarbeit dienen.*
Schriften der sog. apostolischen Väter (Barnabasbrief, 1./2. Clemensbrief und Pseudo-Clementinen, Didache, Hermas, Ignatius, Papias, Polykarps Philipperbrief) findet man in deutscher Übersetzung z.B. in „Neutestamentliche Apokryphen", hg. E. Hennecke, [2]Tübingen 1924, jüdische Schriften (Sibyllinen, Testamente der zwölf Patriarchen) in „Die Apokryphen und Pseudepigraphen des Alten Testaments", hg. E. Kautzsch, Tübingen 1900, oder P. Riessler, Altjüdisches Schrifttum außerhalb der Bibel, Augsburg 1928.

Das Folgende unterscheidet sich also von einer üblichen Einleitung dadurch, daß die historischen Fragen nur als Grundlage dafür dienen, die theologisch wichtigen Aussagen der neutestamentlichen Schriften so gut wie nur möglich zu erkennen. Es unterscheidet sich von einer üblichen Theologie des Neuen Testaments darin, daß es nicht nach Begriffen wie Sünde und Gnade orientiert ist, sondern nach den einzelnen Schriften. Es ist also stärker auch Darstellung eines geschichtlichen Ablaufs und insofern ein weit bescheideneres Unternehmen. Dabei kann auch keineswegs mit einer einzigen, zusammenhängenden Entwicklung gerechnet werden, sondern muß immer auch auf Neuansätze, alternative Lösungen, Korrekturen hingewiesen werden, die von außen gesehen geschichtlich zufällig sind. Dennoch ist die Frage nach der Einheit des neutestamentlichen Zeugnisses, also auch danach, wie sich die verschiedenen Antworten, etwa des Paulus und des Jakobusbriefs, zu einander verhalten, dauernd lebendig. Es soll darum auch mindestens angedeutet werden, wie der Verfasser, in einer notwendigerweise persönlichen Entscheidung, die Richtung sieht, in der die beobachteten Spannungen und Gegensätze im Glauben und Leben der Kirche aufgenommen und bewältigt werden können.

1. Jesus in der Geschichte seiner Zeit

1.1 Außerchristliche Zeugnisse über Jesus sind ganz wenige erhalten. Der römische Geschichtsschreiber Tacitus[3] berichtet anläßlich des Brandes in Rom unter Nero, Christus (was er als Namen auffaßt) sei unter Pontius Pilatus hingerichtet worden. Sueton[4] schreibt, es sei, veranlaßt durch einen Chrestos (griechisches e und i sind damals gleich ausgesprochen worden), in Rom ein Aufstand unter der Judenschaft ausgebrochen (beide um 100 n. Chr. oder etwas später). Beim jüdischen Historiker Josephus[5] findet sich, kurz vor 100, ein längerer Abschnitt über Jesus, der aber sicher nicht von einem Juden, sondern nur von einem gläubigen Christen, wohl einem der vielen christlichen Abschreiber, stammen kann. Doch ist möglich, daß eine kurze Notiz von der Hinrichtung Jesu schon im Text stand und Anlaß zu dieser Ausführung wurde. An anderer Stelle erwähnt Josephus den Tod des Jakobus, „des Bruders Jesu, des sogenannten Christus". Schwer datierbare und unklare jüdische Nachrichten[6] reden von Jesu „Zauberei", von „fünf Jüngern" und von seiner Hinrichtung am Vorabend des Passa (so Joh 18,28; 19,14). Daß Jesus gelebt hat und gekreuzigt worden ist, wird nie bezweifelt. Die ganz unbetonten Nachrichten von Brüdern Jesu in 1 Kor 9,5, auch die im Neuen Testament noch sichtbaren Schwierigkeiten, die die Gemeinde damals gehabt hat, die Kreuzigung zu begreifen, zeigen eindeutig, daß beides historische Tatsachen sind. Auch daß die Begegnungen der Jünger mit dem Auferstandenen – wie immer man sich diese vorstellen will – zu einem neuen Anfang geführt haben, ist nicht zu bezweifeln. Zur Bestattung Jesu, die oberste Pietätspflicht gewesen wäre, war nur noch ein Außenstehender da, und noch am Sonntag waren einzig die Frauen am Grab. Die Jünger sind also höchstwahrscheinlich nach Galiläa geflohen, so daß die Tradition von der ersten

Erscheinung Jesu vor den Jüngern in Galiläa (Mt 28,16–20; Mk 16,7) vermutlich historisch richtig ist. Sie wird die Jünger zur Rückkehr nach Jerusalem, dem Zentrum der Geschichte Gottes, bewegt haben; jedenfalls befinden sie sich nicht nur nach der Apostelgeschichte, sondern auch nach Gal 1,18–19; 2,9 später dort. Daß die 1 Kor 15,5–8 Genannten überzeugt waren, den Herrn gesehen zu haben (wie es Paulus auch 1 Kor 9,1 formuliert), ist zweifellos richtig, auch wenn die Reihenfolge der Erscheinungen in Galiläa (wo vermutlich auch die Erstbegegnung mit Petrus stattfand: 1 Kor 15,5; in Lk 24,34 nach Jerusalem verlegt; vgl. Mk 16,7, wo Petrus besonders genannt ist) und Jerusalem (so Lukas und Joh 20) nicht mehr sicher feststellbar ist.

Mehr läßt sich nicht sagen. Das heißt, daß es, theologisch gesehen, Akt des Glaubens ist, wenn das Neue Testament von diesem in der Weltgeschichte keineswegs hervorragenden Menschen Jesus von Nazaret erklärt, daß in ihm Gott selbst der Welt und ihrer Geschichte begegnet ist.

1.2 Wann hat Jesus gelebt? Wenn Jesus unter Herodes geboren wurde (Mt 2,1; Lk 1,5), muß das vor dessen Tod anno 4 v. Chr. geschehen sein. Freilich gab es zwischen 7 v. Chr. und 6 n. Chr. keinen Statthalter Quirinius in Syrien (Lk 2,2), wohl aber ab 6 n. Chr. zur Zeit, in der nach Josephus die erste Besteuerung in Palästina durchgeführt wurde. Möglich wäre, daß Quirinius in anderer Funktion dies früher vorbereitet hätte; doch ist das nicht zu belegen und sehr unwahrscheinlich, weil das Land damals noch nicht römische Provinz war. Diese Notiz wird also irrtümlich erfolgt sein. Die, freilich vielleicht nur als literarisch übliche Ausschmückung erklärbaren, Angaben über Jesu erstes Auftreten in Lk 3,1–2 (zwischen 26 und 29 n. Chr.); 3,23 (Jesus etwa dreißigjährig) und Joh 2,20 (46 Jahre seit Beginn des Tempelbaus im Jahr 20/19 v. Chr.) weisen auf eine Geburt Jesu in den Jahren 7–4 v. Chr. hin. Da Paulus, soweit wir noch erkennen können, ca. 32, spätestens 35 n. Chr., berufen worden ist (s. u. 9.1), kann man Jesu Tod kaum später als etwa 30/31 n. Chr. ansetzen. Er wurde nach allen Evangelien an einem Freitag gekreuzigt, der der Passatag (so Mt, Mk, Lk) oder sein Vortag (so Joh) war. Da der Monatsbeginn damals nur nach der ersten Sicht des Neumonds festgelegt wurde, konnte er sich leicht um einen Tag verschieben gegenüber dem wirklichen astronomischen Kalender. Im Jahre 30 n. Chr. war der 14. (Vorabend) oder 15. (Passa) Nisan ein Freitag[7].

Das heißt, daß es zwar keine garantiert richtigen Daten gibt — mindestens bei der Angabe über Quirinius kann etwas nicht stimmen –, daß es aber dem Glauben wesentlich ist, daß das Jesusgeschehen an einem bestimmten Zeitpunkt unserer Geschichte und nicht einfach in nebelhafter mythischer Vergangenheit zu datieren ist. Daß unsere Zeitrechnung sich um mindestens vier Jahre geirrt hat, wohl aber die theologisch entscheidende Tatsache festhält, daß Gottes Kommen in unsere Welt an einem datierbaren Ereignis hängt, schließt beide Seiten dieser Wahrheit ein.

1.3 Wo hat Jesus gelebt? Jesus wächst auf und wirkt zunächst in Galiläa, dem etwas verachteten und nicht streng nach dem Gesetz lebenden Teil des Landes (Mt 4,15). Ob er nur am Ende seines Lebens nach Jerusalem zog (Mk) oder öfter (Joh 2,13.23; 5,1; 7,14; 11,54–12,1.12), ist nicht ganz sicher. Auch sozial gesehen ist Jesus mit seiner Jüngerschar innerhalb der Gesellschaft seiner Zeit deutlich, wenn auch nicht in allen Einzelheiten, lokalisierbar. Er bewegt sich in den ärmeren Kreisen, gehört aber nicht zu den untersten Schichten der Bevölkerung. Er wächst im Haus eines Handwerkers auf (Mt 13,55) und ist selbst wohl Zimmermann oder Bauhandwerker (Mk 6,3). Unter seinen Jüngern sind Fischer, von denen nach Mk 1,20 die Zebedaiden in einem kleinen Betrieb mit Angestellten arbeiten, an dem wohl auch Simon (und Andreas) teilhaben (Lk 5,7.10), ferner ein Zöllner (Mk 2,14), der vermutlich in Galiläa Kleinpächter ist[8], also über einiges Kapital verfügen muß. Wesentlicher ist, daß Jesus sich von Haus und Familie trennt und den ihn begleitenden Jüngern Ähnliches zumutet. Nach Mk 2,1; 3,20; 7,17; 9,28.33; 10,10; Mt 4,13 scheint ihm freilich ein Haus in Kafarnaum zur Verfügung zu stehen (das des Petrus?), und nach Lk 8,3 haben ihn vermögende Frauen unterstützt. Das ändert aber nichts daran, daß Jesus und seine Jünger als weithin von Besitz und Familienbindung freie Wandergruppe ihren Dienst tun, wobei seine und seiner Jünger prophetische Proklamation der apokalyptisch verstandenen Nähe des Gottesreichs und ihre charismatische Heilstätigkeit eine singuläre Erscheinung ihrer Zeit ist[9].

Es ist der Überlieferung offenbar wichtig, daß er zu den unteren Schichten gehört, wenn auch nicht in der extremen Lage eines Sklaven oder Kriegsgefangenen, und daß er zeichenhaft zugleich sich von dieser Gesellschaft und ihren Bildern, die durchaus auch Mönchsbewegungen und prophetische Gestalten einschlossen, abhebt.

2. Weitergabe von Taten und Worten Jesu „unter der Hand"[10]

2.1 Die Tradition der Heilungen Jesu. Wenn ein Israelit von langer Krankheit geheilt wurde, ging er nicht einfach fröhlich an seine Arbeit, sich seiner neugewonnenen Gesundheit zu freuen. Er brachte Gott sein Dankopfer[11]. Wohnte er nicht in der Nähe Jerusalems, bezahlte er es einem Priester, der in seiner Nähe lebte und der zweimal im Jahr zum Tempeldienst hinaufzog. Er verkündete auch die Geschichte seiner Heilung in der Gemeinde, vielleicht unmittelbar nach seiner Gesundung oder am Sabbat nach dem Gottesdienst, und die Zuhörer stimmten in den Lobpreis Gottes ein. In einer Welt, die weder Zeitung noch Fernsehen kannte, machte die Geschichte die Runde und wurde auch in umliegenden Dörfern weitererzählt. Kaufleute und Händler berichteten in entlegeneren Teilen des Landes von dem Ereignis, wenn es spektakulär genug war, oder bei weniger auffälligen Heilungen, wenn sie mit Kranken zusammenkamen. So wurden auch Jesu Taten bekannt. Man erzählte, wie er in das Dorf kam und den Kranken fand (z.B. Mk 5,1–2; 6,56), wie schwer die Krankheit war und wie lang sie schon gedauert hatte (Mk 5,3–5; 5,25–26), was Jesus zu ihm sagte und mit ihm anstellte (Mk 5,8–9; 8,23–25), wie er gesund wurde, so daß alle es sehen konnten (Mk 5,14–15), und wie er und die Umstehenden dann in ihrer Freude Gott priesen (Mk 7,37, Lk 7,16). Das etwa ist das Schema, nach dem die Heilungen Jesu noch im Neuen Testament geschildert werden[12]. Ähnliches wurde von hellenistischen Wundertätern erzählt, freilich mit typischen Unterschieden. Wurde dort am Ende der Geschichte aufgrund des Wunderbeweises zum Glauben an den heilbringenden Gott aufgerufen und der Kult am Ort des Wunders begründet, erzählten Jesusjünger von dem, oft noch sehr am Anfang stehenden Glauben, in dem der Kranke lernte, Jesus zu vertrauen (Mk 9,24; 1,24.40; 2,3–5; 5,6.23.28.34; 6,5–6.56; 7,28; 10,47; Mt 8,8–10; Lk 17,13.19; Joh 5,6–8.13)[13], aber auch vom Auftrag zur Verkündigung (Mk 5,19–20) oder von ihrem faktischen Vollzug selbst gegen den Willen Jesu (Mk 1,28.44–45 u. oft).

Nach dem Tod Jesu, als für andere Kranke keine Hoffnung auf direkte Heilung durch Jesus bestand, wurden solche Geschichten zum Preis des großen Gottesmanns weitererzählt. Jesusjünger mögen sie wiederholt haben, um andere zu überzeugen, daß Gott mit diesem Jesus war und die Hörer sich darum der Gemeinde Jesu anschließen sollten. Heilungen geschahen auch in der Gemeinde (Apg 2,43; Röm 15,18–19; 1 Kor 12,9.28; Jak 5,15). So sehr es der lebendige Herr selbst war, der in ihnen wirkte (Apg 4,10–12: „im Namen Jesu Christi" = „in ihm"; Röm 15,18: „Christus wirkte durch mich"), so wenig wird der Bericht von den Taten *Jesu* entbehrlich. Sie sind offenkundig weiter und weiter erzählt worden (Apg 2,22; 10,38). Das ist völlig anders als in apokryphen Apostelgeschichten und gnostischen Schriften, wo nur noch die in der Zeit der Apostel nach Ostern geschehenden Wunder wichtig sind. Darin spricht sich, vielleicht unbewußt, die theologische Erkenntnis aus, daß all diese Erfahrungen Zeichen für die endgültige, weltenwendende Tat Gottes in Jesus Christus darstellen und Israel, ja die Welt überhaupt zur Umkehr und zum Glauben an Gottes endgültige Herrschaft rufen wollen.

2.2 Die Tradition der Gesetzeskritik Jesu. Offenbar hat Jesus gelegentlich am Sabbat geheilt. Von jüdischen Lehrern ist das nie berichtet, und in der Gemeinde nach Ostern waren Heilungen am Sabbat gewiß kein Problem; die Überlieferung geht also auf Jesus zurück. Wenn Markus (3,1–6) und Matthäus (mit dem Zusatz aus Q in 12,11–12; ähnlich Lk 14,5 bei anderer Gelegenheit) je einmal, Lukas dreimal und Johannes zweimal (5,9; 9,14; außerdem 7,23 nochmals aufgenommen) davon berichten, zeigt das, wie wichtig dies der Gemeinde wurde. Wenn Jesus dabei oder bei einem ähnlichen Vorfall ein Wort aussprach wie Mk 2,27 („Der Sabbat ist für den Menschen gesetzt worden, nicht der Mensch für den Sabbat") oder Mt 12,11 (daß man ein Schaf auch am Sabbat aus der Grube zieht), das in seiner Form den Sprüchen der Weisen ähnlich ist, wie sie im Alten Testament und in jüdischen Schriften zu finden sind, dann wurde das mit dem schockierenden Vorfall zusammen weitergegeben. Die Hörer werden das bei allen möglichen Gelegenheiten als Entschuldigung für ihr Tun am Sabbat verwenden oder auch dem Satz widersprochen haben. Jedenfalls wurden die Heilung, die offenbar eine gewisse Aufregung verursacht hatte, und das Wort weiter kolportiert.

Auch hier begnügt man sich also nicht mit diesem Satz. Es wird eine Geschichte erzählt. Man erzählte weiter, daß Jesus so gehandelt hatte, als es längst nicht mehr um Sabbatfeiern ging, sondern um ganz andere Fragen, die darüber entschieden, ob man inner- oder außerhalb der jüdischen Gemeinde stand (etwa um die Stellung zum Gesetz bei den Speisegeboten). Die theologische Aussage wandelt sich einfach dadurch, daß dieselbe Erzählung in einer anderen Situation und dasselbe Wort gegenüber anderen Positionen stehen. Wenn bei Jesus wirklich sein Handeln am Sabbat zeichenhaft im Licht der Hoffnung auf den endzeitlichen „Sabbat" des Gottesfriedens und der Befreiung von aller Not stand[14], dann wird in der hellenistischen Gemeinde der Sabbatbruch nur noch ethisches Beispiel zur Lösung anderer ähnlicher Fragen. Dennoch bleibt einfach dadurch, daß auf Jesu Handeln zurückgegriffen wird, die theologische Erkenntnis impliziert, daß solche Freiheit nur in der Einmaligkeit des alles erfüllenden Handelns Gottes in Jesus begründet war. Ja, dies wird sogar jetzt expliziert, indem ausdrücklich auf Jesu Vollmacht zurückverwiesen wird: „So ist der Menschensohn Herr auch über den Sabbat" (Mk 2,28). Man kann also feststellen, daß die eschatologische Relevanz der Sabbatheilung bei Jesus im Vorblick auf das jetzt anhebende befreiende Handeln Gottes lag, in der Gemeinde im Rückblick auf das in Jesus schon Gekommene (s. u. 7.5).

Ähnlich ging es mit anderen gesetzeskritischen Worten Jesu wie Lk 16,18: „Jeder, der seine Frau entläßt und eine andere heiratet, begeht Ehebruch..." Auch dieser Satz wird ausdrücklich unter die einmalige Vollmacht Jesu gestellt, indem Lk 16,16–17 von der großen Wende spricht, die durch Johannes den Täufer als Scheide zwischen alter und neuer Zeit markiert ist, und in Mt 5,32 der Entscheid mit „*Ich* aber sage euch..." eingeführt wird. Das Letzte ist vermutlich analog zu andern Worten geschehen, in denen Jesus selbst ähnlich sprach: „Ich aber sage euch: Jeder, der eine Frau ansieht, sie zu begehren, hat sie schon ehebrecherisch verletzt (Mt 5,28)." Wie immer es um die Echtheit solcher Aussagen steht, sicher ist, daß Jesus seine Worte nie wie die Propheten einleitet: „So spricht der Herr" oder wie die Rabbinen „So steht geschrieben", um das dann zu deuten. Und jedenfalls ist die Verwurzelung in dem die Zeiten wendenden Ereignis der Verkündigung Jesu schon darin sichtbar, daß sie betont als Worte des irdischen Predigers überliefert werden.

2.3 Die Tradition der Gleichnisse Jesu. Erst recht gilt dies von der Überlieferung seiner Gleichnisse (s.u. 27.7). Das Gottesreich „ist gleich einem Sauerteig, den eine Frau unter drei Scheffel Mehl barg, bis sie ganz durchsäuert waren (Lk 13,21)". Das war leicht zu behalten. Es prägte sich ein. Nun kann man ein Gleichnis ja nur so verstehen, daß man sich ganz hineinnehmen läßt und es von innen heraus begreift[15]. Der Frau, die das hörte, kam das Gottesreich so nah wie ihr regelmäßiges Brotbacken; aber zugleich schien es so gewaltig zu sein wie 50 kg Mehl (vgl. 1 Mose 18,6), eine Menge, die für über hundert Esser reichte und für sie kaum je zu bewältigen wäre. Und hatte Jesus absichtlich so auffällig vom „Bergen" des Sauerteigs im Mehl gesprochen? Sollte das Gottesreich so geheimnisvoll und menschlichem Schauen unzugänglich sein wie der Sauerteig im Mehl? Gerade die ganz unerwarteten, wenn auch nicht unmöglichen Züge, wozu auch das sonst nur negativ verwendete Bild vom Sauerteig als solches gehörte, prägten sich ein und machten von Anfang an darauf aufmerksam, daß hier in keiner Weise von etwas jedem Menschen Einsichtigen und Selbstverständlichen die Rede war, sondern von einem außergewöhnlichen, unerwarteten, überraschenden Wirken des Gottesreichs im Reden und Handeln Jesu.

Das gilt wohl für alle seine Gleichnisse. Welcher Bauer erzählt so lang vom Mißerfolg seines Säens, wenn er doch nicht schimpfen oder jammern will (Mk 4,3-7)? Welcher Geldverleiher kann eine Summe, die 50 000 000 Tagesverdiensten entspricht, ausleihen und erläßt eine solche Schuld einfach (Mt 18,24f, vgl. Lk 7,42)? Welcher Vater handelt wie der in Lk 15,11-32? Daß die Tradition gerade diese auffallenden Züge beibehielt, ja sie eher verstärkte, zeigt, wie sehr sie um die Außerordentlichkeit dessen wußte, was in Jesus geschehen ist.

2.4 Der Bedeutungswandel der Gleichnisse. Die Botschaft eines Gleichnisses ändert sich notwendigerweise je nach der Situation, in der es erzählt wird. Als Jesus vom verlorenen Schaf erzählte, um dessetwillen der Hirt 99 zurückließ, bis er es fand, war klar, daß von Gottes suchender Liebe die Rede war, die sich jetzt eben im Wirken Jesu verwirklichte. Die eigentliche Pointe ist ja die fast übertrieben geschilderte Freude (Lk 15,6-7; auch V. 9-10; 22-24.32; Mt 18,13). Wenn Lukas mit dem Vorwurf der Pharisäer und Schriftgelehrten einleitet (15,1-2), sieht er darin vor allem die Verteidigung der Offenheit Jesu für alle Menschen, z.B. auch für die nicht zu Israel gehörenden Heiden. Das entsprach wohl Jesu Verhalten gegenüber den an den Rand der Gesellschaft Geratenen; nur ist jetzt die Abwehr falscher Überheblichkeit stärker betont als die Einladung und Freude Gottes. Das heißt, daß Jesus in der Zeit, in der es darum ging, Heiden als Vollglieder der Gemeinde anzuerkennen, als der Lebendige in neue Fragen hinein weitersprach. Aber es geschah nicht so, daß einfach ein Prophet in seinem Namen die Antwort gab, sondern so, daß auf den irdischen Jesus und die Pharisäer und Zöllner seiner Zeit zurückverwiesen wurde, weil die Gültigkeit der Antwort daran hing, daß diese Offenheit Gottes in ihm Wirklichkeit geworden ist.

Gerade so bestand dann aber auch die andere Gefahr, daß die Gemeinde sich selbstgefällig als die Herde der gefundenen Schafe sah. Der Vorwurf gegen die Schriftgelehrten traf sie nicht; sie war ja offen gegen die ehemaligen Heiden, die Christen werden wollten. Mt 18,10-14 stellt das Gleichnis darum in einen Zusammenhang, der von den Aufgaben in der Gemeinde spricht und insbesondere einschärft, daß man dem irrenden und sich versündigenden Bruder nachgehen müsse, um ihn zurückzugewinnen. Damit wurde Jesus zum Mahner für die zur Zeit des Matthäus lebende Gemeinde, wiederum aber unter Rückgriff auf ein von ihm vollmächtig gesprochenes Gleichnis.

Ähnliches gilt für Mk 4,1-20. Wenn Jesus vom Säemann erzählte, dessen Aussaat so unerhört reiche Ernte brachte, obwohl man zunächst nur das Mißlingen, die Raubvögel, die Dornen und die stechende Sonne sah, dann sprach er von Gottes Wirken, wie es sich jetzt in Jesu Reden und Handeln vollzog, überraschend, unerwartet. Wenn die Gemeinde das Gleichnis nacherzählte, lag die Gefahr sehr nahe, sich selbst als das gute Ergebnis dieser Ernte und die Draußenstehenden als die überwundenen Raubvögel und Dornen und den steinigen Boden anzusehen. Waren nicht aus 12 Jüngern schon 1200 Christen nur in der eigenen Stadt entstanden, hundertfältige Frucht? Standen nicht Schriftgelehrte und Römer und Spötter jetzt beschämt da? In dieser Situation *mußte* eine Deutung wie Mk 4,14–20 angefügt werden, die das Gleichnis wieder zu einer Botschaft werden ließ, die den Hörer bewegte und sein Herz öffnete, nicht aber in Selbstzufriedenheit erstarren ließ. Sie warnte vor Raubvögeln, Dornen und Steinen im eigenen Herzen.

2.5 Christologisierung der Gleichnisse Jesu. In Mk 4,10–13 wird explizit auf den irdischen Jesus zurückverwiesen. Nur er kann so verkünden, daß wirklich Gott zu Wort kommt. Markus unterstreicht das mit V.13, wonach auch die Jünger nichts verstehen und zu den „Draußenstehenden" gehören (s.u. 25.5). Zwar spricht Jesus in Gleichnissen so, wie die Menschen es eigentlich verstehen könnten (4,33); aber auch damit ist er selbst es allein, der den Jüngern – und durch sie jetzt im Evangelium allen Lesern – die Herzen öffnet (4,34).

Die Gemeinde hat also ihr Verständnis ausdrücklich christologisch gesichert. Darum wird, in der Sprache der Kirche, der Same mit „dem Wort", dh. der Christusverkündigung gleichgesetzt (V.14). Was in Jesu Gleichnis impliziert war, muß nach Ostern explizit werden: daß alles daran hängt, daß Jesus sein Sprecher ist. Seine Gleichnisse müssen in gewisser Weise allegorisierend zur Verkündigung des Handelns Gottes in Jesus werden, wie es z.B. Mt 13,37 überdeutlich wird („der den guten Samen sät, ist der Menschensohn")[16]. Darum sind die Gleichnisse immer wieder so gehört worden, wie sie gehört werden müssen, nämlich als das Wort, das seine Hörer in *ihrer* Situation trifft und in Bewegung setzt. Das geht in jeder Predigtauslegung weiter, die das Wort lebendig werden läßt auf ganz bestimmte Situationen, Gefahren und Verheißungen hin. Beides, das Bezogensein auf den irdischen und kommenden Jesus Christus *und* die immer neue Auslegung dessen, was das für das gegenwärtige Leben des Hörers bedeutet, wird auch in den Gleichnissen sichtbar, die sich auf die zukünftige Vollendung beziehen (s.u. 3.5–7; auch 27.6–7; 29.5).

2.6 Die Taufe Jesu. Die Taufe Jesu war sehr früh, vermutlich schon zu Lebzeiten Jesu, anstößig, schien sie doch die Unterordnung unter den Täufer zu beweisen. Man berichtete daher von der Jesus erwählenden Gottesstimme (Mk 1,11). Daß Jesus sich vom Täufer gelöst hat und seinen eigenen Weg ging, ohne doch deswegen Johannes abzulehnen, ist geschichtliche Tatsache. Ob sich das mit einer bestimmten Erfahrung anläßlich seiner Taufe verbindet, wissen wir nicht mehr; aber beides, seine Taufe innerhalb der durch Johannes ausgelösten Umkehrbewegung und die Tatsache, daß Gott ihn über diese hinaus weiterführte, ist immer wieder berichtet worden und hat sich in dem kurzen Bericht Mk 1,9–11 niedergeschlagen. Der Beginn bei Johannes blieb bedeutungsvoll (Apg 10,37; 13,24–25), und Jesu Weg über die Taufbewegung hinaus wurde besonders wichtig in der Auseinandersetzung mit Johannesjüngern (Apg 18,25; 19,3–4). Beides erscheint in allen vier Evangelien (auch Lk 7,18–35 Q [s.u. 7.3]; Joh 1,19–36; 3,23–30). Nicht nur in eigentlichen Diskussionen mit Außenstehenden, auch in der Unterweisung neugewonnener Gemeindeglieder und wohl in den Gottesdiensten, in denen sich die Gemeinde ihres Glaubens gegenüber anderen Anschauungen vergewisserte, müssen solche Berichte immer wieder lebendig geworden sein.

Auch dabei zeigt sich eine allmählich einsetzende christologische Präzisierung. Im Gleichnis von den spielenden Kindern Lk 7,31–35 stehen Johannes und Jesus als Boten der Weisheit neben einander, im Kontext von 7,22–23.28 ist die einzigartige Überordnung Jesu eindeutig, und Mt 11,19 (vgl. 11,2!) interpretiert auch das Gleichnis in dieser Weise (s.u. 26.8). Aber schon die Tatsache, daß die Johannestaufe nicht einfach in der christlichen Taufpraxis aufging, sondern als solche erinnert wurde, zeigt das theologische Wissen um den Beginn einer neuen Zeit, die mit Johannes als Grenzscheide und Jesus als Erfüller datierbar blieb.

2.7 Das Christusbekenntnis des Petrus. Ausgesprochen ist das der Fall in der Tradition vom Petrusbekenntnis (Mk 8,27–33). Die merkwürdige Zurückhaltung Jesu gegenüber dem Christustitel (V.30) und die Überlieferung einer weit weniger eindeutigen Titulatur in Joh 6,68–69 („der Heilige Gottes"), auch die scharfe Zurechtweisung des Petrus, die doch nicht erklärbar wird aus einem späteren „Konkurrenzdenken", wie es hinter Joh 21,20–22; Gal 2,11–20 sichtbar werden könnte, sind schwer denkbar, ohne daß ein Vorfall im Leben Jesu sie bedingt hätte. Dann ginge die Frage nach der besonderen Bedeutung der ganzen Existenz Jesu, nach der Vollmacht seines ganzen Handelns und Erlebens, schon auf die Zeit seines Wirkens, und zwar nicht erst auf die letzten Tage vor seinem Sterben, zurück. Daß die Episode überhaupt überliefert wurde, zeigt jedenfalls, als wie wichtig diese Frage empfunden wurde. Dabei ist die Zurückhaltung immer stärker aufgegeben worden. Lk 9,18–22 fehlt die Zurechtweisung des Petrus, und nach Mt 16,13–20 wird er für sein Christusbekenntnis seliggepriesen. Daß aber der über 500mal vorkommende Titel „Christus" zwar in allen Evangelien erscheint, praktisch aber nie in Jesu Mund gelegt wird, zeigt zugleich eine erstaunliche Treue gegenüber den geschichtlichen Tatsachen des Lebens Jesu, besonders weil das zusammenzusehen ist mit der Tradition vieler Worte und Taten Jesu, die seine Einzigartigkeit manifestieren (s.u. 7.5).

2.8 Hat Jesus die Kirche gegründet? Verbunden mit dem Petrusbekenntnis erscheint auch die Verheißung, daß Jesus „seine Kirche (oder: Gemeinde)" auf dem Fundament dieses ihn bekennenden Jüngers bauen werde. Das Wort für Kirche oder Gemeinde erscheint in allen Evangelien nur hier und an der verwandten Stelle 18,17. Diese Verheißung ist also fast sicher eine Rücktragung aus der Zeit nach Ostern. Aber darin ist etwas aufgenommen, was bei Jesus schon da war. Es ist der gesamten Tradition wichtig, daß Jesus einerseits den Zwölferkreis, andererseits eine größere Gruppe von Nachfolgern und Nachfolgerinnen (Mk 15,41; Lk 8,1–3) um sich geschart hat. Weil die Zwölf nach Ostern keine deutliche Funktion hatten, hat sich dieser Kreis sicher nicht erst dann gebildet. Er hat Sinn als Kern einer Wiederherstellung des Zwölfstämmevolks, wie sie für Jesus, nur sehr begrenzt aber für die nachösterliche Gemeinde typisch ist (s.u. 23.1). Lk 22,30 (ähnlich Mt 19,28) könnte auf Jesus zurückgehen, ist aber auf alle Fälle Zeichen dafür, wie die spätere Gemeinde ihr Selbstverständnis auf den irdischen Jesus zurückführt und dabei noch um ihren Charakter als das wieder zu Gott zurückgerufene Israel weiß. Auch Worte wie Mk 8,34–35 schließen Jesus mit seinen Nachfolgern zusammen. Die Aussendung der (zwölf?) Jünger, Mahlgemeinschaften in einem weiteren und am letzten Abend betont im engeren Kreis und Gleichnisse wie das vom Senfkorn zeigen, wie die nachösterliche Gemeinde in gewisser (sehr offener!) Weise schon beim irdischen Jesus vorgegeben war[17]. Daß diese im Reden von der wieder zu sammelnden „Herde" (Mk 14,27–28) oder der durch Petrus neu zusammenzurufenden „Brüder" (Lk 22,32; vgl. Joh 21,17), ausgesprochen dann in Mt 16,18 und in der weiteren Ausschmückung des Senfkorngleichnisses (s. u. 4.1) ausdrücklich als von Jesus selbst bestimmtes Ziel eingeführt wird, zeigt, abgesehen davon, ob die Worte echte Jesusworte sind oder nicht, wie wichtig der Tradition die Verankerung der Gemeinde im Leben des irdischen Jesus war.

2.9 *Das Unservater.* Jesus hat seine Jünger beten gelehrt, und selbstverständlich sind diese nach Ostern seiner Weisung gefolgt; freilich nicht in gesetzlicher Weise: Lk 11,2–4 unterscheidet sich der Wortlaut des Unservaters stark von Mt 6,9–13. Aber die für einen damaligen Juden erstaunliche Anrede Gottes mit „Vater"[18] haben beide Varianten bewahrt. Wie neu und unerwartet diese Gabe war, zeigt sich daran, daß noch die griechisch sprechende Gemeinde den alten aramäischen Ausdruck Jesu dafür beibehielt („Abba" Mk 14,36; Röm 8,15; Gal 4,6) und daß sie Jesus in der gesamten Tradition immer entweder „mein Vater" oder „euer Vater" sagen läßt, während er sich nie mit den Jüngern zu einem gemeinsamen „unser Vater" zusammenschließt. Auch Mt 6,9 besagt nur, die *Jünger* sollten beten „unser Vater im Himmel". Dabei vergaß die Gemeinde nie, daß Jesus seine einzigartige Beziehung zum Vater nicht so verstanden hatte, daß er sich als Gottessohn über alle andern erhöhte, sondern daß er gerade damit seine Unterordnung unter Gottes Willen ausdrückte (Mk 13,32; Mt 11,25–27).

Das spricht dafür, daß schon die mündliche Tradition über die sich von allen andern abhebende Sonderstellung Jesu reflektierte und nicht etwa nur in ihm den sah, der als erster seinen Jüngern den Mut einpflanzte, wie er enthusiastisch in den Abba-ruf auszubrechen und damit das irdische Leben zu übersteigen.

3. Weitergabe durch Propheten

3.1 Radikale Nachfolge bei Wanderpropheten. Jesus hat Menschen in seine Nachfolge gerufen. Völlig anders als bei Rabbinen, wo der Schüler bittet, hinter dem Lehrer hergehen zu dürfen, in der Hoffnung, infolge der Unterweisung in der Schrift und der Auslegungskunst selbst einmal ein ebenso berühmter oder sogar noch berühmterer Rabbi zu werden, geht hier alles von Jesus aus. Er nimmt auch seine Jünger nicht in den Lehrsaal, sondern in seine Tag für Tag gelebte Gemeinschaft mit Gott hinein, ohne ihnen irgendeine höhere Stellung in Aussicht zu stellen. In der späteren Gemeinde gab es natürlich keine Nachfolge im wörtlichen Sinn hinter dem irdischen Jesus her. Höchstens im Alten Testament gab es eine Parallele dazu in der Berufung des Elischa, wo jedoch der Ruf wesentlich weniger schroff erfolgte als bei Jesusjüngern und es außerdem um den Sonderfall und darum auch um die besondere Stellung eines Propheten für ganz Israel nach dem Tod Elijas ging (1 Kön 19,19–21). Gerade darum fragt sich, wer diese Tatsache weitergegeben hat. Zweifellos spielt ja bei aller Tradition eine „Präventivzensur" mit[19], d.h. weitererzählt wird nur, was für die Tradenten selbst sinnvoll und annehmbar ist. Schon das spricht dafür, daß mindestens am Anfang der Überlieferung Menschen standen, die wirklich Haus und Familie verlassen hatten, um das anbrechende Gottesreich zu proklamieren. Ihre Existenz ist auch durch Stellen wie Mt 10,41 (auch 7,15.22: wenn Falschpropheten in „Schaffellen" kommen, gibt es offenbar echte in der Gemeinde); Apg 11,27; 15,32; 21,9–10 (13,1?), vor allem aber durch Didache 11–15 (s.u. 9.4) und andere Zeugnisse bis ins 3. Jh. hinein bezeugt (s.u. 31.2). Für sie sind die Regeln von Mk 6,7–13; Lk 10,3–11 (Q) mit ihrer Doppelvollmacht zu Verkündigung und Heilung oder Austreibung von Dämonen gültig. In diesen Gruppen gelten die Weisungen und Verheißungen Jesu wörtlich.

Er bleibt so der, der Gottes Reich ankündigt und schon verwirklicht, wenn er Unbußfertigkeit, Krankheit und Dämonie überwindet. Dennoch wandelt sich der theologische Sinn. Was bei Jesus Proklamation war, wird jetzt von den Propheten auf ihr eigenes Schicksal bezogen und so zur Tröstung (Lk 6,22–23). Erst recht wird es neu verstanden in einer Zeit, die solche Wanderpropheten kaum mehr kennt[20]. Dennoch wird überall zurückgegriffen auf die durch Jesus verliehene Vollmacht, und seine Worte werden in bestimmte Situationen seines Lebens hineingestellt (Apophthegmatisierung, s.u. 7.5).

3.2 Die Propheten in der Apostelgeschichte. Alle in der Apostelgeschichte genannten Propheten (s.u. 31.2) kommen von Jerusalem, unter den in 13,1 genannten auch Barnabas, und Menachem steht in Verbindung damit. Paulus war sicher nach seiner Berufung dort (Gal 1,18), wohl auch schon vorher (Apg 7,58; 22,3). Dennoch spricht Lukas nie von ihnen im Bericht über die Jerusalemer Zeit, wohl weil sie für ihn im Vergleich mit den Aposteln ein zu unsicheres Fundament der Kirche sind (während Eph 2,20 noch weiß, daß beide ihren Grundstein bilden). Prophetisch sind auch die Visionen des Stephanus (7,56) und Petrus (10,10–16.19–20). Da Apg 1–15 stark von der späteren Entwicklung her gesehen sind, wissen wir nicht allzu viel Sicheres über die Jerusalemer Gemeinde und ungefähr nichts über die Gemeinden in Galiläa, die nur 9,31 kurz erwähnt sind.

3.3 Enthusiastische Naherwartung? Freilich ist sehr umstritten, wie weit die Erscheinungen des Auferstandenen (s.o. 1.1) eine enthusiastische Erwartung des baldigen Endes ausgelöst haben[21]. Die frühe judenchristliche Formel Röm 1,3–4 (s.u. 5.3) spricht nur von der Erhöhung Jesu zur gegenwärtigen Herrschaft, und die Parusie (Wiederkunft Jesu) erscheint weder in den Leidens- und Auferstehungsweissagungen Jesu (Mk 8,31 usw.) noch in Bekenntnisformeln und -liedern (s.u. 5.2). Auch bei Markus, nach dem Jesus erst in der Parusie wiederkommt (Kap. 13), ist er immerhin im „Namen" und „Geist" gegenwärtig (s.u. 25.4). Außerdem ist die Parusieverzögerung erst in 2 Petr 3,4 wirklich zum Problem geworden, obwohl sie natürlich schon früher die Tradition beeinflußte (s.u. 3.5–6; 24.4). Dennoch spricht vieles dafür, daß Jesu Auferstehung als Anfang der Endereignisse verstanden wurde und daß die Jünger daher das Kommen des Gottesreichs in nächster Nähe erwarteten, natürlich in der heiligen

Stadt Gottes. Die merkwürdige Notiz von den schon auferstandenen Toten, die in Jerusalem herumwanderten (Mt 27,52–53), verrät noch etwas von der Auffassung von Ostern als Beginn der Endereignisse. Mk 13,30–32 und viele andere Stellen zeigen die Auseinandersetzung mit solcher Naherwartung. Auch 1 Thess 4,15 drückt die Erwartung des Paulus, die Parusie zu erleben, noch bestimmter aus als 1 Kor 15,51 und erst recht Phil 1,23 (neben 3,20–21).

Die doppelte Ausrichtung auf das noch ausstehende Kommen des Herrn und auf sein gegenwärtiges Wirken zeigt sich auch in dem aus der aramäisch sprechenden Gemeinde stammenden Ruf „maranatha" („unser Herr, komm!" 1 Kor 16,22; Didache 10,6; griechisch Offb 22,20), der offenbar so zentral war, daß er in seiner Urform in die griechisch sprechende Gemeinde übernommen wurde. Das scheint besonders in Verbindung mit dem Herrenmahl geschehen zu sein [22]. Im Zusammenhang damit findet sich auch der Titel „Herr" für Jesus in Verbindungen, wo er sonst fehlt: „Tod,...Leib und Blut des Herrn" 1 Kor 11,26–27, „Kelch,...Tisch des Herrn" 11,23.27; 10.21 (s.u. 5.4). Das war, wie es scheint, die Tür, durch die dieser Titel in die Gemeindesprache einging, wo er dann neue Assoziationen von dem her aufnahm, was „Kyrios – Herr" für die hellenistische Welt bedeutete.

3.4 Sätze heiligen Rechtes für die Gegenwart. Nun folgt aber „maranatha" an allen drei Stellen auf prophetische Warnungen: „Wenn einer den Herrn nicht liebt, verflucht sei er"; „Wenn einer von den Worten des Buchs dieser Weissagung entfernt, wird Gott seinen Anteil am Lebensbaum entfernen"; „Ist jemand heilig, der komme; ist er es nicht, tue er Buße". Die Form dieser Sätze ist die alttestamentlicher Weisheits- und Gesetzesworte („Wer [andern] eine Grube gräbt, fällt [selbst] hinein", Spr 26,27; „Wer Menschenblut vergießt, dessen Blut soll auch durch Menschen vergossen werden", 1 Mose 9,6). Nur sind sie weit radikaler, indem sie nicht irdisches Glück oder Unglück ansagen, sondern Gottes endgültiges Gericht. Insofern kann man sie „Sätze heiligen Rechts" nennen [23], in denen Propheten Gottes Gericht proklamieren und nicht etwa bloß Kirchenzuchtmaßnahmen fordern. Das bedeutet aber, daß das künftige Kommen des Herrn für die Gemeinde schon in der Gegenwart wirksam wird. Wahrscheinlich geht das zurück auf Jesusworte wie „Jeder, der sich zu mir bekennt vor den Menschen, zu dem wird sich auch der Menschensohn bekennen vor den Engeln Gottes; wer mich aber verleugnet, wird vor den Engeln Gottes verleugnet werden" (Lk 12,8–9, s.u. 3.8). Wie Paulus (1 Kor 3,17 wörtlich: „Wenn einer den Tempel Gottes zerstört, zerstören wird diesen Gott", vgl. 11,31; 14,38) werden auch Propheten im Gottesdienst solche Sätze neugebildet oder Jesussätze in diese Form gegossen haben (Mt 5,19 usw.). Immer ist in einem Wenn- oder Wer-satz die Möglichkeit des Gehorsams oder Ungehorsams genannt und wird auf menschliche Rechtsvollstreckung verzichtet, aber Gottes Gericht, in extremen Fällen der Tod des Sünders, erwartet (1 Kor 11,30; 5,1–5; Apg 5,5.10). Reflektiert ist das in Offb 2–3, wo der Prophet, vom Geist getrieben (2,7), im Namen des auferstandenen Jesus (2,1) und unter ausdrücklichem Hinweis auf ihn spricht und dabei auch in Ich-form formulieren kann: „Ich werde (über dich) kommen wie ein Dieb" (3,3, vgl. 16,15).

3.5 Umgestaltung von eschatologischen Worten. Das letzte Beispiel zeigt, wie Jesu Worte umgestaltet, auf neue Verhältnisse und Probleme hin ausgerichtet, „kreativ neugeschaffen"[24], wie aber auch im Namen des Auferstandenen neue Weisungen gegeben wurden. Wenn das Bild vom Einbruch des Diebs zuerst, vielleicht von Jesus selbst, als Hinweis auf den Gerichtstag geprägt wurde (wie noch 1 Thess 5,2.4; 2 Petr 3,10), für den es ja mit seiner Drohung gut paßt, dann zeigt Lk 12,39–40, wie es explizit auf den kommenden Menschensohn bezogen wurde. Selbst wenn man sich die Entwicklung umgekehrt dächte[25], läßt sich beobachten, wie die ursprüngliche Bildaussage allmählich „entparabolisiert" und immer stärker zur direkten Aussage über Christus umgestaltet wird[26].

Auch beim Aufruf zum „Wachen" ist der Wandel der Aussagen feststellbar. Das Bild vom Herrn, der zu einem Hochzeitsfest gegangen ist, also spät heimkehren wird, ist leicht verständlich. Hier ist es sinnvoll, daß die Knechte wachen, um ihn dann zu empfangen. So ist das kleine Gleichnis in Lk 12,36–38 erzählt. Das völlig Unerwartete, das ja in fast allen Jesusgleichnissen erscheint (s.o. 2.3), ist dabei nur dies, daß der heimkommende Herr seine Knechte selbst zu Tische lädt und sie bedient. Dieser Zug, der die unvorstellbare Liebe und Zuwendung des kommenden Herrn unterstreicht, ist also hier am stärksten betont. Ganz ähnlich erzählt Mk 13,33–37 von einem Menschen, der fortging. Die Mahnung „Wachet also; denn ihr wißt nicht, wann der Hausherr kommt, spätabends oder zu Mitternacht oder beim ersten Hahnenschrei oder frühmorgens" paßt freilich nicht mehr. Dieser Herr ist nämlich auf Reisen abwesend, so daß es völlig unmöglich wäre, jede Nacht bis zur Morgenfrühe durchzuwachen. Tatsächlich ist auch gesagt, er habe jedem Knecht seine Aufgabe zugewiesen und nur dem Türhüter geboten zu wachen. Die Warnung „Wachet, daß er nicht plötzlich komme und euch schlafend finde" ist also nur noch im übertragenen Sinn zu verstehen: sie sollen ihre Aufgaben in der Zwischenzeit pflichtgetreu erfüllen. Betont ist also das Verhalten jetzt, in der Zeit, die jedem auf Erden gegeben ist, und die Erwartung des Kommens des Herrn unterstreicht nur die Verantwortung, die „die Knechte" dann ablegen müssen. Die Erfahrung der Gemeinde, daß das Kommen des Menschensohns nicht so bald erfolgte, hat also das kleine Gleichnis deutlich gefärbt, so daß es jetzt betont, daß der jedem Gemeindeglied gegebene Auftrag auf dieser Erde erfüllt werden müsse. Trotzdem ist der alte Ruf „wachet" in V. 33.35.37 noch dreifach erhoben. Noch einmal anders zeigt sich Ähnliches in dem viel stärker entfalteten Gleichnis von den zehn Jungfrauen (Mt 25,1–13). Hier ist ausdrücklich erklärt, daß der Bräutigam viel später kommt als erwartet; ja, eben dies ist die Pointe, ohne die das Gleichnis unmöglich wäre. Es verkündet nicht mehr das baldige, sondern das späte Kommen, auf das die Menschen sich einstellen müssen. Dabei ist nicht mehr zum Wachen aufgerufen; auch die klugen Jungfrauen schlafen ein. Obwohl der alte Ruf „Wachet also, denn ihr wißt weder Tag noch Stunde" noch immer das Gleichnis abschließt, ist damit etwas anderes gemeint als ursprünglich: nämlich daß man rechtzeitig für so viel Öl sorge, daß es auch für eine unerwartet lange Zeit ausreicht. Die Gemeinde ist also dazu gemahnt, dafür zu sorgen, daß sie auch über eine lange Periode hin im Glauben und in der Hoffnung durchhält und so einst bereit ist, ihrem Herrn entgegenzutreten.

3.6 Jetzige Verantwortung angesichts der Parusieverzögerung. Noch deutlicher erkennt man die Situation der Gemeinde in dem gerade vorangehenden Gleichnis vom Herrn, der einen seiner Knechte über die „Mitknechte" einsetzt für die Zeit seiner Abwesenheit (Mt 24,45–51). Lk 12,42–46 nennt diesen Knecht sogar „Hausverwalter" und unterscheidet ihn noch klarer von den übrigen „Knechten". Das Gleichnis beschreibt jetzt also die Aufgabe eines Gemeindeleiters. Ist es hier noch der böse Knecht, der meint, es gehe noch lange, bis der Herr kommt (Mt 24,48; Lk 12,45), so wendet sich das Gleichnis von den Talenten nach Lk 19,11 gerade umgekehrt gegen solche, die sein Kommen in allernächster Zeit erwarten, und betont nur noch die Wichtigkeit des Dienstes aller Knechte, von dem sie einst beim Zurückkommen ihres Herrn Rechenschaft ablegen müssen (Lk 19,12–27; Mt 25,14–30). Seine lange Abwesenheit ist in der lukanischen Form noch besonders betont: er ist in ein fernes Land gezogen, um dort sich die Königswürde verleihen zu lassen (V. 12), so wie Jesus in den Himmel gefahren ist, um einst als König wieder zu kommen. Ein geschichtlicher Vorfall nach dem Tod des Herodes 4 v. Chr.[27] hat dazu die Farben geliehen. Was damals geschehen ist, das wird in V. 14 ins Gleichnis aufgenommen, vor allem auch in V. 27, der den Zusammenhang sprengt. Nachdem nämlich Jesus schon V. 26 in erster Person das Gleichnis gedeutet hat, spricht im anschließenden Vers plötzlich wieder der „Fürst" des Gleichnisses und gibt Befehl, seine Feinde niederzumetzeln. Mit beiden Versen will Lukas den Ernst der Mahnung und das Gericht betonen, das dem droht, der Jesu Herrschaft ablehnt.

3.7 Akzentverschiebungen. Theologisch gesehen scheint also in den älteren Schichten das zukünftige Kommen des Reichs oder des Menschensohns die eigentliche Mitte der Botschaft zu sein, freilich so, daß das kommende Reich schon in die Gegenwart hinein wirkt und sie prägt. Was das konkret für den Alltag der Hörer bedeutet, ist aber eher sekundäre Reflektion gegenüber der Ankündigung des Daß. Während die Erwartung der Erfüllung dessen, was in Jesus schon geschehen ist, im Wesentlichen konstant bleibt, ist die Entfaltung ihrer Bedeutung für das jetzige Handeln der Gemeinde variabel. Schon auf der Stufe der mündlichen Überlieferung ist Jesus von Anfang an der, der die noch ausstehende Enderfüllung Gottes ankündigt und in ihr eine entscheidende Rolle spielen wird (s.u. 3.8), seit Ostern auch der, der die Endereignisse in Gang gesetzt hat. Doch wird das allmählich zum selbstverständlich vorausgesetzten Horizont, wird darum auch in Glaubensformeln und Hymnen (s.u. 5.2) kaum mehr genannt; dafür wird immer stärker davon gesprochen, was das Kommende für die Gegenwart der Gemeinde und ihr gesamtes Verhalten bedeutet, wobei bald die Warnung vor allzu enthusiastischen Erwartungen eines baldigen Endes, bald die vor einem Erschlaffen der Hoffnung stärker in die Mitte rückt.

3.8 Der Menschensohn als Richter. Ob Jesus sich selbst als Menschensohn sah und davon sprach, ist heftig umstritten. Da der Titel, ganz anders als der Christustitel (s.o. 2.7), außer Apg 7,56 (und einem bloßen, artikellos verwendeten Vergleich in Offb 1,13; 14,14) nur in Jesu Mund erscheint, ist das wahrscheinlich. Er hat seine zukünftige Rolle wohl als die des entscheidenden Zeugen im Gericht gesehen, dessen Eintreten für oder Anklage gegen den Menschen das Gericht entscheidet (Lk 12,8–9). Ohne Verwendung des Titels „Menschensohn" (der für Griechen unverständlich wäre) sagt es auch Paulus so (1 Kor 4,5). Er wird aufdecken, wie es um uns steht, und dann wird „das Lob" (der gnädige Richtspruch) von Gott her kommen. Aber weil Jesu Einstehen für uns das Gericht entscheidet, kann er im gleichen Satz auch Jesus selbst als Richter bezeichnen (V. 4) und von seinem Richtstuhl (2 Kor 5,10) wie von dem Gottes (Röm 14,10) reden. Hat Jesus also nach Lk 12,8–9 mit dem Rätselwort vom Menschensohn fast bildhaft von seiner Rolle im Endgericht gesprochen oder noch eher von der Rolle, die seine Verkündigung und sein Verhalten als Maßstab für alles Urteil Gottes spielen wird, so hat die Gemeinde das immer stärker christologisiert, d.h. von seiner „Parusie" (das „Kommen", die „Erscheinung") geredet, mit einem Wort, für das es in der Sprache Jesu noch keinen Ausdruck gab.

3.9 Wandernde oder seßhafte Propheten? Blickt man auf die ganze Entwicklung zurück, dann wird deutlich, wie die Wiedergabe der Jesusworte von Anfang an auch „prophetisch" immer wieder auf die wechselnde Lage und Problemstellung hin ausgerichtet war, Worte also um- oder neugeprägt wurden. Selbstverständlich wußten sich die Tradenten dabei vom auferstandenen Jesus geführt. Man wird aber vorsichtig sein müssen mit der Gleichsetzung dieser Tradenten mit den radikalen Wanderpropheten (s.o. 3.1). Die einzigen, die uns historisch einigermaßen greifbar sind, sind die Jünger, die Jesus begleitet haben, die Zwölf und vielleicht ein weiterer Kreis, ferner die Frauen, die ihm von Galiläa her nachgefolgt sind (Mk 15,41; Lk 8,1–3). Bei ihnen sind aber zwei Tatsachen festzustellen: Einerseits haben gerade sie sich in Jerusalem niedergelassen, im Unterschied zu jenen Hellenisten, die durch die Verfolgung in Jerusalem zu ihrem Wanderleben gezwungen wurden (Apg 8,1.4–5). Dieser Übergang vom Wanderleben zur Seßhaftigkeit gilt in anderer Weise auch für die Propheten in Antiochia (Apg 13,1) und Caesarea (Apg 21,8–9), im Unterschied zu Agabus V. 10). Freilich scheinen auch Agabus, Judas und Silas in Jerusalem zu wohnen und von dorther Wanderfahrten zu unternehmen (11,27–28, 21,10; 15,32–33). Ebenso weiß Did 13,1 von Wanderpropheten, die sich niederlassen. Die von Pseudo-Clemens Genannten[28] finden niedergelassene Propheten, die sie aufnehmen, und die in der Petrusapokalypse von Nag-Hammadi 79,19–29 erwähnten scheinen auch einen festen Wohnsitz zu haben. Wichtiger ist eine andere Beobachtung: die radikale Fassung der Nachfolgesprüche, wonach die Gerufenen „alles" verließen, findet sich erst Lk 5,11.28 (gegen Mk 1,18.20; 2,14; dort nur Mk 10,28 im Mund des Petrus). Das spricht eher dafür, daß gerade am Anfang der Überlieferung keine scharfe Trennung bestand zwischen denen, die alles verließen, denen, die ihre Heimat verließen, um sich an anderem Ort wieder niederzulassen, und denen, die nur das Risiko auf sich nahmen, um Jesu willen notfalls viel zu verlieren. Vielleicht sind darum die Geschichten immer wieder so erzählt worden, daß alle Einzelheiten unwichtig wurden und nur, fast holzschnittartig, von Jesu Kommen, seinem Blick, seinem Ruf, seiner Verheißung und dem wie selbstverständlich erscheinenden Gehorsam des Gerufenen berichtet wurde (Mk 1,16–20; 2,14; vgl. novellistisch entfaltet Lk 19,1–10).

3.10 Ostern und Pfingsten als entscheidende Zäsur. Andererseits ist die Form der Nachfolge bei denen, von denen wir Nachrichten besitzen, den Zwölfen, den Frauen und einem nicht klar geschilderten weiteren Kreis, von den Begegnungen mit dem Auferstandenen neubestimmt und umgeformt worden. Sie wohnen jetzt, soweit wir erkennen, mit ihren Familien in Jerusalem. Die von dort her ausgehenden Propheten kehren wieder zurück oder siedeln sich anderswo fest an. Ob es daneben in Galiläa radikalere Wanderpropheten gab und wenn so, wie viele, wissen wir nicht. Vor allem wurzelt die Überzeugung, daß der erhöhte Jesus Christus durch seine Propheten weiterhin spricht, sehr stark in der ersten Erfahrung nach Ostern, ist also bestimmt durch das Ereignis der Auferstehung und gewiß nicht mehr oder weniger ungebrochene Fortsetzung der galiläischen Wirksamkeit. Zwar zeigt sich bei den Zwölfen in Jerusalem (Apg 2,32 usw.) wie bei Paulus und seinen (als Wanderpropheten auftretenden?) Konkurrenten (Röm 15,19; 1 Kor 12,9–10; 2 Kor 12,12) dieselbe doppelte Vollmacht zu Verkündigung und Heilung wie in den Aussendungsreden Jesu; aber völlig anders als dort wird diese auf den Geist zurückgeführt. Sein Kommen ist mit einem nachösterlichen Ereignis in Jerusalem (Pfingsten), bei Paulus mit seiner Berufung durch den Auferstandenen verknüpft. Wo explizit vom Wirken des Geistes gesprochen wird, in Offb 2–3, ist es ausdrücklich christologisch auf den „treuen Zeugen, den Anfang der Schöpfung Gottes" (3,14), nämlich den Auferstandenen (2,1.8), zum Herrn und Richter Erhöhten (2,12.18; 3,1.7) gegründet. Jedenfalls ist Ostern als die Zäsur verstanden, die überhaupt erst die apokalyptische Erfahrung einer schon angebrochenen neuen Welt ermöglicht.

4. Weitergabe durch „Schriftgelehrte"

4.1 Die Erfüllung des Alten Testaments in Jesu Gleichnissen. Die frühe Christenheit hat keine andere Bibel als unser Altes Testament. Wie weit schon Jesus durch Schriftstellen geprägt war und bewußt darauf zurückwies, ist wiederum umstritten; aber wer seine Bibel auch nur einigermaßen kannte, fand in ihr, wovon Jesus sprach oder was er tat und erfuhr. Wenn er im Gleichnis vom Senfkorn erzählte, das zum Baum wurde (Lk 13,19 Q), dann kamen denen, die es weitertrugen, Stellen wie Ps 104,12 in den Sinn, die von Vögeln in seinen Zweigen sprachen. Damit wurde der von Jesus verheißene „Baum" zur Erfüllung des schon in der Schöpfung Angedeuteten, und der Gedanke, daß die Gemeinde Jesu Erfüllung und Vollendung des Schöpferhandelns Gottes ist, lag nicht fern. Vielleicht spielte schon in Q die Weissagung von dem durch Gott selbst gepflanzten Baum in Ez 17,23 mit oder Dan 4,18, das vom „Wohnen der Vögel des Himmels in seinen Zweigen" redet. Dann war damit gesagt, daß jetzt die endgültige Vollendung eingetreten sei. An die Stelle der Tyrannen und ihrer Reiche hat Gott Jesus und seine Gemeinde gesetzt. Noch näher an Ez 17,23 und

31,6 heran kommt die Formulierung in Mk 4,32 („unter seinem Schatten"). Markus sieht höchstwahrscheinlich schon die Erfüllung der prophetischen Weissagung, daß „die ganze Fülle der Völker in seinem Schatten wohnt" (Ez 31,6; sachlich auch Dan 4,18–19), in Jesu Gleichnis angesagt. Hier liegt wohl die Frucht „schriftgelehrter Arbeit" vor, d.h. das Nachdenken von Menschen, die prophetische Texte lesen können, Zugang zu den seltenen Schriftrollen und Zeit zu ihrem Studium haben (vgl. u. 23.5). Was in Jesu vollmächtigem Erzählen eingeschlossen war, ist so entfaltet worden: Jetzt, in Jesus und in dem von ihm herausgerufenen neuen Gottesvolk, erfüllen sich Gottes Pläne mit Israel und der Völkerwelt. Solange Jesus selbst Gleichnisse wie dieses erzählte, lag das ganze Gewicht darauf, daß eben jetzt Gottes Endwirken anhob und die Hörer sich daraufhin öffnen sollten. Im Rückblick auf Jesu Wirken wird die Einordnung in Gottes Heilsgeschichte wichtig.

4.2 Die Erfüllung des Alten Testaments in der Zukunft. Ähnliches läßt sich in der Zukunftserwartung der Gemeinde feststellen. Jesus selbst hat von der noch ausstehenden Endzeit wohl nur in Bildern gesprochen, vor allem in dem vom Festmahl (Mk 14,25; Lk 22,15–18.24–30; 12,37; 14,15–21). Die Gemeinde hat früh schon ergänzt durch das, was sie in ihrer Bibel fand. Öfters sprachen die Propheten von Schwert, Hunger und Pest, die vor Gottes endgültigem Eingreifen kämen (Jer 14,12; 21,7; 38,2; Ez 5,12; vgl. 14,21; 1 Kön 8,37). Ez 38,19–22 verband auch Erdbeben mit Schwert und Pest, und nach Am 8,8; Joel 2,10 beginnt der Zusammenbruch des Kosmos mit einem gewaltigen Erdbeben. Von Zeiten des Kampfes und der Verfolgung reden Mi 7,6 und eine jüdische Schrift aus dem 2. Jh. v. Chr. (Jub 23,19–25). Das führte zu einer ganzen Kette von Vorzeichen, wie sie Mk 13,7–9.24–27 (Pest nur in der Parallele Lk 21,11) und ganz ähnlich in Offb 6 angeführt wird (Aufstand, Krieg, Erdbeben, Hunger, Pest, Verfolgung, kosmischer Zusammenbruch). Dazu kam eine Weissagung über den Untergang Jerusalems (in den schweren Wirren Ende der Sechzigerjahre?) und Mahnungen an die Gemeinde, die vor Verführungen warnten (Mk 13,14–20 und 5–6.21–23), auch zur Ausdauer in Verfolgung aufriefen (13,9–11.13).

Ob Jesus selbst schon an Dan 7 dachte, wenn er geheimnisvoll und herausfordernd vom „Menschensohn" sprach (s.o. 3.8), ist fraglich. Jedenfalls ist der ausdrückliche Verweis auf diese Stelle und ihre Kombination mit Ps 110,1 in Mk 14,62 oder mit Sach 12,10–14 in Offb 1,7 das Werk bibelkundiger Gemeindeglieder.

4.3 Die Erfüllung des Alten Testaments in der Passion Jesu. Ein besonderes Problem bildet die Leidensgeschichte. Natürlich konnte sie nicht einfach zum Preis Jesu überliefert werden wie seine Heilungen oder auch die Gleichnisse und ethischen Mahnungen. Sie wurde nur sinnvoll durch ihre Deutung. Das ist sehr früh geschehen, wie die von Paulus schon übernommenen Formeln (s. u. 5.4–5) beweisen. In gewissem Sinn war Jesu Passion traumatisch für die Gemeinde[29]; die Frage nach ihrem Sinn mußte also notwendig gestellt werden. „Unschuldige Erzählung" (im Gegensatz zum Sündenfall der Rede)[30] gab es bei der Passionsgeschichte nie. Es fragt sich, ob das bei den übrigen Erzählungen und Berichten über Jesus *grundsätzlich* anders war. Keiner hat von Heilungen Jesu erzählt,

ohne zum mindesten implizit die Frage zu stellen, ob dieser Jesus nicht der endzeitliche Prophet oder Gottesmann oder Wundertäter oder Messias sei. Nur war
es dort weniger dringlich als bei der Passion Jesu, sich dabei an alttestamentliche
Aussagen zu erinnern oder gar ausdrücklich darauf zu verweisen. Gewiß ist der
Verweis darauf oder gar eine sich allmählich verfestigende Formel wie „nach
den Schriften" oder „damit erfüllt würde. . ." ein ausdrückliches Angebot an
den Hörer, das Geschehen in dieser Weise zu verstehen, und läßt nicht mehr einfach eine Fülle von Antworten offen. Aber Heilungsgeschichten ließen die
Frage nach Vollmacht und Bedeutung Jesu von sich aus aufbrechen, sein Leiden
hingegen war ohne solche Hinweise unverständlich und konnte kaum ohne ein
Angebot wie 1 Kor 15,3-5 oder Röm 4,25 oder eben den Anklang an alttestamentliche Beschreibungen des leidenden Gerechten überliefert werden.

Leiden und Tod Jesu wurden aber nicht nur in solchen Formeln bezeugt, sie
wurden auch erzählt. Das ist schon 1 Kor 11,23 vorausgesetzt. Mindestens von
der Nacht, in der Jesus verraten wurde, und vom vorangehenden Mahl mit den
Jüngern weiß die Gemeinde. Nach V. 26 wird der Tod Jesu beim oder im Herrenmahl verkündigt. Das ist schwerlich denkbar ohne entsprechende liturgische
Texte. Es ist richtig, daß der Tod Jesu bloß „textlich" nicht zu bewältigen war,
weder durch den erzählenden Bericht noch durch die interpretierende Formel.
Er wurde immer wieder in der Mahlfeier erinnert[31]; aber gerade sie wurde
ihrerseits mindestens durch den Text der (deutenden) Worte Jesu und einen
Kurzbericht als Einleitung erst aussagekräftig.

4.4 Implizite und explizite Hinweise. Bei Markus ist die Passionsgeschichte
insofern noch naiv erzählt, als sie zwar im allgemeinen vom Bild des leidenden
Gerechten geprägt wird, wie es bei einem Juden, der vom Leiden Jesu berichtet,
selbstverständlich und unreflektiert geschehen mußte. Noch bei Markus bleibt
in der Regel unsicher, ob eine bestimmte Schriftstelle hinter dem Bericht steht
oder nicht (14,18.34.38; 15,23/36.29.33). Obwohl schon die Worte zum Becher
beim letzten Mahl auf die in Jes 53,11 angekündete Lösung des Sterbens „für
viele" hindeuten (Mk 14,24; auch im Jesuswort 10,45), wird nie auf diese auch
in der vorpaulinischen Formel Röm 4,25 verwendete Stelle ausdrücklich hingewiesen. Ob Jes 53,7.12 bei 14,49.61; 15,27 im Hintergrund steht, bleibt unsicher.
Auf die Schrift verwiesen wird nur 14,27 (Wo der Hirte geschlagen ist, zerstreut sich die Herde). In 15,24.34 (Verteilung der Kleider, Ruf Jesu: „Mein Gott,
mein Gott. . .") wirkt Ps 22 (V. 19 und 2) deutlich nach, ohne daß er genannt
wird. Erst allmählich werden Anspielungen auf die Schrift deutlicher
(Mt 27,9-10.34.43; Lk 23,34-35.46.49) und auch ausdrücklich erwähnt
(Lk 22,37 [Jes 53,12!]; Joh 13,18; 19,24.28.36-37). Überhaupt erscheint bei
Lukas und Johannes eine andere Passionstradition mit gewissen Berührungspunkten zwischen diesen beiden Evangelien. Für das Ende des Judas liegen bei
Mt 27,3-10; Apg 1,16-20 und Papias (fragm. 3) drei verschiedene, allmählich
immer stärker von der Schrift (zuerst Sach 11,12-13 [mit Jer 18,2; 19,1; 32,7];
dann Ps 69,26; 109,8; schließlich Ps 69,24; 109,18) geprägte Versionen vor[32].
Daß die Passionsgeschichte erst bei der schriftlichen Abfassung des Evan-

geliums entstanden wäre[33], ist angesichts des schon bei Paulus Vorausgesetzten und der weitgefächerten Tradition äußerst unwahrscheinlich.

5. Weitergabe in der Liturgie[34]

5.1 Der Name des von den Toten erweckten „Herrn". Schon der Ruf „unser Herr, komm!" (s.o. 3.3–4) ist Ausdruck des Glaubens innerhalb der gottesdienstlichen Zusammenkunft. „Herr ist Jesus" wird als vom heiligen Geist eingegebenes Glaubensbekenntnis verstanden (1 Kor 12,3). Als Inhalt der Verkündigung nennt 2 Kor 4,5 „Jesus Christus als Herr" (vgl. Apg 9,28), und als Anruf im Gottesdienst ertönt der „Name unseres Herrn Jesus Christus" (1 Kor 1,2; vgl. Joel 2,32 [3,5] in Röm 10,13 und wohl auch Apg 2,21 auf Jesus bezogen); ähnlich 2 Tim 2,22; Apg 9,14.21; 22,16; Jak 2,7; Herm 72 (= sim VIII 6),4. Bei der Taufe wird der „Name des Herrn Jesus (Christus)" angerufen: Apg 8,16; 19,5; 1 Kor 6,11; Did 9,5 (anders 7,1); denn „wo das Herrsein proklamiert wird, da ist der Herr" (Did 4,1). Auch Heilungen und Dämonenaustreibungen werden „im Namen des Herrn" vollzogen: Apg 19,13.17 (Jak 5,14?).

Man kann das „Bekenntnis zum Herrn Jesus" als Inhalt des „rettenden" Glaubens auch in einem berichtenden Satz formulieren: „Gott hat Jesus von den Toten erweckt" (Röm 10,9). Gott ist nicht mehr nur ein höchstes Wesen, sondern hat sich jetzt als der erwiesen, der Jesus[35] (von den Toten) erweckt hat: 1 Thess 1,9–10; Röm 4,24; 8,11; Gal 1,1; 2 Kor 4,14; vgl. 1 Kor 6,14. Sehr früh wird schon auf den oder die verwiesen, die dafür Zeugen sind: „Wahrhaftig wurde der Herr erweckt und von Simon gesehen" (Lk 24,34; vgl. 1 Kor 15,4–5). Solche Bekenntnisse gehörten vermutlich zum (Tauf-)Gottesdienst. Ähnlich wird Gott jedenfalls in jüdischen Psalmen und Bekenntnissen gepriesen: „Lobe den Herrn, . . . der dir all deine Sünden vergibt" (Ps 103,2–3); „Ich bin der Herr, dein Gott, der ich dich aus Ägypten gebracht habe" soll sogar als Dauerbekenntnis durch die Quaste an allen Gewändern ausgedrückt werden (4 Mose 15,41, vgl. 2 Mose 20,2); vgl. Jes 45,6–7: „Ich bin der Herr, der ich das Licht geschaffen und Finsternis gemacht habe". Häufiger sind selbständige, oft mit „denn" eingeleitete Sätze: „Bekennt euren Dank (Homologese) dem Herrn, denn er ist freundlich" (Ps 106,1, wo eine lange Liste seiner Taten folgt, u. oft); vgl. Ps 111; 113 (V 1–2 „der Name des Herrn", V 7 wörtlich: „der den Armen von der Erde auferweckt"); 118; 121,2 („Meine Hilfe kommt vom Herrn, der Himmel und Erde gemacht hat"); 123,1 („der du im Himmel wohnst").

5.2 Auferweckung – Parusie – Gericht. Röm 10,9 wird die Auferweckung Jesu als Beginn seines Herrseins gesehen. Das gilt auch für 1 Kor 15,4, weil die griechische Form („er ist auferweckt worden") ein Ereignis bezeichnet, das weiterhin gültig bleibt. 1 Thess 1,10 verbindet diese Aussage direkt mit seiner Retterfunktion im letzten Gericht. War Jesu Auferweckung zuerst, mindestens von einigen, als Beginn der Auferweckung aller Toten verstanden (s.o. 3.3), so zeigte sich doch bald, daß diese noch nicht erfolgte. Die Verbindung beider Ereignisse findet sich fast nur bei Paulus (1 Thess 4,14; 1 Kor 15,12–20; 6,14; Röm 8,11.29;

2 Kor 4,14; vorpaulinisch Röm 1,4?, s.u. 5.3), nicht in den ersten drei Evangelien, vermutlich weil Auferstehung Jesu zunächst weniger Überwindung des Todes bedeutete als Beginn seiner Herrschaft, also seine Erhöhung (s.u. 8.8). Nach Paulus (und schon einem ihm bekannten Lied?) erfüllt sich die weltweite Anbetung des erhöhten „Herrn" bei Jesu Wiederkunft (s.u. 5.10). Im (vorpaulinischen[36]?) Bekenntnis 1 Kor 8,6 („ein Gott, der Vater... und ein Herr, Jesus Christus...") ist gegenüber jüdischen[37] und stoischen Aussagen über Gott auffallend, daß wir nicht nur „von ihm" stammen, sondern auch „auf ihn hin" existieren, wobei vielleicht an die endgültige Vollendung gedacht ist (anders Eph 4,6)[38]. Das ändert aber nichts daran, daß Wiederkunft, Gericht und Vollendung zwar überall vorausgesetzt, aber nicht eigentlicher Inhalt eines Bekenntnisses oder Hymnus sind. Sie gehören, zusammen mit dem Glauben an den einen Gott zur Missionsverkündigung, weil die Folge Monotheismus — Auferstehung Jesu – letztes Gericht in 1 Thess 1,9-10 wie in Apg 17,22-31 erscheint.

5.3 Eingliederung in Israels Geschichte und Einsetzung zum „Gottessohn". Röm 1,3-4 lesen wir: „...geboren aus der Nachkommenschaft Davids nach dem Fleisch, eingesetzt zum Sohn Gottes in Kraft nach dem Geist der Heiligkeit kraft der Totenauferstehung, Jesus Christus unser Herr". Die rhythmische Form des Parallelismus, die Konzentration auf wichtige Bekenntnisaussagen, sprachliche Eigentümlichkeiten, Aussagen, die vom Zusammenhang her nicht nötig wären, und inhaltliche wie sprachliche Parallelen in anderen Texten (so spricht Paulus sonst nie vom Davidssohn) weisen den Text als, vielleicht von Paulus ergänztes oder leicht verändertes, Zitat aus (s.u. 23.4). Es dürfte aus einer jüdisch-christlichen Gemeinde stammen und von Paulus durch „über seinen Sohn" (V. 3 Anfang, in Spannung zu dem im Bekenntnis selbst in V. 4 Gesagten) eingeführt und durch V. 5-7 (inklusive „Jesus Christus unser Herr"?) weitergeführt sein. Wichtig ist die Eingliederung in Gottes Geschichte mit Israel und die Einsetzung zum Gottessohn in der Auferstehung. „Gottessohn" ist dabei wie in Ps 2,7 Titel des von Gott zur Herrschaft Berufenen. So versteht es auch Apg 13,33; vgl. 2,36. Merkwürdig ist der allgemeine Hinweis auf die „Totenauferstehung" (nicht auf *Jesu* Auferstehung von den Toten). Das könnte noch zurückgehen auf eine Zeit, in der man diese noch ganz in den Zusammenhang mit der Auferstehung aller Toten stellte (s.o. 3.3)[39]. Auferstehung ist hier im Kontext der Davidsohnschaft also als Beginn der Ausübung seiner Königsherrschaft über sein Volk (nicht den Kosmos) verstanden, nicht als kosmisches Ereignis. So liegt ein Zweistufenschema vor: der schon als davidischer Messias oder Messiasanwärter Aufgetretene ist in der Auferweckung zur vollen Königsherrschaft eingesetzt, wobei „in Macht" vielleicht paulinische Präzisierung ist. Hier verbindet sich also die Aussage von der Auferstehung einerseits mit dem irdischen Wirken (oder nur der Geburt?) Jesu und seiner Einbettung in die Erwartung des Davididen, andererseits mit seinem Herrsein über sein Volk, nicht mit seinem endgültigen Kommen wie 1 Thess 1,10.

5.4 Die Bedeutung des Sterbens Jesu. Ob es eine eigentliche Formel gab, die nur vom Tod Jesu sprach, ist unsicher. „Sterben für..." oder „um...willen" ist schon vorpaulinische formelhafte Rede, weil in Röm 5,6.8; 14,15; 1 Kor 8,11 immer „Christus", in 1 Thess 5,10 „unser Herr Jesus Christus" Subjekt ist, nie „Jesus" oder „der Herr (Jesus)". Einzig beim Herrenmahl wird aus schon genannten Gründen (s.o. 3.3) der „Tod des Herrn" verkündet (1 Kor 11,26). Daneben hat sich die Formulierung von der „Dahingabe" eingebürgert. In den Evangelien ist vermutlich der Satz vom „Dahingegebenwerden" des „Menschensohns in die Hände der Menschen(söhne)" der älteste (Mk 9,31), wobei die passive Wendung auf Gottes Ratschluß hinweist, der nicht erklärt wird. Auch Mk 8,31 („der Menschensohn muß vieles leiden und verworfen werden") erklärt die Notwendigkeit des Leidens nicht, das wie in Lk 17,25; 22,15; 24,26.46; Apg 1,3; 3,18; 17,3; Hebr 13,12; 1 Petr 2,21 das Sterben einschließt. Röm 4,25 hingegen sagt: „er wurde um unserer Übertretungen willen dahingegeben" (s.u. 5.5 und 8.7), ähnlich in der Herrenmahltradition 1 Kor 11,23, wo das „für euch" in V. 24 dem „für viele" von Mk 14,24 entspricht. Aktiv formuliert Röm 8,32: „Gott gab seinen Sohn für uns dahin". Von Jesu Selbsthingabe reden Gal 1,4; 2,20; Eph 5,2; auch Mk 10,45 (vom Menschensohn) und damit verwandt 1 Tim 2,6 („zugunsten vieler / für alle"). Auch mit der Taufe war der Tod Jesu verknüpft: Röm 6,3; vgl. Mk 10,38; Lk 12,50. Schon in vorpaulinischer Tradition wurde also bei Taufe und Herrenmahl in formelhafter Sprache auf den „Tod des Christus" verwiesen. Auch das „für viele vergossene Blut" erscheint vormarkinisch und (verkürzt) auch vorpaulinisch im Zusammenhang mit dem Herrenmahl; ebenso ist Röm 3,25; 5,9 und oft nachpaulinisch vom Blut Jesu oder auch vom „Lamm" gesprochen (1 Kor 5,7; Joh 1,29; 1 Petr 1,19; Offb 5,6). Für die Herrenmahlliturgie bilden 1 Kor 11,23–26 und Mk 14,22–24 Belege, für die Taufliturgie läßt Röm 6,3–4 eine entsprechende Formulierung über das Sterben Jesu für uns als Bestandteil vermuten.

5.5 Die Doppelformel von Tod und Auferweckung Jesu. Auf einer weiteren Stufe der Entwicklung (die zeitlich nicht unbedingt später angesetzt werden muß) fügen Mk 8,31; 9,31; 10,34 zum Leiden und Verworfenwerden ausdrücklich das Getötet-werden und die Auferstehung zu; aber schon 1 Kor 15,3–5 sind Sterben für die Sünden und Auferweckt-werden verbunden. Das sind die beiden Heilsereignisse, beide gesichert durch das Begräbnis einer-, die Erscheinung vor Kephas und den Zwölfen andererseits. Paulus selbst ergänzt die „über Fünfhundert", Jakobus, alle Apostel und sich selbst als Zeugen. Das „für uns" ist beim Sterben (wo das Kreuz nicht erwähnt wird) genannt, während bei der Erweckung „am dritten Tag" vermutlich die Schrifterfüllung (Hos 6,2!), die in beiden Gliedern genannt wird, besonders betont ist. Doch zeigt die griechische Form, daß Christus noch immer als der Erweckte für die Gemeinde da ist. Es ist also das Bekenntnis einer Gemeinde, die (heils)geschichtlich denkt („nach der Schrift") und für die das Bestehen im Endgericht das entscheidende Problem ist („für unsere Sünden"). Die Einleitung zeigt, daß Paulus diese Formel in Jerusalem oder in Antiochien „übernommen" und sie den Korinthern „tradiert" hat. Die Gemeinde hat also in verbindlicher Weise zusammengefaßt, was die Mitte ihres Glaubens ist, und der Apostel hat das denen, die sich der Gemeinde anschließen wollten, weitergegeben, vermutlich vor der Taufe. Das schließt nicht aus, daß das darin Gesagte immer wieder interpretiert werden muß, und daß nicht auch spontan im Gottesdienst neue Bekenntnisse ausgerufen oder gesungen werden können, in fester Form (1 Kor 12,3?) oder neuformuliert, wie es sich heute etwa in Gemeinden Asiens und Afrikas beobachten läßt, wo der Refrain eines Liedes feststeht, während alles andere je nach Situation und Eingebung des Vorsängers variabel bleibt.

Auch Röm 4,25 verbindet die Hingabe Jesu, unseres Herrn, um unserer Sünden und seine Erweckung um unserer Gerechtigkeit willen. Die für Paulus ungewohnte Verbindung von Erweckung und Gerechtigkeit und die an Jes 53,12 angelehnte Formel von der Hingabe weisen auf vorpaulinischen Ursprung hin. Auch in den Zusammenfassungen der Petruspredigten in der Apostelgeschichte stehen Tod (als Kreuzigung) und Auferweckung nebeneinander, aber im Schema „ihr habt den gekreuzigt, den Gott erweckt hat" (oder: „diesen hat..."): 2,23–24; 3,15; 4,10; 10,39–40 (von Paulus in 13,27–30 ausgeführt). Dabei ist die Erhöhung zu Herrschaft und Herrlichkeit mit der Auferweckung verbunden (Apg 2,32–33; 5,30–31; vgl. die Einsetzung Jesu zum Richter 10,40–43; 17,31) oder kann diese ersetzen (2,36; 3,13). Ähnlich wie in 1 Kor 15,5(–8) ist 2,32; 3,15; 5,32; 10,39; 13,31 auch die Zeugenschaft der Apostel beigefügt; anders als dort ist der Hinweis auf den Irdischen (2,22; 10,37–38).

5.6 Die Sendung des präexistenten Sohns. Beim Satz „Gott sandte seinen Sohn, damit (er die Menschen rette)" Gal 4,4–5; Röm 8,3–4; Joh 3,16 und 17; 1 Joh 4,9 handelt es sich nicht um eine Formel, sondern um eine einigermaßen festliegende Redeform, die an jüdische Aussagen über die Weisheit erinnert (Weish 9,10.17 usf.)[40]. Zentral ist hier das Kommen Jesu, wobei sein Weilen als Sohn bei Gott vor seiner Geburt vorausgesetzt ist. Freilich erscheint das als unbetonter Hintergrund, wohl weil die Weisheit Gottes in ihren aktiven Eingriffen in die Schöpfung (Spr 8,22–31; Sir 24,3–6) und in die Geschichte Israels (Sir 24,7–12; Weish 10–12) schon im damaligen Judentum wie eine von Gott gesandte Person gedacht war, ähnlich einem Engel, aber zugleich als das eigentliche Wesen Gottes (im aktiven Sinn des Handelns) über allen Engeln stehend. Im „damit"-Satz wird an allen fünf Stellen auf Jesu Sterben für die Menschen hingewiesen, ohne daß es doch direkt genannt würde (Gal 3,13 / 4,5; Röm 8,3 „als Sühnopfer" wie oft in 3 Mose; Joh 3,14–15 parallel zu V. 16 und 17; 1 Joh 4,10). Die vom jüdischen Weisheitsdenken her übernommenen Bilder eines Weilens bei Gott vor dem Kommen zur Erde sind also nicht für sich allein wichtig geworden, sondern wollten festhalten, daß im Tode Jesu oder dann auch in seinem Einswerden mit den Menschen (Phil 2,6–8: s.u. 5.10; Hebr 1,3; 2,11–18: s.u. 21.2) wirklich Gott selbst der Welt begegnet. Eine deutliche Anspielung auf eine Präexistenz Jesu findet sich bei Paulus außer vielleicht in 2 Kor 8,9 nur in geprägten Formeln (1 Kor 8,6) oder Liedern (Phil 2,6–8; dann Kol 1,15–18; vgl. u. 5.10–13). Ohne über die Zeit vor Jesu Kommen und die Art seines Weilens bei Gott ausdrücklich zu reflektieren, ist also jüdische Weisheitssprache verwendet worden, um die Gottes-Dimension des Jesusereignisses auszudrücken. Das wurde wichtig in einer Gemeinde, für die Erwartungen eines davidischen Königs über Israel nicht mehr lebendig waren.

Die ausdrückliche Formel vom Bekenntnis zu (oder: Glauben an) Jesus (Christus) als Sohn Gottes findet sich dann Hebr 3,1; 4,14; 10,23; 1 Joh 4,15; 5,5 (vgl. 2,23), vielleicht Apg 8,37. Das Bekenntnis zu seinem Kommen ins Fleisch steht betont in 1 Joh 4,2 und 2 Joh 7.

5.7 Das Revelationsschema. Auch das sogenannte Revelationsschema[41] ist keine feste Formel, wohl aber Ausdruck einer bestimmten Sichtweise mit einigen festen Motiven. Es besagt, daß das lange verborgene „Geheimnis" (*mysterion*) jetzt durch Gottes Ratschluß in der christlichen Verkündigung an alle Völker offenbar geworden ist. Es ist, soweit wir sehen, durchwegs mit der Völkermission des Paulus verknüpft (im nachträglichen Zusatz Röm 16,25–27; Kol 1,25–26; Eph 3,1–3.8–11, vgl. V. 6). Hier ist die Evangeliumsverkündigung selbst als Heilsereignis verstanden und der Apostel so etwas wie eine Heilandsfigur geworden. Das ist möglich und sinnvoll in einer Welt, die sich selbst als von Gott verlassen fühlt – „säkularisiert" oder „profan" in heutiger Sprache. Für sie ist das neue Kommen Gottes in der Botschaft von Christus, ohne jede Vorbemühung ihrerseits, das entscheidende Wunder. Ihnen ist dasselbe geschehen, was dem Zöllner geschah, in dessen Leben Jesus trat (Mk 2,14; Lk 19,5–6; vgl. u. 5.12).

5.8 Die Hymnen der Offenbarung. Etwas anders verhält es sich bei den Hymnen[42], weil das Singen eines Gemeindelieds an sich schon Akt des Glaubens ist und weil vor allem dabei Gott oder der erhöhte Christus selbst der Adressat ist. So ist die Funktion des Hymnus nicht Abgrenzung rechten Glaubens gegenüber Irr- und Aberglauben, auch nicht Aufruf zu einem dem Glauben entsprechenden Leben, sondern der Lobpreis Gottes. Lobpreisend darf und muß man festhalten, daß Gott grundsätzlich schon alles vollendet hat, auch wenn sich menschlicher Un- oder Kleinglaube noch dagegen sperrt. Vom Singen der Gemeinde sprechen 1 Kor 14,26; Eph 5,18–20; Kol 3,16. Vorbild sind biblische Psalmen und jüdische Loblieder wie z.B. in Qumran. Freilich ist weniger von der Erfahrung des Glaubenden und mehr vom Handeln Gottes ausgesagt als dort. Während das kurze Tauflied(?) Eph 5,14 das Erwachen vom Schlaf, die (schon erfolgte) Auferstehung von den Toten und die Erleuchtung durch Christus preist, stellen die Lieder der Offenbarung das Lob des Weltenherrn, der alles geschaffen (4,8.11) und seine Herrschaft vollendet hat (11,17–18; 15,3–4; 16,7), neben das des geopferten Lamms, das Gott eine königliche Priesterschaft erkauft hat (5,9–10.12). Dabei sind Gott und das Lamm zusammen Empfänger der Lobhymnen (5,13; 7,10.14–17; 11,15; 12,10–12; vgl. 15,3; 19,6–8). Alttestamentliche Formen erscheinen im dreifachen „Heilig!", im Halleluja, in der Akklamation mit Dativ, im Ruf „Würdig bist du...(oder:...ist...)", im Aufruf zum Loben und Preisen und Fröhlichsein, in der berichtenden Feststellung der Großtaten Gottes von der Schöpfung über die Gegenwart bis in die, oft im Lob schon vorweggenommene Zukunft hinein (4,8.11; 5,9–10; 11,15.17–18; 12,10–11; 19,1.5.6–7)[43].

5.9 Zeitliche und räumliche Kategorien. Wo ausgeführte Psalmen erscheinen, beschreiben sie eindeutig das Christusereignis. Dabei ist überall sein Weilen bei Gott vor seiner Geburt und seine Erhöhung nach dem Tod ausgesagt oder min-

destens vorausgesetzt. Die theologische Sicht ist also eine andere als bei den
Glaubensformeln oder auch in den Liedern der Offenbarung. Gemeinsamer
Ursprung ist das Wissen um Jesus als den „Herrn". Auch die Glaubensformeln
reden (außer in Apg 2,22; 10,38, wo kaum eine feste Formel vorliegt) nicht vom
irdischen Wirken Jesu, sondern von den es einrahmenden Ereignissen Geburt,
Tod, Auferweckung, die seinen göttlichen (transzendenten) Charakter anzei-
gen; aber sie tun es in der Kategorie geschichtlicher Ereignisse. In den Lobliedern
der Offenbarung ist die Opferung des Lamms zentral (5,9-10.12), wird aber auf
die Schöpfung zurück (4,11: Gott, doch vgl. 3,14; 15,3) und auf die endgültige
Übernahme der Herrschaft (11,15; 12,10: Gott und das Lamm) hin ausgeweitet.
So sind auch hier die Komponenten von Zeit und Geschichte entscheidend. In
den im Folgenden zu besprechenden Hymnen ist stärker das Modell des Raums
wirksam. Es wird von der wiedereröffneten Verbundenheit von Himmel und
Erde gesprochen, von der „himmlischen" Dimension des Christusgeschehens,
in dem Gott selbst, der Himmel auf Erden weilt. Sie beginnen (außer in 5.13)
stets mit „..., der..."; ein ursprünglicher Anfang „Wir preisen den, der..."
oder „Halleluja dem, der..." ist weggefallen, weil im Zusammenhang des Briefs
Jesus schon erwähnt ist und der Inhalt des Lobpreises daran angefügt wird.

5.10 Phil 2,6-11 Phil 2,6-11 beschreibt in einer ersten Strophe die Menschwerdung des bei Gott Weilenden[44] als Erniedrigung (s.o. 5.6). Der Tod ist nur
deren letzte Stufe, wobei vermutlich erst Paulus noch das Kreuz erwähnt. Die
zweite Strophe spricht von der Erhöhung zum „Herrn", wobei es vielleicht wiederum Paulus ist, der zufügt „zur Ehre Gottes des Vaters". Ob die Anbetung des
Kyrios durch „Himmlische, Irdische und Unterirdische", was kaum auf Engel,
lebende und tote Menschen zu beschränken ist, sondern wohl alle „Mächte"
einschließt, ursprünglich als schon durch die Erhöhung Jesu erfüllt verstanden
war[45], bleibt unsicher (dagegen s.u. 7.8). Sicher ist, daß Paulus sie erst bei der
Parusie erwartet. Röm 14,11 steht das gleiche Zitat aus Jes 45,23; diese Stelle und
1 Thess 4,15-17; 1 Kor 15,25-28; Phil 3,20-21 wie auch der Anruf an den Kyrios
(„Herrn") in Mt 7,22 und 25,11 sind sicher auf die Parusie und das letzte Gericht
bezogen, die natürlich auch das gegenwärtige Leben schon prägen (s.o. 3.4). In
merkwürdiger Übereinstimmung mit Q (s.u. 7.7-8), wo ein ganz anderes Christusbild vorliegt, sind auch hier Kreuz und Auferstehung nicht zentral. Der Tod
ist letzte Konsequenz des Dienstes in Erniedrigung und die Auferweckung ist als
Erhöhung verstanden und erweist sich in Jesu Stellung als Weltenrichter wie in
Q. Betont ist hier freilich weniger die zeitlich als die räumlich unbegrenzte
Herrschaft.

5.11 Kol 1,15-20. Sind die bisher besprochenen Glaubensformeln (mit wenigen Ausnahmen) und Hymnen noch vor Paulus, also vor ca. 50 n. Chr., entstanden, ist das bei Kol 1,15-20 nicht mehr sicher (s.u. 17.1). Anders als in Phil 2,6-8
wird hier, wie wohl schon in 1 Kor 8,6 (s.o. 5.2 und 6), die Schöpfung als die gnädige Zuwendung Gottes zu den Geschöpfen gesehen (s.u. 5.13). Eben diese gnädige Zuwendung Gottes hat sich in Christus vollendet. So kann die Gemeinde
schon die Schöpfung als den Beginn des Christusereignisses verstehen: in ihm,
durch ihn und auf ihn hin ist alles erschaffen worden. Neben diese (erste) Schöp-

fung (V. 15–16) tritt die Neuschöpfung in der Auferstehung Jesu (V. 18b–20). In einer kurzen Zwischenstrophe (V. 17.18a) wird gesagt, daß der ganze Kosmos in ihm zusammengehalten ist; der Hinweis auf die Kirche ist wahrscheinlich erst vom Briefverfasser zugefügt. Umso merkwürdiger ist, daß V. 20 dann von der Versöhnung des Alls spricht, ohne daß von einem Bruch die Rede ist. Doch hier wird eben nicht heilsgeschichtlich gedacht. Im Lied wendet sich die Gemeinde ja direkt an den erhöhten Herrn, der zugleich Herr der Schöpfung und der Neuschöpfung *ist*. Die zeitliche Abfolge spielt keine Rolle mehr. Wie in 5.12 (unten) sind das Weilen bei Gott – dort vor der Menschwerdung, hier bei der Schöpfung – und die Auferweckung oder Erhöhung zentrale Glaubensaussagen. Der Hinweis auf den Tod in Kol 1,20 ist jedenfalls nachträglich, vermutlich erst durch den Briefverfasser, angefügt. Wieder ist die Versöhnung des Kosmos, die Verbindung von Himmel und Erde wesentlich[46].

5.12 1 Tim 3,16. Vermutlich noch später (s. u. 20.1) ist 1 Tim 3,16 anzusetzen, ein kurzes Christuslied, das ausdrücklich als allgemein anerkanntes Glaubensbekenntnis der Kirche bezeichnet wird. Von der Schöpfung ist hier nicht die Rede. Der Anfang setzt wie selbstverständlich voraus, daß Christus zur Himmelswelt Gottes gehört, so daß schon sein „Erscheinen im Fleisch" Wunder ist. Daneben wird sofort seine Erhöhung (wörtlich: seine Rechtfertigung, s. u. 29.9) gesetzt. Sie wird entfaltet als Erscheinung vor den Engeln (bei seiner triumphierenden Auffahrt wie in Kol 2,15?), dann wie im Revelationsschema (s. o. 5.7) als Proklamation unter den Völkern und Anerkennung durch den Glauben der Welt, schließlich als Aufnahme in Herrlichkeit berichtet. Immer sind irdisches und himmlisches Geschehen miteinander verknüpft, und zwar in der Reihenfolge a–b, b–a, a–b, die sich z.B. auch Spr 10,1–5 (gut-schlecht, schlecht-gut, gut-schlecht); 11,16–20.25–28; 29,6–10 findet. Die damalige hellenistische Welt lebte im Gefühl der Zerrissenheit: der Himmel war fern gerückt, die Erde himmellos geworden, sich selbst überlassen, die Gottheit unerreichbar, der Himmel ehern, so daß alle Gebete und Schreie daran abprallten. In dieses Gefühl der kosmischen Verlassenheit hinein singt die Gemeinde: Erde und Himmel, Himmel und Erde, Erde und Himmel sind in ihm, Jesus Christus, wieder zusammengekommen. So wird sein Kommen vom Himmel her und seine Rückkehr zum Himmel, die die Anbetung aller Engel und aller Völker einschließt, zum entscheidenden Glaubenssatz.

5.13 Joh 1, 1–18. In nochmals anderer Form wird diese Sicht in einem Logos-Hymnus aufgenommen, der in Joh 1,1–18 erhalten ist. Die Verse 6–8 unterbrechen nämlich den Zusammenhang. V. 8 erklärt „Er (Johannes) war nicht das Licht. . .", V. 9 „Er (der Logos wie in V. 5) war das wahrhaftige Licht." Da 1,6–8 schon vom Täufer sprechen, kann man das in V. 9–13 Gesagte nur auf das schon fleischgewordene „Wort", also auf Jesus von Nazaret beziehen. Dann bringt aber V. 14 mit seinem doch entscheidenden Satz „Und das Wort (der Logos) ward Fleisch" nichts Neues mehr. Sehr wahrscheinlich lag also dem Evangelisten schon ein Logos-Hymnus vor, der ohne V. 6–8 in der Sprache der alttestamentlichen Weisheit vom Kommen des Wortes Gottes und seiner Ablehnung durch Israel sprach, um dann von der endgültigen Zuwendung Gottes im fleischgewordenen Wort Jesus Christus zu singen. Dabei erscheinen auch V. 15 (und 17?) als Einfügung des Evangelisten. Wie in Kol 1,15–16 wird hier ausdrücklich vom Wirken des Christus, hier des Logos (= „Wortes") in der Schöpfung gesprochen. Der Rückgriff auf jüdische Aussagen vom Wort oder der Weisheit Gottes (Spr 3,19; 8,27–31; Weish Sal 7,21.22; 9,1.9; Philo Cher 127) wird dabei besonders deutlich. In Joh 1,1–5 wird also zunächst das Motiv des vorgeschichtlichen Waltens der Weisheit wirksam; aber das andere Motiv der Sendung der Weisheit, wie es für Q (s. u. 7.8), aber auch Phil 2,6–8 typisch ist, prägt die folgenden Aussagen [47]. Anders als in Kol 1,15–20 ist die Fleischwerdung als solche Höhepunkt des Hymnus. Wurde sie in Phil 2,6–8 zwar als Selbsterniedrigung thematisch, so war doch auch dort Erhöhung und kosmische Anbetung das Ziel. Auch in andern Hymnen oder Glaubensformeln erscheint die Menschwerdung nicht als solche, sondern höchstens wie in Phil 2,6–8 in Verbindung mit Jesu Sterben (s. o. 5.6). Hier aber ist gerade in der Menschwerdung des vorher nur wenigen offenbaren (1,12–13) Gotteswortes die „Herrlichkeit" Jesu Christi zu sehen (1,14). Sie besteht nach dem letzten Vers darin, daß „der einzigerzeugte (oder: vom Einzigen erzeugte?) Gott, der am Busen des Vaters weilt, uns Gott, den niemand je gesehen hat, ausgelegt (wörtlich: exegesiert) hat". Hier wirkt die Kategorie des Weisheitslehrers noch nach, obwohl von Jesus schon in der Kategorie „Gott" gesprochen wird, wie in V. 1 vom Präexistenten.

Waren alle bisher besprochenen Glaubensformeln und Hymnen auf die Christusverkündigung der nachösterlichen Gemeinde, also auf die paulinischen, neben- und nachpaulinischen Briefe hin offen, so ist es der Johannesprolog schon von Anfang an auf die Sammlung von Worten des irdischen Jesus und die Erzählungen von seinem Wirken, also auf die Evangelien und ihre Vorstufen hin. Davon wird nun gleich unter 7 zu sprechen sein. Durch die Einfügung des Hymnus in das vierte Evangelium wird freilich auch der Blick auf eine künftige Erhöhung eröffnet. Aber diese findet, auch wenn sie Auferstehung und Himmelfahrt einschließt, am Kreuz statt (s. u. 29.7). Das dabei gerade der für Q typische Titel „Menschensohn" (s. u. 7.5 und 7) auftritt, ist wohl doch nicht zufällig. Ihm ist auch jetzt schon das Gericht übergeben (5,22–27). So verbindet sich mit dem Christusbild von Q, das einen Weisheitslehrer zeichnet, der einst als Richter wiederkommen wird, das eines himmlischen Wesens wie in Phil 2, das sich erniedrigt und Mensch wird, um dann wieder zu Gott erhöht zu werden (s. o. 5.10).

6. Das Problem der Verschriftlichung [48]

6.1 Christus nur in mündlicher Verkündigung?
Nach Martin Luther sollte das Neue Testament eigentlich mündliche Verkündigung und nur das Alte Testament Schrift sein [49]. In jener wirkt der Hörer mit; seine Erwartungen, sein Verstehen oder Mißverstehen, seine Reaktion im Lachen oder Nachdenklichwerden beeinflussen Form und Ton der Rede. Gerade der Ton, in dem etwas gesagt wird, kann den Sinn des Gesagten wesentlich verändern und kann im geschrie-

benen Wort nicht ausgedrückt werden[50]. Noch in den Briefen des Paulus ist das
Gegenüber der Gemeinde, der er schreibt, und ihrer Glieder deutlich spürbar,
bis hin zu Schlagworten und Ansichten, die er von ihnen aufnimmt. Schon in
den Glaubensformeln und Hymnen ist der Wortlaut mehr oder weniger festgelegt, auch wenn sie ein Stück weit noch abgewandelt (s. o. 5.1-9) oder durch
Zusätze ergänzt (s. o. 5.10,11,13) werden. Das ist in den Evangelien mindestens
graduell anders, obwohl auch dort die Situation des Verfassers und seiner Leserschaft einwirkt. Während Paulus mit seinen Gemeinden anstehende Fragen
bespricht und dabei auch immer wieder auf das Jesusereignis, vor allem auf
Kreuz und Auferstehung zurückgreift, schildern die Evangelien die vergangene
Zeit Jesu, freilich im Blick auf ihre heutige Bedeutung für das Leben ihrer Leser.
Während bei Paulus Jesus nicht nur, aber auch der heute Lebendige, ihn und
seine Gemeinden Prägende ist, so daß er „nichts zu sagen wagt, was nicht Christus durch ihn wirkt" (Röm 15,18; vgl. 2 Kor 13,3), ist er für die Evangelisten
zwischen Auferstehung und Parusie abwesend[51] (doch s. u. 6.2). Ist es also so,
daß der Erhöhte nur lebendig bleibt, solange er in der mündlichen und stets neu
auf die Hörer bezogenen prophetischen Verkündigung spricht, in der zwischen
Worten des Irdischen und Worten des jetzt Sprechenden kaum mehr unterschieden wird oder neugeformte Worte dem irdischen Jesus in den Mund gelegt werden (s. o. 3.5)?

6.2 Jesus und erste Christusverkündigung als bleibendes Fundament. Der
Unterschied ist nicht zu leugnen. Dennoch bleibt schon sehr unsicher, wie weit
überhaupt Worte von Propheten unreflektiert als Weiterdauern der Verkündigung Jesu verstanden wurden (s. o. 2.4-5; 3.8-9). Wo wir Genaueres erkennen,
bei Paulus, greift er, wo immer er in aktuellen Fragen eine Antwort sucht, gelegentlich auf die Botschaft des irdischen Jesus, fast durchwegs aber auf das
ursprüngliche „Evangelium" zurück[52]. In diesem Sinn ist „Jesus Christus der
einzige Grund", und so hat Paulus ihn gelegt (1 Kor 3,11). Es ist das „Evangelium", durch Paulus schon von der Kirche übernommen und den Korinthern
„als erstes" (oder „vor allem") weitergegeben, das die Konflikte um die Auferstehung lösen muß (1 Kor 15,1-5). Es sind die ebenfalls von ihm übernommenen
Worte Jesu am letzten Abend seines Lebens, mit denen er die Probleme der Her-
renmahlfeier angeht (1 Kor 11,23-26). Wo immer der heute lebendige Christus
spricht, da ist er an dem zu messen, was in Jesu Tod und Auferstehung geschehen
ist. Kein Engel vom Himmel kommt an diesem Kriterium vorbei (Gal 1,8).
Selbst der Erstapostel Petrus muß gefragt werden, ob nicht durch sein Verhalten
oder Verkündigen die eine entscheidende Tatsache, daß „Christus... sich für
mich dahingegeben hat", gefährdet sei (Gal 2,20). Auch für Paulus spricht Christus durch den Geist; umgekehrt ist auch für Markus der Geist bei Jesu Jüngern
präsent (13,11) und Dämonenaustreibungen geschehen noch immer „im
Namen Jesu" (9,38, s. u. 25.4). Selbstverständlich spricht auch alles, was von der
Nachfolge oder vom neuen Wesen der Jünger gesagt ist, die Leser direkt an
(vgl. Mk 10,28-30; 11,22-24; 13,10-13). Darum sind die historischen Einzelheiten auf ein Minimum beschränkt und nur die entscheidenden Züge referiert

(1,16–20; 2,14); darum wird auch das neue Leben ausdrücklich auf den Tod Jesu „für die Vielen" gegründet (10,42–45).

Richtig ist aber, daß in der Zeit des Markus die für Paulus noch nicht bestehende Gefahr droht, daß die Verwurzelung des Glaubens in dem in einer bestimmten Zeit und an einem bestimmten Ort Geschehenen vergessen würde. Für Paulus war die Kreuzigung Jesu ein derartiger Anstoß und die Erfahrung der Begegnung mit dem Auferstandenen die absolute Grundlage seiner Verkündigung, daß diese Verwurzelung im Christusgeschehen die selbstverständliche Voraussetzung aller Aussagen blieb. Für Markus ist umgekehrt die Beziehung alles vergangenen Geschehens, zu dem nicht nur Tod und Auferstehung, sondern auch Verkündigung und Verhalten des irdischen Jesus gehören, auf das heutige Leben der Leser ebenso selbstverständliche Voraussetzung, besonders wenn 1,1, wie wahrscheinlich, besagen will, daß das in seinem Buch Beschriebene nur der Anfang des weiterlaufenden Geschehens der Evangeliumsverkündigung sei[53] (s. u. 25.3).

6.3 Weitergehende Interaktion zwischen Jesus und Gemeinde. Was also bisher stillschweigend als bekannt vorausgesetzt, was durch Eingliederung authentischer oder neugeformter Worte in das irdische Leben Jesu ausgedrückt, was mit der Kurzformel von Kreuz und / oder Auferstehung markiert war, das wird von Markus, zum Teil schon von Vorgängern (s. u. 7.1), schriftlich festgehalten. Das heißt aber nicht, daß die Interaktion zwischen dem Reden und Handeln, ja dem ganzen Verhalten und Geschick Jesu einer- und der davon bewegten Gemeinde andererseits aufhörte. Wo immer bis heute davon gelesen wird, findet sie statt, weil das Gelesene sich mit der Situation des Lesers auseinandersetzt. Festgehalten wird durch die Verschriftlichung nur, daß es eine grundlegende Begegnung des in Jesus wirkenden Gottes mit den Menschen gibt, von den eigentlichen Augenzeugen bis hin zu Paulus und den Evangelisten. Sie gibt die Richtung an, in der in anderen Zeiten und Situationen das Wort neu gehört, das Handeln und Geschick Jesu neu verstanden werden muß, und zugleich damit den Maßstab, an dem die notwendige Neuinterpretation gemessen werden muß. Wie Jesu Rede auf die Fragen und Nöte, Sehnsüchte und Verklemmungen seiner Hörer einging, so wandelt sich auch die Botschaft des geschriebenen Worts je nach den Fragen und Nöten, Sehnsüchten und Verklemmungen seiner Leser.

Nur dürfen diese nicht stärker werden als das Wort selbst. Darum muß dieses eindeutig an das gebunden werden, was in der Einmaligkeit des Lebens, Sterbens und Auferstehens Jesu geschehen ist und was nicht erweicht werden darf zu einem bloßen Anfang eines weiter und weiter laufenden Redens und Handelns, das dem Reden und Handeln Jesu gleichwertig wäre. Das ist schon in dem Jesuswort enthalten, daß in seinen Exorzismen Gottes Reich eingebrochen sei (Lk 11,20), oder in dem andern, daß sich in seinen Heilungen Gottes Zeit erfüllt habe und sich darum die Begegnung mit Gott in der Stellung zu Jesus entscheide (Lk 7,22–23). Darum waren auch schon auf mündlicher Stufe die Erzählungen von Jesu Wundern nicht Rezepte für Nachahmer, sondern in erster Linie Zeugnisse für die Gegenwart Gottes, die in Jesus Wirklichkeit geworden ist. Darum wurde auch nach Jesu Tod von seinen Heilungen erzählt, nicht nur von dem in seinem Namen weiterhin Geschehenden (s. o. 2.1). Das ist aber auch schon in den Gleichnissen Jesu enthalten, in denen die unerwarteten und auffälligen Züge zeigen, daß hier nicht von etwas zeitlos Gültigem gesprochen wird, das sich immer und überall wieder ereignen kann, sondern von dem unerwarteten und auffälligen Handeln Gottes, das sich jetzt in Jesus ereignet. Darum werden auch gerade diese Züge in der Tradition eher noch verstärkt und tritt eine eigentliche Christologisierung der Gleichnisse ein. Darum werden auch Worte Jesu immer stärker in die Zeit seines einmaligen Lebens eingegliedert, indem kurz angegeben wird, wo und wann und wem gegenüber er das sagte (s. o. 2.2–5, s. u. 7.5; vgl. 4.1).

7. Vorstufen der Evangelien(Q)

7.1 Die Zweiquellentheorie. Die drei ersten Evangelien berichten oft in fast wörtlicher Übereinstimmung, nur den andern gegenüber etwas gekürzt oder ausgeweitet. Vor allem ist die Reihenfolge der einzelnen Abschnitte im Wesentlichen dieselbe, wobei Matthäus und Lukas noch mehr Stoff dazwischen einschieben. Das ist nur denkbar, wenn sie einander oder eine gemeinsame Vorlage gekannt haben. Die einfachste Annahme ist die Zweiquellentheorie: Matthäus und Lukas benützen Markus und eine Quelle Q, die das enthielt, was in den beiden Evangelien, nicht aber bei Markus erscheint, vor allem Worte Jesu. Wollte man nur mit den drei uns bekannten Evangelien rechnen, käme Priorität des Lukas schon nicht in Frage, weil unerklärlich bliebe, warum Gleichnisse wie das vom barmherzigen Samariter (Lk 10,30–37), vom verlorenen Sohn (15,11–32), von Pharisäer und Zöllner (18,9–14), die Weihnachtsgeschichte (2,1–20), die betonte Reise nach Jerusalem (9,51–18,14) oder die Geschichte von den Emmausjüngern (24,13–35) von keinem übernommen worden wären. Da aber Papias um 130–140 schrieb, „Matthäus habe in hebräischer Sprache die Worte [Jesu] zusammengestellt, jeder aber habe sie übersetzt, wie es ihm möglich gewesen sei"[54], sieht man, wenn man nicht mit Q rechnet, meist Matthäus als das älteste Evangelium an. Da die Parallelität des Lukas gegenüber Markus auch besteht, wo ein Abschnitt bei Matthäus fehlt (z.B. Mk 12,41–44) oder die des Matthäus gegenüber Markus, wo er bei Lukas fehlt (z.B. Mk 6,45–8,21), müßte in diesem Fall Lukas sowohl Matthäus als auch Markus gekannt haben. Daß Markus noch später als Lukas geschrieben hätte, ist ganz unwahrscheinlich; er müßte dann beide andern Evangelien verwendet und zugleich große und zentrale Teile weggelassen haben. Hätte aber Lukas den Matthäus gekannt, wie sollte er, abgesehen von den bei Markus fehlenden und bei Matthäus ganz anders erzählten Kindheitsgeschichten, den geschlossenen Aufbau der Bergpredigt (Mt 5–7) auseinandergerissen und dieselben Worte an etwa zehn verschiedenen Stellen seines Evangeliums eingeordnet haben? Der umgekehrte Vorgang, daß Matthäus sie zusammenordnet, ist leicht vorstellbar (s. u. 26.3). Oder wie sollte Lukas aus Mt 10,5–16 zwei Aussendungsreden (Lk 9,2–5 und 10,1–12) konstruiert und das bei Matthäus und Markus Stehende in die eine, das nur bei Matthäus

Stehende in die andere aufgenommen haben? Wieder ist umgekehrt leicht einzusehen, daß Matthäus die Version von Markus mit der von Q zusammenarbeitet, während Lukas beide getrennt aufführt (s. u. 26.4). Auch in Einzelheiten erweist sich Matthäus gegenüber Markus als der Spätere. Berichtet Mk 1,34, Jesus habe „viele" geheilt, so schreibt Mt 8,16, er habe „alle" geheilt (auch Mk 3,10 / Mt 12,15). Außerdem schiebt Matthäus Bergpredigt und Heilung des Knechtes in Kafarnaum nach Mk 1,22 also vor Mk 1,29–3,19 ein, Lukas aber nach Mk 3,19. Das ist nur vorstellbar, wenn Markus mit seinem Aufriß beiden schon vorlag. Ebenso ordnet Lukas Nachfolgesprüche, Weherufe, Seligpreisung der Kleinen in 9,57–10,22 nach, Matthäus vor dem Petrusbekenntnis ein. Lag beiden Markus und Q vor, blieb offen, wann sie den Markusaufriß verlassen und Q-tradition einfügen wollten. Hätte Matthäus Lukas vorgelegen, warum hätte er umgestellt? Man müßte also eine weit kürzere Urform des Matthäus postulieren, z.B. ein aramäisches Kurzevangelium, das ins Griechische übersetzt allen drei Evangelisten vorlag, oder ein Basisevangelium, in das anderes erst allmählich eingegliedert wurde. Auch so käme man aber kaum ohne eine zweite (Logien-)Quelle aus, die freilich anders aussehen könnte als Q. Viel einfacher wäre dann aber die Annahme, daß, falls eine solche Vorform existiert hätte, sie zuerst von Markus benützt worden wäre, worauf dann Matthäus und Lukas sowohl diese Vorform als auch das Markusevangelium vorgelegen hätte. Dann wären wir aber wieder bei der Zweiquellentheorie, nur daß dann in der Vorlage von Markus schon das gestanden hätte, was wir zu Q rechnen, also vor allem die Matthäus und Lukas gemeinsamen Jesusworte. Das ist möglich; doch ist der Vorgang dann komplizierter zu denken, was weniger wahrscheinlich erscheint.

7.2 Die Passionsgeschichte. Da der Aufriß der Leidensgeschichte bei Johannes im Wesentlichen derselbe ist wie bei Markus, Johannes aber diesen (oder Matthäus oder Lukas) kaum gekannt hat, ist anzunehmen, daß sie schon vor Markus zusammengestellt wurde, zuerst vielleicht Verhaftung – Verhör vor dem Hohenrat (+ Verleugnung des Petrus?) und vor Pilatus – Kreuzigung – (offenes Grab und Engelbotschaft?), während Einzug – Tempelreinigung – Vollmachtsfrage – Todesbeschluß – Verrat – letztes Mahl (mit Bezeichnung des Verräters) – Getsemani später, aber noch vor Markus dazugewachsen wären. Der erste Bericht ist knapp und nüchtern, weder heroisch noch sentimental die Martern schildernd, weder göttliche Vergeltung den Feinden androhend noch die beispielhafte Glaubenstreue Jesu betonend. Vormarkinisch dürfte auch die alttestamentliche Sprachform sein, in der die Anklänge an das Leiden des Gerechten spürbar werden; noch bei Markus wird nur allgemein auf die Erfüllung der Schrift verwiesen (14,49), während die häufige Aufnahme alttestamentlicher Wendungen (14,34.38.62; 15,23–29.34–36) nicht als solche vermerkt wird.

Sicherheit läßt sich aber nicht gewinnen. Da auch Speisung der Fünftausend, Überfahrt und Zeichenforderung in Joh 6,1–30 und das Kommen des Geistes auf Jesus („wie eine Taube") in Joh 1,32 mit Markus übereinstimmend erzählt werden, Johannes auch eine „Zeichenquelle" verwendet hat (s. u. 29.1), ließe sich sogar ein vormarkinisches Kurzevangelium denken, das Jesu Taufe, einige Wunder (Petrusbekenntnis? Verklärung?) und die Passionsgeschichte mit der

(Ankündigung der) Auferstehung (durch den Engel) enthalten hätte und Markus wie Johannes bekannt gewesen wäre[55]. Andere rechnen nur mit einer Sammlung von galiläischen Streitgesprächen, einer Gleichnisquelle, einer Zusammenstellung von Perikopen, die auf konkrete Gemeindeprobleme eingehen, und einer kleinen Apokalypse[56], vielleicht auch einer Zusammenordnung einiger Wundergeschichten von Markus. Doch wurde auch vorgeschlagen, die ganze zweite Hälfte des Evangeliums vom Petrusbekenntnis an als sehr früh in Jerusalem schon im Wesentlichen zusammengestellt anzusehen[57].

7.3 Q: Umfang? Theologisch wichtig ist aber die Quelle Q (s. o. 7.1). Freilich ist ihre genaue Abgrenzung schwierig. Wo Matthäus und Lukas Markus folgen, gibt es nur seltene und ganz kleine Übereinstimmungen, die nicht mit Markus identisch sind. Sie lassen sich dadurch erklären, daß die ihnen bekannte Kopie des Markus nicht ganz genau mit der uns überlieferten übereinstimmte, daß mündliche Tradition miteinwirkte und/oder daß erst spätere Abschreiber z.B. den lukanischen Text an den am besten bekannten matthäischen angeglichen haben. Wo aber Markus fehlt, stimmen die beiden andern manchmal fast wörtlich überein, z.B. in Lk 10,21–22 / Mt 11,25–27 (abgesehen von der redaktionellen Einleitung). Vor allem aber ist die gleiche Reihenfolge von Täuferworten – Taufe Jesu[58] – Versuchung – Berg-/Feldpredigt (mit gleicher Reihenfolge der entsprechenden Worte Jesu) – Heilung des Knechts des Hauptmanns bei Matthäus und Lukas doch wohl ein sicheres Zeichen für eine schriftliche Vorlage. Nimmt man die Reihenfolge Lk 3,16–17(21–22); 4,1–13; 6,20–23.27–49; 7,1–10.18–35; 9,57–62; 10,1–15.21–25; 11,9–26.29–32 als ursprünglich an, lassen sich die Umstellungen bei Matthäus (8,19–21; 10,7–16; 13,16–17) gut erklären (s. u. 26.4), ebenso die Zusammenordnung ursprünglich vereinzelt an verschiedenen Stellen stehender Q-Worte in die Bergpredigt (z.B. 7,7–11, s. u. 26.3). In den späteren Abschnitten wird die Zuweisung zu Q unsicherer, weil manchmal Reihenfolge und Wortlaut verschieden sind (z.B. im Gleichnis vom Festmahl Lk 14,15–24 / Mt 22,1–10). Hier könnte auch andere, vielleicht sogar nur mündliche Tradition vorliegen.

7.4 Q: Verschiedene Schichten? Selbstverständlich ist damit zu rechnen, daß die Q-Sammlung auch gewachsen ist. Einerseits könnte sie sich mit Stoff verbunden haben, den Matthäus noch nicht vorfand, den wir jetzt aber als Sondergut des Lukas bezeichnen (s. u. 27.1 und 3). Schon auf der auch Matthäus vorliegenden Stufe waren Geschichten wie die von der Versuchung Jesu oder der Heilung des Knechts mit Q verbunden; der Prozeß könnte sich bis zu der Lukas vorliegenden Form von Q noch fortgesetzt haben. Andererseits ist auch das beiden Evangelisten Vorliegende wahrscheinlich erst allmählich zusammengestellt worden. Leider fehlen bisher klare Kriterien zur Unterscheidung von älteren und jüngeren Schichten, auch wenn im allgemeinen anzunehmen ist, daß die Aussagen über Jesus als Christus immer stärker präzisiert worden sind. Selbst wenn wir das Bekenntnis zum Gottessohn (Lk 4,1–13) oder zum „Sohn" im Gegenüber zum „Vater" (10,21–22) und zu Jesus als dem Erfüller prophetischer Weissagung (Lk 7,18–23) einer späteren Schicht zuweisen, bleibt der Unterschied zu sonstigen Sammlungen von „Worten der Weisen"[59] frappant.

7.5 Q: Christologie. Die in Q gesammelten Aussagen Jesu sind fast durchwegs Ausdruck einer einzigartigen Situation. Das gilt schon für die Gleichnisse grundsätzlich (s. o. 2.3–4). Es gilt aber auch für das Faktum, daß Worte ausdrücklich als Worte *Jesu* mit seinem Wirken in Verbindung gesetzt werden, d.h. als „Apophthegma", als Kurzerzählung, die in einem Jesuswort gipfelt, referiert werden (s. o. 2.2). Das gilt ausgesprochen für die Jesussätze, die in die Geschichte der Versuchung und der Heilung des Knechts eingebunden sind, wo sichtbar wird, daß die Dimension des geschichtlich Geschehenen für seine Logien wichtig ist. Es gilt ebenso für ein Wort, das die Gegenwart des Gottesreichs mit den Exorzismen Jesu verknüpft (Lk 11,20), und den Ruf in die Nachfolge (9,57–60; 14,26–27). Zeichen dafür ist das autoritative „(Amen) *ich* sage euch", mit dem seine Worte oft eingeleitet sind (7,9.28; 10,12.24; 11,51), im Unterschied zum „So spricht der Herr" der Propheten und dem „So steht geschrieben" der exegesierenden Schriftgelehrten. Erst recht gilt es für Sprüche, die ausdrücklich von Jesus handeln. Er ist zum mindesten der endzeitliche, alles erfüllende Prophet (12,54–59; 16,16 usw.). Annahme oder Ablehnung seiner Botschaft entscheiden im Gericht (10,12–15; 12,8–12). In ihm ist mehr da als Jona, Salomo und der Täufer (11,29–32; 7,28). Er ist der kommende Menschensohn (6,22?; 7,34; 9,58), der als „Herr" angesprochen (werden) wird (6,46; 13,25). In seinen Boten begegnet er selbt den Hörern und in ihm Gott (10,16). Was daher von seinem Wirken berichtet wird, geht weit über prophetische Symbolhandlungen hinaus: der Ruf in die Nachfolge, die Sendung von Boten (9,57–10,2), die Demonstration des schon einbrechenden Gottesreichs (10,8–15), Heilungen und Exorzismen (7,10; 11,14.20), Kampf gegen den Satan (4,1–13; 11,15–18), letztes Gericht (3,16–17).

7.6 Q: Die Gemeinde als das erneuerte Israel. Auch Q scheint den Zwölferkreis zu kennen. Es gibt in der Namenliste bei Matthäus und Lukas kleine Übereinstimmungen im Unterschied zu Markus in der Einführung („seine Jünger", „Apostel", Mt 10,1–2 / Lk 6,13) und in der Zuordnung des Andreas zu Petrus samt der Zufügung „sein Bruder" (Mt 10,2 / Lk 6,14). Das beweist freilich noch nicht, daß Q eine besondere Jüngerliste enthalten hat, da beides zufällig sein kann[60]. Wohl aber setzt die den Jüngern gegebene Verheißung, daß sie auf zwölf[61] Thronen die zwölf Stämme Israels richten werden, den Zwölferkreis voraus (Lk 22,30 / Mt 19,28). Die für Jesus typische Vision eines erneuerten Israels (s. o. 2.8), zu dem allerdings die Völker hinzuströmen werden (Lk 13,28–29), herrscht also auch hier vor. Die Sendung der Jünger erfolgt ganz im Rahmen Israels. Dabei ist die Gegenwart des Gottesreichs hervorgehoben. Seit dem Täufer haben die Endereignisse begonnen, und in Jesus ist die Herrschaft Gottes schon lebendig (16,16; 11,20; vgl. die Gegenwartsform in 6,20b). Das den „Kleinen" offenbarte Geheimnis Jesu ist wohl seine Menschensohnwürde, in der er bald als Richter auftreten wird (10,21–22; 11,29–30; 12,8–9; vgl. 7,34; 9,58 usw.). So ist der Bericht über Jesu Verkündigen als Weisheitslehrer durchaus mit seinem Verkündigt-werden als verworfener, von Gott erhöhter und zum Gericht kommender Menschensohn, in dem sich das Geschick der Propheten endgültig vollendet hat, verbunden.

7.7 Q: Kreuz und Auferstehung. In Q fehlen die radikaleren Sätze Jesu zur Gesetzeskritik und vor allem die Hinweise auf sein Kreuz und seine Auferstehung. Doch ist die Ablehnung des Menschensohns durch „dieses Geschlecht" (Lk 7,31–34; 9,58; 11,29–32.49–51; vgl. 10,12–15) stark betont. Jesus wird in Jerusalem endgültig den Prophetentod sterben (Lk 13,34–35, vgl. V. 33 und Mt 11,12). Offenkundig steht im Hintergrund, was das Alte Testament und das Judentum von der Weisheit Gottes sagten. In Lk 7,34–35 ist das Wirken des Täufers wie das Jesu, die beide von den Menschen abgelehnt werden, ausdrücklich als das der Weisheit verstanden. In Lk 9,58 steht vielleicht auch das Bild der heimatlosen Weisheit, die von niemandem angenommen umherirrt (äth Hen 42), im Hintergrund[62]. Ebenso ist Jesu Erhöhung vorausgesetzt, mindestens überall dort, wo Jesus mit dem kommenden Menschensohn gleichgesetzt wird (12,8–9; 17,24–30 usw.). Ob auch an dieser Stelle Weisheitsgedanken nachwirken, bleibt fraglich. Zwar erzählt äth Hen 42 von der Rückkehr der Weisheit in den Himmel; doch ist das nicht Erhöhung. Die Q-worte von Mt 11,25–30 sind auch eindeutig von Weisheitstexten (Sir 51) geprägt. Q kommentiert das in V. 27 dahin, daß Jesus, dem „Sohn", schon alles vom „Vater" übergeben ist; doch ist das von der Weisheit noch nicht gesagt[63]. Für Q ist auch nicht eigentlich die Erhöhung wesentlich, sondern die Funktion des Menschensohns als künftiger Richter, vor dem der jetzige Lebenswandel zu verantworten sein wird.

Im Fehlen von Aussagen über Kreuz und Auferstehung spiegelt sich zunächst die Tatsache, daß Jesus selbst zwar um den Kampf gegen ihn wußte, vermutlich auch mit seinem Tod rechnete, aber jedenfalls nicht öffentlich davon sprach, so wenig wie von der Auferstehung. So ist hier noch eine auffällige Treue zur Tradition festzustellen. Wesentlicher ist aber die theologische Seite dieses Sachverhalts. Eine Theorie, die das Rätsel des Sterbens Jesu löste, wird nicht geboten. Wohl aber werden seine Jünger sein Geschick als Bote der Weisheit (Lk 7,35) in den Anfeindungen durch ihre Umgebung teilen (11,49), wenn sie ohne besondere Ausrüstung, arm und solidarisch mit allen Armen und Hungernden als Freudenboten der Endzeit wie Schafe mitten unter den Wölfen wirken (10,3–12). Daß der Menschensohn nirgends daheim ist, weniger als Füchse und Vögel, das wird dem *Nachfolger* gesagt (9,58). Es wird also so vom Leiden Jesu gesprochen, wie es in den Lebenserfahrungen seiner Gemeinde wirksam wird. Die Passion soll eher gelebt als erzählt und verkündigt werden. Ebenso stellt die Erhöhung des Menschensohns zum künftigen Richter das Leben seiner Jünger schon in das Licht dessen, der sich einst zu ihnen bekennen oder sich ihrer schämen wird (Lk 12,8–9).

7.8 Q-Christologie und „hymnische" Christologie. In den an sich sehr andersartigen Christologien von Joh 1,1–18 und Phil 2,6–11 zeigen sich auch merkwürdige Verwandtschaften mit Q[64]. Sie mögen teilweise zufällig sein, teilweise auf dem gemeinsamen Wurzelgrund in der alttestamentlichen und jüdischen Weisheitstheologie beruhen und teilweise auch auf direkte oder indirekte Abhängigkeit zurückzuführen sein. Dabei reden die Hymnen in der Kategorie eines himmlischen Wesens, das Mensch wird, und im Zusammenhang damit im Blick auf die gesamte Menschheit, ja auf den ganzen Kosmos, während Q von einem irdischen Lehrer der Weisheit und von Israel als seinem Ziel spricht. Aber schon Matthäus hat die Sicht Jesu als des Boten der Weisheit, wie es auch Johannes der Täufer war, ausgeweitet (s. u. 26.8). In Jesus ist die Weisheit Gottes, die sich schon im Gesetz Moses niedergeschlagen hat, Person geworden, so daß Matthäus ähnlich wie Joh 1,14 formulieren könnte: „Und die Weisheit ist Mensch geworden", nur daß er dabei in erster Linie an Jesus als Lehrer, also an die uns in seiner Lehre begegnende Weisheit Gottes denkt. In Joh 1 wird wie in Phil 2 ausdrücklich die Konsequenz gezogen, daß also der Logos (das „Wort") oder die Weisheit oder der „Christus" (Gott in seiner Zuwendung zu uns) schon immer ,prae-existent', also vor der Erscheinung im Menschen Jesus, im „Himmel" lebte. Seine Offenbarung im „Fleisch" (Joh 1,14, auch 1 Tim 3,16) ist im Johannesprolog ähnlich wie in Q auf Jesu Lehre bezogen, in der er Gott für uns „auslegte" (1,18). Nur ist dabei schon die nicht abreißende Verbundenheit, ja die Einheit Jesu mit Gott selbst betont. Schon im Prolog ist also die „Fleischwerdung" das Ziel und damit die Gattung „Evangelium" als Bericht vom Fleischgewordenen vorprogrammiert. Sobald aber der Prolog mit dem Evangelium verbunden ist, wird der Bezug auf die Person Jesu noch viel zentraler. Die in ihr aufleuchtende „Herrlichkeit" (1,14) ist jetzt in seinem ganzen Wirken zu finden, in seinen Wundern (2,11), wie es die vom Evangelisten aufgenommene „Zeichenquelle" sieht (s. u. 29.1), und paradox auch in seiner „Verherrlichung" am Kreuz (12,23.28; 13,31–32; vgl. 21,19). Sie wird als „Erhöhung" des „Menschensohns" (3,14; 6,62) mit dem auch für Q typischen Titel beschrieben und schließt ein, daß ihm, dem „Menschensohn", das Gericht übergeben ist (5,21–22), wie es wiederum auch Q darstellt. In Phil 2 ist von Anfang an alles auf diese Verherrlichung ausgerichtet, die sich einerseits mit der Botschaft vom Auferstandenen und als „Herr" Eingesetzten (s. o. 5.2–3) verbindet, andererseits auch die für Q charakteristische Erwartung des Richters aller Welt aufnimmt, freilich im Bild der universalen Anbetung des „Herrn". Dabei hat Paulus, wahrscheinlich aber schon der Hymnus vor ihm an die Parusie gedacht. Man *konnte* die Sätze jedoch von Anfang an auch so interpretieren, daß mit der Erhöhung des Menschgewordenen in seiner „Himmelfahrt" schon alles vollendet ist. Das zeigt, wie nah eine noch stärkere Hellenisierung liegt, in der alles wie bei Johannes auf die schon erfüllte Gegenwart konzentriert ist; freilich so, daß die Dimension der noch ausstehenden Zukunft nicht völlig verschwindet. Umgekehrt gibt es auch Q-Worte, die erklären, daß das künftige Gericht sich schon jetzt in der Stellung zu Jesus entscheidet (Lk 12,8–9), und die die Gegenwart des Gottesreiches denen zusprechen, die sie jetzt schon in der Vollmacht Jesu sehen können (Lk 11,20; 17,20–21).

7.9 Q und die Botschaft von Sühnetod und Auferweckung. Daß in den Hymnen die ausdrückliche Verkündigung von Tod und Auferstehung Jesu fehlt (s. o. 5.10 und 13), zeigt, daß sie, so sehr sie sich von Q unterscheiden, doch auch in einer ähnlichen „Welt" der Erfahrung und des Denkens verwurzelt sind. Man könnte ja gerade von weisheitlicher Erfahrung und weisheitlichem Denken her einen ganz anderen Weg weiter verfolgen. In Weish 2–5 ist geschildert, wie der „Weise" (4,17), der „arme Gerechte" (2,10) verworfen und zu „schimpflichem

Tod" (2,20) gebracht wird, dann aber, zu Gott entrückt (4,10), seinen Feinden im Gericht entgegentreten wird (4,16; 5,1) und, zu den Gottessöhnen gezählt, mit den „Heiligen" lebt (5,5). Dabei sind schon Motive aus den Gottesknechtliedern, vor allem aus Jes 53 verarbeitet. Von da aus träte dann gerade die Passion Jesu, ob man sie stärker als Urgeschehen versteht, das sich im Schicksal der Jünger wiederholt, oder mit Jes 53 als die Sühne für die Vielen, ins Zentrum und mit ihr die Auferstehung und Erhöhung zu Gott als Jesu Rechtfertigung und als Heil für die, die sich von ihm auf seinen Weg mitnehmen lassen. Das ist die Linie, die sich in vielen Glaubensformeln (s. o. 5.4–6), aber auch in der vormarkinischen Leidensgeschichte (s. o. 4.4) und dann in den synoptischen Evangelien durchsetzt. Das kann „kerygmatisch" (verkündigend) in Kurzformulierungen zusammengefaßt, aber auch erzählend, z.B. im Markusevangelium, dargestellt werden, so wie auch Erniedrigung oder Menschwerden des Präexistenten und seine Erhöhung bzw. Herrlichkeit im Hymnus, z.B. in Phil 2,6–11 und Joh 1,1–18, konzentriert „kerygmatisch", aber auch in der Erzählung des vierten Evangeliums „narrativ" dargestellt werden.

7.10 Die Aufnahme beider Möglichkeiten ins Neue Testament. Man konnte also in Jesus einen Lehrer der Weisheit sehen (s. o. 7.5). Außer in Q ist das auch im Jakobusbrief (s. u. 22.1), vielleicht noch bei den Irrlehrern der Johannesbriefe zu finden (s. u. 30.2). Man konnte seine Worte sammeln wie die des Jesus Sirach oder des Verfassers der Sprüche. Freilich wurde schon in Q deutlich, daß hier alles an dem hing, der diese Worte sprach, war er doch der letzte, alles entscheidende Bote der Weisheit (s. o. 7.5). Seine Weisung konnte dem Gesetz Gottes entgegentreten, ohne es doch aufzuheben (Mt 5,17–48), so daß er schon bei Matthäus mit der Gestalt der Weisheit identifiziert wurde (s. o. 7.8). Seine Verwerfung durch die Menschen und der Prophetentod, den er endgültig starb (Lk 13,34–35), konnte schon in Q als Verwerfung Gottes verstanden werden (s. o. 7.7). Wenn in ihm also die Weisheit Gottes selbst wirkte, dann war es nur noch ein Schritt zur Aussage von seinem Weilen bei Gott schon zur Zeit der Schöpfung (s. o. 7.8). Jesus ist ja nichts anderes als die Verkörperung der Heilsgegenwart Gottes, wie sie schon in der Schöpfung, dann aber in der Verkündigung durch die „Weisheit" wirksam wurde, auch wenn die Großzahl der Menschen das nicht erkannte. Man konnte aber auch von der Verwerfung der Weisheit und ihres Boten her denken und dann all die Sätze vom leidenden Gerechten, ja von seinem schon in Jes 53 verkündeten Sühnetod aufnehmen (s. o. 7.9).

Das Interessante an diesen Ähnlichkeiten trotz der völlig anderen Gattung einer Sammlung von Jesusworten in Q, eines christologischen Bekenntnisses in den Hymnen, ist die in der Forschung noch kaum reflektierte Tatsache, daß ohne jede sichtbare Abhängigkeit dort wie hier ein ähnlich strukturiertes Denken vorliegt, das beidemal von Matthäus und Lukas dort, von Paulus hier übernommen und durch die Eingliederung in das Evangelium oder das Briefkorpus neu ausgelegt und präzisiert wird. Dabei geht die Logienquelle vom irdischen Weisheitslehrer Jesus von Nazaret aus, will aber seine einmalige Besonderheit dadurch festhalten, daß sie die mythisch vorgestellte, d.h. schon von Ewigkeit her bei Gott weilende Weisheit durch ihn reden läßt. Der Philipperhymnus, ähnlich auch der Johannesprolog, geht umgekehrt von einer in mythischen Kategorien als gottgleich vorgestellten himmlischen Gestalt aus und will die einmalige Besonderheit in ihrer Erniedrigung zum Stand des Sklaven schildern. In beiden Fällen ist also der Tod nur als Lebensende und als Beginn der Erhöhung zum künftigen Richter und Weltenherrn verstanden. Entscheidend ist aber, daß weder Q noch die Hymnen einfach als solche ins Neue Testament aufgenommen wurden. Sie sind in den Kontext eines ganzen Evangeliums oder eines ganzen Briefs eingefügt worden. Damit sind ihre Aussagen auch neugeprägt worden: der Tod ist jetzt als Tod am Kreuz und die Auferstehung von den Toten als Beginn der Verkündigung der Gemeinde verstanden. Darüber wäre noch sehr ernsthaft nachzudenken.

8. Die große Frage: Jesustradition und / oder Christusbekenntnis[65] ?

8.1 Die zwei Wege zu Jesus Christus. Auf der einen Seite, in der Tradition, die zu unseren Evangelien führte, sind also Jesusworte bewahrt und zusammengestellt, Berichte über Jesu Wirken gesammelt und mit Jesusworten auch verbunden worden. Sie sind dabei vom Glauben der Berichterstatter immer auch kommentiert, ergänzt, zum Teil sogar neugeschaffen worden; aber alles Interesse konzentrierte sich auf das Wirken des irdischen Jesus. Auf der anderen Seite, in der Tradition, die vor allem bei Paulus sichtbar wird, bildeten sich in der Urgemeinde bestimmte Redewendungen, Glaubensformeln, Liedstrophen, in denen sich der Glaube an den auferstandenen Christus ausdrückte. Auferstehung konnte dabei als Hinweis auf die Wiederkunft und das Ende der Welt oder als Siegel Gottes auf Jesu stellvertretendes Sterben oder als seine Erhöhung zur Herrschaft über die Gemeinde (und die Welt) verstanden werden. In diesem Fall konnte auch die Menschwerdung als Abstieg, irdische Existenz als Erniedrigung gesehen werden. Sind das zwei völlig verschiedene Weisen des Glaubens, die vielleicht auch auf zwei oder mehr von einander getrennte Ursprungsorte zurückgehen? Ist die erste Entwicklung z.B. in Galiläa, die zweite in Jerusalem und der von dort ausgehenden Missionsbewegung zu lokalisieren? Die Sammlung der Jesusworte, die Matthäus und Lukas gemeinsam benützen (s. o. 7.1,3), stünde in der ersten Tradition, Paulus, in dessen Briefen abgesehen vom Tod Jesu am Kreuz so wenig vom irdischen Herrn zu finden ist, in der zweiten. Wäre jene erste Überlieferung für ihn nicht sogar „ein anderes Evangelium" (Gal 1,6)[66]?

8.2 Galiläa und Jerusalem zwei Urgemeinden? Leider wissen wir fast nichts über die Zeit, die zwischen diesen Anfängen und ihrem Niederschlag in den Paulusbriefen einer-, den Evangelien andererseits liegt. Manches spricht für getrennte Ursprünge. Apg 9,2.31 hören wir von Gemeinden in Damaskus und Galiläa, ohne daß von Mission dort die Rede war. Soll man analog zu 8,4.40 an eine von Jerusalem ausgehende Bewegung denken, oder lebten hier Gruppen, die vom Eindruck der irdischen Wirksamkeit Jesu zehrten, ohne besonders auf seinen Tod und seine Auferstehung ausgerichtet zu sein? Das erklärte, warum in den Matthäus und Lukas gemeinsamen, bei Markus noch fehlenden Worten

Jesu in Q nichts von Kreuz und Auferstehung gesagt ist, wohl aber von seiner Vollmacht als Irdischer und als zum Gericht Wiederkommender (s. o. 7.8–9). Gewiß setzt dies ein Wissen um Tod und Auferstehung (oder Erhöhung zum Himmel) voraus, jedoch nicht ein eigentliches Glaubensinteresse daran. Jener wäre in der Linie des heimatlosen Jesus (Mt 8,20; Lk 9,58) zu verstehen, diese als Entrückung zum himmlischen Menschensohn, der einst als entscheidender Zeuge oder Richter wirken wird (Mt 24,27.37.39; Lk 12,8; 17,24.26.30). Ebenso wäre verständlich, warum Paulus z.B. bei dem Zwischenfall in Antiochien, als Petrus nicht mehr mit den Heidenchristen Tischgemeinschaft halten wollte, nicht auf Jesu Mahlzeiten mit Zöllnern und Sündern (Lk 7,34) zurückwies, bei der Frage der Enthaltung von gewissen Speisen nicht auf Jesu Überzeugung, daß nicht, was in den Mund eingehe, den Menschen verunreinige (Mk 7,15), beim Sabbatproblem nicht auf Jesu Verhalten (Mk 2,27; 3,1–6), sondern auf den Glauben an die allen geltende Rechtfertigung durch den Glauben an den Gekreuzigten (Gal 2,11–21; Röm 14,13–23; 1 Kor 8,7–13; Röm 14,6–9). Auch nach der Apostelgeschichte ist auf dem Konzil (Apg 15) nicht auf Jesu Verhalten oder seine Worte verwiesen worden, sondern auf die Gnade des Herrn Jesus. Schließlich läßt sich zeigen, daß bei Paulus in ähnlicher Weise auf der einen Seite sein theologischer Entwurf, also seine Christusverkündigung wichtig wurde, vor allem in den Briefen der Paulusschüler (s. u. III), aber auch bei Ignatius u.a., auf der andern in einer ganz davon getrennten Tradition sein Leben, wie es in den Legenden der apokryphen Apostelakten gnostischen Einschlags zutagetritt. Beide Überlieferungsströme sind unabhängig von einander verlaufen. Muß man sich also mindestens zwei Urgemeinden vorstellen, die eine in Galiläa, für die das Wirken des Irdischen entscheidend war, die andere in Jerusalem, wo Kreuzestod und Auferstehung im Zentrum standen? Man könnte dazu noch eine vormarkinische und vorjohanneische Gemeinde postulieren und die aramäisch sprechende Jerusalemer Gemeinde von der hellenistischen scheiden, so daß vier bis fünf Wurzeln sichtbar würden.

8.3 Jerusalem die eine Urgemeinde. Die Apostelgeschichte kennt nur eine Gemeinde, die für die weitere Entwicklung wichtig war, die von Jerusalem. Das entspricht freilich der Tendenz des Lukas, und die Tatsache, daß die Apostel bei der Verfolgung nach dem Tod des Stephanus unangefochten in Jerusalem bleiben konnten (8,1), beweist, daß diese — anders als Lukas es erscheinen lassen möchte – nur gegen die griechischsprechende Gemeinde gerichtet war, die offenbar dem Gesetz gegenüber freier war als die „apostolische" Gruppe. Immerhin sind es zwei Gruppen am gleichen Ort, und die Unterschiede scheinen mehr oder weniger konsequente Folgerungen in der Gesetzesfrage zu betreffen, nicht Betonung des irdischen Wirkens Jesu einer-, des Todes und der Auferstehung anderseits. Vor allem kennt auch Paulus nach Gal 1,17–20; 2,1–2 nur *eine* Urgemeinde, die in Jerusalem. Das ist umso auffälliger, als er in Damaskus berufen und mit der Jesusgemeinde zusammengeführt wurde, wie er ja auch schon als ihr Gegner nur die Gemeinden außerhalb Judäas kennen lernte (Gal 1,17.22). Das zeigt, daß auch in Damaskus die Apostel in Jerusalem die entscheidende Stelle waren. Zwar gab es nach Apg 18,24–25; 19,1–3 Jünger, die nichts von Pfingsten erfahren hatten; doch handelt es sich — entgegen der lukanischen Tendenz — in beiden Fällen wohl um hellenistische Juden und vom Täufer Beeindruckte, die erst in Ephesus Christen wurden. Nimmt man dazu, daß alle Apostel Galiläer waren, die, wenn nicht alles trügt, Jesus schon durch sein irdisches Wirken hindurch begleitet und die Erscheinung des Auferstandenen wahrscheinlich in Galiläa erlebt haben, wird die These von zwei oder mehreren, weithin von einander geschiedenen Urgemeinden sehr fraglich.

8.4 Gegenseitige Beeinflussung verschiedener Traditionsstränge. Die drei Johannesbriefe reden nirgends vom irdischen Wirken Jesu; dennoch sind sie nicht in einer anderen Gemeindetradition entstanden als das Evangelium; ja ihr Verfasser hat dieses gekannt. In der Apostelgeschichte wird nur ganz sporadisch auf den irdischen Jesus zurückverwiesen, zweimal in einer Missionspredigt (2,22; 10,38), einmal in einer ethischen Frage (20,35) mit einem nicht im Evangelium stehenden Wort(!); dennoch stammt sie vom gleichen Verfasser wie dieses. Paulus setzt eine gewisse Bekanntschaft mit der Passionsgeschichte voraus (1 Kor 11,23), also doch wohl schon eine fortlaufende Zusammenordnung verschiedener Einzelerzählungen, wie sie für die Evangelien typisch ist, ferner die Armut Jesu (2 Kor 8,9) und einige Worte (1 Kor 7,10; 9,14 [vgl. 14,37; 15,3]; 1 Thess 4,15). Das ist jedenfalls mehr, als wir in den Johannesbriefen finden, und etwa mit dem in der Apostelgeschichte zu Findenden zu vergleichen. Wichtiger ist, daß für Paulus die Wiederkunft Christi, die auch in den Sammlungen von Jesusworten zentral ist, wesentlich bleibt. Die Verbindung von Ps 8,7 (der vom Menschensohn spricht wie manche Jesusworte) und Ps 110,1 (der auch in der synoptischen Tradition erscheint) ist von Paulus wohl schon übernommen (1 Kor 15,25–27; vgl. Eph 1,20–22), offenbar aus demselben Milieu, aus dem die Tradition der Jesusworte schöpft (vgl. Mk 14,62, vielleicht auch den von Ps 8,7 beeinflußten griechischen Text von Mk 12,36; später Hebr 1,13 neben 2,6; Pol Phil 2,1 „Herrlichkeit" / „unterworfen" neben „Thron zu seiner Rechten"). Der Abba-Ruf ist Mk 14,36 und Röm 8,15; Gal 4,6 gemeinsam, der Gottessohntitel Mt 4,3 / Lk 4,3 und Paulus (oft). Man kann vermuten, daß Worte wie Lk 10,4 zu Angriffen auf Paulus führten (1 Kor 9,1–18, s. u. 31.2)[67], und wenn nicht alles trügt, sind Propheten, vielleicht sogar die Wanderpropheten, die an der wörtlichen Befolgung der Missionsregeln Jesu festhielten (s. o. 3.9), gerade von Jerusalem ausgegangen (Apg 11,27–28; [13,1;] 15,22.32; 21,9.10). Streitgespräche Jesu haben nach den Evangelien in Galiläa wie in Jerusalem stattgefunden. Wunder werden freilich in den ersten drei Evangelien fast nur in Galiläa angesiedelt; aber ist dies Zeichen besonderer galiläischer Tradition oder eines markinischen Schemas, das die Wunder vor dem Petrusbekenntnis konzentriert (vgl. immerhin 10,52)? Vor allem muß es eine in Jerusalem beheimatete und darauf ausgerichtete Tradition vom irdischen Jesus gegeben haben, wie Johannes, der gerade auch von Wundern in Jerusalem berichtet, und damit verwandte Notizen bei Lukas zeigen. Auch die Zusammenstellung von (nur einer!) Speisung, Überfahrt, Seewandel (und Zeichenforderung Mk 8,11–13; Joh 6,26–30?) scheint dazuzugehören, wobei die unmittelbare Reaktion des Volks nur Joh 6,14–15 rapportiert wird. Der Bericht von der Salbung in

Joh 12,1–8 verbindet markinische und lukanische Motive. Da Johannes schwerlich einen oder mehrere der Synoptiker gekannt hat, macht das es immerhin wahrscheinlich, daß in Galiläa wie in Judäa Jesusgeschichten mit dazu gehörenden Worten gesammelt wurden. Insbesondere ist die Passionsgeschichte, die in Jerusalem beheimatet und zentral auf Tod und Auferstehung Jesu hin ausgerichtet ist, wohl die älteste zusammenhängende Jesustradition (s. o. 7.2). Schließlich ist im vorigen Kapitel deutlich geworden, wie stark die Q-Tradition auch mit hymnischen Aussagen zusammengehört, die sich in den Briefen finden, auch wenn im Einzelnen keine direkten Abhängigkeiten aufgezeigt werden können.

8.5 Lehre und Erzählung. Auch im Judentum jener Zeit läßt sich eine gewisse Scheidung der Bereiche der Lehrtradition, also der Gesetzesauslegung, und der Erzählung, also der Propheten- und Märtyrerlegenden, beobachten. Freilich bedeutet hier Lehre Klärung sittlicher Fragen, also gerade das, was auch für Jesusworte typisch ist, während Erzählung eher die Verkündigung des Heils im Handeln Gottes vermittelt, wie es wiederum auch für Jesusgeschichten typisch ist. Immerhin läßt das vermuten, daß die gleiche Gemeinde, die Worte Jesu und meist auf ein Wort herauslaufende Geschichten sammelte, in denen natürlich noch nicht von Tod und Auferstehung die Rede war, dennoch z.B. in ihrer Herrenmahlliturgie auch den Bericht von Passion und Auferstehung und deren Bedeutung für den Glauben betonte. Doch sind die verschiedenen Interessen von Evangelien und Briefliteratur damit noch nicht erklärt.

Wie immer man im einzelnen gewichtet, jedenfalls war die erste Gemeinde in Jerusalem eine auf das baldige Anbrechen des Gottesreiches hoffende, auch von Propheten geprägte Gemeinde (s. o. 3.2). Darum siedelten die Jünger aus Galiläa mit ihren Familien und ihrem Hab und Gut nach Jerusalem um. So gewiß die Ostererfahrung, die auch die Sendung einschloß, die schon erfolgte große Wende bezeugte, dachte die Gemeinde doch wohl an eine kurze Zeit der Verkündigung und des Umkehrrufs bis zur Enderfüllung (s. o. 3.3). Ob Jesu Auferstehung stärker als Voraussetzung seines Kommens, der Auferstehung aller und der Errichtung des Gottesreiches wichtig war oder als Antritt seiner Herrschaft über die schon in der neuen Welt unter Gottes Vergebung lebende Gemeinde, jedenfalls stand der Auferstandene im Zentrum, nicht der irdische Lehrer und sein Vorbild. Der Kreuzestod, zunächst Rätsel und Verlegenheit, wurde im Licht der Schrift als Stellvertretung und Sühne für Israels Sünde verstanden. So war die Verkündigung in erster Linie Botschaft vom kommenden Heil, das dem Umkehrenden und Glaubenden schon jetzt zugesprochen war. Bei allmählich auftauchenden ethischen Fragen und in Auseinandersetzung mit Angriffen wurden vermutlich Jesusworte und -geschichten wirksam. Das blieb zuerst eine Nebenströmung, wurde aber immer wichtiger. In vielen Alltagsfragen ließ sich ja das rechte Verhalten nicht so einfach aus dem Grund-Satz von Tod und Auferstehung Jesu ableiten, falls man nicht ein geschulter Theologe war wie Paulus. Doch greift schon er in 1 Kor 7,10; 9,14, der Sache nach auch in Röm 12,14–17 auf Jesusworte zurück, wobei diese neben alttestamentliche (Röm 12,20; 1 Kor 9,9–10) Gebote treten.

8.6 Ostererfahrung und Rückgriff auf den irdischen Jesus. Diese Entwicklung läßt sich vergleichen mit derjenigen der Glaubensformeln. Lag zunächst alles Gewicht auf der Auferstehung Jesu, die als Beginn seiner Gottessohnschaft (Röm 1,4; Apg 13,33) und Herrschaft (Röm 10,9; Apg 2,36) galt, so wurde später dieser Termin ins Leben Jesu und schließlich auf den Tag seiner Geburt zurückverlegt: von seiner Taufe an begann Jesu Wirken als Gottessohn (Mk 1,11; Apg 10,37–38), durch seine Geburt aus der Jungfrau wurde er Gottes Sohn (Lk 1,35). Freilich ist diese Entwicklung nicht einlinig verlaufen. Schon vor Paulus sind einerseits Auferstehung und Wiederkunft verbunden worden (1 Thess 1,10, ohne Hinweis auf Jesu Tod, s. o. 5.2), andererseits Sendung und Sühnetod des Gottessohnes (Gal 4,4–5; Röm 8,3, s. o. 5.6) oder Erniedrigung aus einem himmlischen Dasein und Erhöhung zum Weltenherrn (Phil 2,6–11, s. o. 5.10). Umgekehrt erscheint weder Taufe noch Geburt Jesu als Grund seiner Würde bei Paulus; nur seine davidische Abstammung wird in einer von ihm zitierten Formel Röm 1,3 genannt (s. o. 5.3). Sicher sind also sehr verschiedene Weiterbildungen neben einander verlaufen. Sie scheinen alle in der Ostererfahrung einer schon angebrochenen neuen Welt Gottes und zugleich in einer hochgespannten Zukunftserwartung der ersten Gemeinde in Jerusalem zu wurzeln, in der aufgrund der Erscheinungen des Auferstandenen und der Erfahrung der Gegenwart des Geistes Gottes das Heil verkündet und die endgültige Errichtung des Gottesreichs erwartet wurde.

8.7 Verschiedene Fragestellungen. Von irgendeiner anderen Verkündigung weiß Paulus nichts (1 Kor 15,11). Dabei wurde er in Damaskus berufen und kehrte zu dieser Gemeinde zurück, lernte vielleicht auch andere Gemeinden in „Arabien", sicher später diejenigen in Westsyrien kennen, während er den judäischen Gemeinden zunächst unbekannt blieb (Gal 1,17–24). Hätte es eine Verkündigung gegeben, die Tod und Auferstehung ausklammerte, müßte sie also schon wenige Jahre nach Jesu Tod mindestens dort, wo Paulus hinkam, in der von Jerusalem ausgehenden aufgegangen sein. Wie Johannesevangelium und -briefe zeigen, liegt der Unterschied viel eher in der jeweiligen Fragestellung. Wo es um die grundlegende Bezeugung christlichen Glaubens ging, sind Auferstehung und endgültiges Kommen Jesu betont worden (1 Thess 1,10; 4,14); wo es um Einzelfragen wie das Sterben von Gemeindegliedern vor diesem Kommen und um den richtigen Zuspruch in dieser Lage ging, wurden (echte oder für echt gehaltene) Jesusworte wichtig (1 Thess 4,15–18). Die vormarkinische wie vorpaulinische Form der Herrenmahlsworte zeigt, daß von Anfang an die Deutung des Todes Jesu als Heilsereignis und vielleicht als Pfand seines Wiederkommens mit der Feier verbunden war, wobei noch nicht festgelegt war, ob das „für viele" als Sühne, Stellvertretung, Lösegeld, Leidensgemeinschaft oder wie immer zu deuten sei (s. o. 4.3 und 5.4). Wo das Interesse wie bei Paulus an der lehrhaften Klärung lag, wurden diese Deutungen entscheidend und rückte die zunächst unbegreifliche Kreuzigung Jesu ins Zentrum: gerade der von Gott verfluchte Tod wurde zum Heil. Wo die Mahnung zur Annahme eines Lebens in Niedrigkeit, z.B. in Verfolgungszeiten oder im Zusammensein mit anderen Gemeindegliedern, lag, wurde der Ton auf die im ganzen Leben Jesu manifestierte Niedrig-

keit gelegt, für die der Tod die Klimax bildete. Das gilt für Worte von der Heimat-
losigkeit des Menschensohns (Lk 9,58) wie für den vorpaulinischen Hymnus
Phil 2,8 (s. o. 5.10) oder paulinische Aussagen wie 2 Kor 8,9; Röm 8,17; 15,3.
Hier mußte die Tradition vom Wanderleben Jesu wichtig werden, ganz besonders bei denen, die diese Form der Verkündigung weiterzuführen suchten und
als Wanderpropheten wirkten.

8.8 Leidender Gerechter und Sühnetod, Auferstehung und Erhöhung. Wo das
Hauptgewicht auf den künftigen Anbruch des Gottesreichs gelegt wurde, wurden Jesusworte vom kommenden Menschensohn samt den daraus gefolgerten
Mahnungen zu einem Leben in Bereitschaft dafür und in verantwortlichem
Dienst während der Zwischenzeit wiederholt. Natürlich hatte Jesus selbst noch
nicht oder kaum von seinem Tod und seiner Auferstehung gesprochen. Beide
waren aber vorausgesetzt, da es ja Jesus war, der als Menschensohn zum Gericht
kommen würde. Wie vor allem die frühen Passionsaussagen zeigen, war dabei
die Kategorie des leidenden und dann zu Gott erhöhten Gerechten die Sprachform, in der das verständlich wurde. Wo das Hauptgewicht auf das schon dem
Glaubenden zugesprochene Heil gelegt wurde, mußten Tod und Auferstehung
zur entscheidenden Wende werden. Schon in den jüdischen Texten, die vom leidenden Gerechten sprachen, klangen Sätze aus Jes 53 nach (s. o. 7.9). Wo man in
Jesu Tod die eschatologische Wende sah, wurden sie exklusiv für die Einzigartigkeit dieses Ereignisses verwendet. Daß Jesu Auferstehung ursprünglich vor
allem als Erhöhung (zum kommenden Menschensohn wie zum Herrn der
Gemeinde und der Welt) verstanden wurde, zeigt sich noch darin, daß Paulus die
ihm vom Himmel her widerfahrene Erscheinung des Auferstandenen unter-
schiedslos den früheren Erfahrungen der Apostel vor ihm gleichsetzt
(1 Kor 15,5–8; Gal 1,15–17). Auch hier sind zwar starke Gewichtsverschiebun-
gen festzustellen, schwerlich aber von einander geschiedene Urgemeinden.
Gemeinsam ist schließlich der zu den Evangelien wie der zu Paulus führenden
Tradition die Verankerung in der jüdischen Weisheitstheologie (s. o. 7.8–10).

8.9 Vom Kerygma zur Jesustradition und von der Jesustradition zum Kerygma.
Einerseits ging man also von der Auferstehung und der durch sie erwiesenen einzigartigen Würde des Erhöhten aus, der auch als Herr bei der endgültigen
Errichtung des Gottesreiches kommen würde. Man fragte zurück nach seiner
Lehre und seinem Verhalten, wo es um ethische Fragen, um Probleme der Gottesdienstgestaltung oder des Zusammenlebens, um Ungewißheiten der Zukunft
ging. Andererseits war man an Lehre und Vorbild des Irdischen als Weisungen
für konkrete Probleme interessiert, freilich so, daß seine Vollmacht überall vorausgesetzt, wenn nicht direkt ausgesprochen wurde. Daß die Zeugen seines Wirkens sich schon vor Ostern fragten, wer der ist, der in dieser Weise handelte, und
daß viele von ihnen Gottes Kommen in ihm erfuhren, weist dabei immer schon
vorwärts auf das nach Ostern Erkannte. Gewiß ist ein großer Teil der Jesustradition in Galiläa, andere aber sehr wahrscheinlich in Jerusalem gesammelt worden. Gewiß ist das Gewicht, das ihr beigelegt wurde, in verschiedenen Gemeinden auch verschieden gewesen; aber es bleibt sehr unwahrscheinlich, daß es

Gemeinden gegeben hat, die nur mit dieser oder nur mit dem Bekenntnis zu Tod und Auferstehung ohne Kenntnis seines irdischen Wirkens lebten.

    8.10 Evangelien als Korrektur einer reinen Kerygmatisierung. Wohl aber gibt es Zeichen dafür, daß die Jesustradition zu einer Zeit wichtig wurde, in der die dogmatische Verankerung des Glaubens in Tod und Auferstehung als den entscheidenden Heilsereignissen eindeutig gesichert war. Matthäus hat gegenüber Markus an vier Stellen betont, daß es sich um „dieses", von Jesus gepredigte „Evangelium vom Reich Gottes" handelt, offenbar weil er die Gefahr eines Glaubens an das „Evangelium" (wie es Markus kurz nannte, s. o. 6.2) sah, der an der Verkündigung des irdischen Jesus nicht mehr interessiert war (4,23; 9,35; 24,14; 26,13). Er betont auch, daß Jesus besonders in seinen Geboten bei seiner Gemeinde gegenwärtig bleibt (28,20). Die Einleitungsformel zu einem Jesuswort „Erinnert euch der Worte des Herrn Jesus, daß er sagte:..." (oder ähnlich) erscheint Apg 20,35; 1 Clem 13,8–9; 46,7–8; Pol Phil 2,3[68]. Die Sammlung von Jesusworten im sog. Tomasevangelium scheint schon die drei ersten Evangelien vorauszusetzen, und Mitte des 2. Jh. ist für Papias die mündliche Überlieferung der Augenzeugen und ihrer unmittelbaren Gewährsmänner wichtiger als das in Büchern Geschriebene[69]. Auf die Geschichte von der Verklärung Jesu (Mk 9,2–8) wird in dem sehr späten 2. Petrusbrief zurückgegriffen (1,16–18), um die Gewißheit der Verkündigung zu sichern. Die Gefahr einer, später zur Gnosis (s. u. 20.2) führenden Theologie, die zwar die Botschaft von Gnade und Heil wichtig nahm, sie aber nicht mehr notwendig an die Geschichte Jesu band, scheint bei der Entstehung der Jesusüberlieferung der Evangelien mitgewirkt zu haben.

    Markus, im ältesten unserer Evangelien, kennt schon ein solches Interesse am irdischen Jesus. Er scheint nämlich gegen ein Bild zu kämpfen, das in Jesus nur den Wundertäter sah. So anerkennt er zwar durchaus Jesu Wunder als Äußerungen seiner Vollmacht, betont aber, daß sie erst recht verstanden werden können, wenn man auch seinen Weg zum Kreuz erkennt und ihm darauf nachfolgt (s. o. 2.1 und A. 13). In der zur Gnosis führenden Entwicklung sind keine Wunder Jesu mehr erzählt worden, nur noch solche des erhöhten Herrn, der in seinen Aposteln wirkt (s. o. 2.1); der himmlische „Christus" wirkte danach nur von der Taufe Jesu bis zum letzten Abend, verließ dann aber den Menschen Jesus, bevor dieser gekreuzigt wurde (s. u. 30.2). Im ältesten Evangelium hingegen zeigt sich wiederum die enge Verbundenheit von Jesustradition und Kreuzestheologie. Es ist geradezu des Kerygma von Kreuz und Auferstehung, das hier die Sammlung der Überlieferung vom Irdischen durchgängig prägt. Markus ist damit dem treu geblieben, was der Verkündigung von ihrer Wurzel her zu eigen war (s. u. 25.8).

II. Paulus

Von keinem aus der Zeit des Neuen Testaments wissen wir so viel wie von Paulus. Nicht nur wird sein Wirken in der Apostelgeschichte ausführlich erzählt, wir besitzen auch eine Reihe seiner Briefe, während Jesus nichts Schriftliches hinterlassen hat. Dennoch gibt es eine ganze Anzahl ungelöster Fragen, nicht nur zu den Daten seines Lebens, sondern auch zu seiner Botschaft.

9. Leben und Briefe

9.1 Die Daten. Apg 18,12 erwähnt beim ersten Aufenthalt des Paulus in Korinth, also auf der sogenannten zweiten Missionsreise, Gallio als römischen Statthalter. Er war Frühjahr 51 bis Frühjahr 52 (eventuell ein Jahr später) im Amt. Das paßt zur Notiz Suetons (s. o. 1.1), daß die Juden, vielleicht nur die Judenchristen und ihre hitzigsten Gegner, aus Rom vertrieben wurden[70], falls dies wirklich im Jahr 49 geschah, wie erst um 400 herum präzisiert wird[71]. Das könnte erklären, daß Paulus bei den schon in Rom Christen gewordenen Aquila und Priszilla (Apg 18,2; 1 Kor 16,19) Aufnahme fand. Nach Gal 1,18; 2,1 sind von der Berufung des Paulus bis zum Apostelkonzil (Apg 15; Gal 2,1–10; s. u. 13.1) 15–16 Jahre verflossen, eventuell nur 13–14, falls 2,1 gegen den normalen Anschein nochmals von der Berufung, nicht vom Jerusalembesuch her gerechnet wäre. Man zählt nämlich in der Antike in der Regel erstes und letztes Jahr mit. Rechnet man vom Aufenthalt in Korinth 51/52 zurück, muß man die Berufung des Paulus etwa auf 32, spätestens 35 n. Chr. legen; das wären nur 2–5 Jahre nach dem wahrscheinlichen Todesdatum Jesu im Jahr 30 (oder 31), s. o. 1.2.

Nach Apg 13–14 fand die erste Missionsreise durch Kilikien vorher statt. Nachher folgte die Reise durch ganz Kleinasien und Makedonien nach Athen und Korinth, wo Paulus eineinhalb Jahre blieb (18,11). Anders wäre es, wenn man annähme, daß die Angaben der Apostelgeschichte irrtümlich oder anders zu interpretieren wären. Man könnte das Apostelkonzil von Gal 2,1–10 beim zweiten Besuch des Paulus in Jerusalem Apg 11,30/12,25 ansetzen, wie es ja Gal 2,1 eigentlich forderte. Da Herodes Agrippa 44 n. Chr. starb (12,23), müßte man in diesem Fall von dorther mindestens 13–14 Jahre zurückrechnen, so daß die Berufung des Paulus etwa 30 n. Chr. anzusetzen wäre[72]. Nun geht es aber in Gal 2,1–10 um die Beschneidung der Heidenchristen; das ist in Apg 15 besprochen worden, nicht zur Zeit von Kap. 11–12. Denkbar wäre zwar, daß nach dem Zwischenfall von Gal 2,11–21 die Frage der Tischgemeinschaft zwischen Juden- und Heidenchristen diskutiert worden wäre und daß sich Apg 15,19–20.29 darauf bezöge. Aber von dieser Abmachung weiß Paulus nichts. Nach Apg 21,25 wird sie ihm (im Unterschied zu dem Apg 15 Erzählten) erst mitgeteilt, als er kurz vor seiner Verhaftung zum letzten Mal in Jerusalem weilt. In Röm 14,13–23; 1 Kor 8,4–8; 10,25–34 entscheidet Paulus auch ganz anders. Wieder anders wäre es, wenn man annähme, daß Paulus schon viel früher, vor dem Apostelkonzil, die sog. zweite Reise durchgeführt habe, wobei dann freilich der Zwischenfall mit Gallio erst später, z.B. bei dem Besuch des Paulus in Korinth von Ephesus aus (s. u. 12.4) anzusetzen wäre. Dann ließe sich sein erster Brief, der nach Thessalonich schon etwa im Jahr 41 ansetzen (s. u. 10.1)[73]. Weil Gal 1,21 zwischen Berufung und Apostelkonzil aber nur Syrien und Kilikien erwähnt, ist das unwahrscheinlich.

9.2 Biographisches. Gesicherte Tatsachen sind: die Verfolgung der Christusgemeinden durch den in der Gesetzesgerechtigkeit untadeligen Paulus (Phil 3,6), freilich nicht in Judäa (Gal 1,22), ob in Jerusalem (Apg 7,58; 8,1) bleibt unsicher; dann seine Berufung bei Damaskus (Gal 1,17; Apg 9,3), zwei bis drei Jahre in der Arabia, was die Umgebung von Damaskus und eine frühe Missionstätigkeit bedeuten könnte; dann Besuch in Jerusalem bei Petrus und dem Herrenbruder Jakobus; etwa 13 Jahre später (oder: seit der Berufung?) das Apostelkonzil; dann der Streit mit Petrus, der für Paulus vermutlich ungünstig ausging, da er nichts davon sagt, daß seine Sicht sich durchgesetzt habe (Gal 1,13–2,20; 2 Kor 11,32, s. u. 13.2), schließlich das Erleiden jüdischer und römischer Verfolgungen während seiner Missionstätigkeit (2 Kor 11,24–33). Sein Beruf als Zeltmacher[74], sein Aufwachsen in Tarsus samt Studium als Pharisäer unter Gamaliel in Jerusalem sind nur von Lukas (Apg 18,3; 22,3; 26,5) erwähnt, fügen sich aber den andern Daten ein (vgl. 1 Kor 4,12; 9,12–15; 1 Thess 2,9; Phil 3,5); in Judäa (außerhalb Jerusalems?) war er nach Gal 1,22 nicht. Nach Apg 19,8.10.22; 20,31 blieb Paulus auf der letzten Missionsreise zwei bis drei Jahre in Ephesus. Dazu stimmen die Nachrichten in 2 Kor 12,14; 13,1 (vgl. 2,1), wonach Paulus von dorther einmal zu einem Zwischenbesuch nach Korinth fuhr, und zwar später als 1 Kor 16,1–9, wo erst von *einem* Aufenthalt die Rede ist. Da Paulus mindestens hier und vorher in Korinth lange wirkte, auch von beiden Orten aus Abstecher in andere Gebiete machte (Illyrien [Röm 16,19] von Korinth aus?), außerdem die Zäsur zwischen sogenannter zweiter und dritter Reise in Apg 18,22–23 sehr wenig ausgeprägt ist, kann man von „Reisen" nur im Sinn eines ordnenden Überblicks über seine Tätigkeit reden (s. o. A. 73). Nach Apg 28,30 wirkte Paulus nach Verhaftung in Jerusalem (ca. 57 n. Chr.?) Gerichtsverfahren und Reise nach Rom (ca. 60?) noch zwei Jahre dort ungehindert. Offenbar ist er dort hingerichtet worden (in der neronischen Verfolgung 64 n. Chr.?); denn die Pastoralbriefe (s. u. 20.1) können keine Rückkehr in den Osten bezeugen. Sein Martyrium, nachdem er „bis zum äußersten Westen (Spanien Röm 15,24?) gelangt war", wird 95 n. Chr. in 1 Clem 5 erwähnt.

9.3 Paulusbriefe: Umfang der Sammlung. Seine Briefe hat Paulus wohl alle diktiert (außer dem kleinen an Philemon) und nur den Gruß selbst zugefügt (1 Kor 16,21; auch Gal 6,11 betrifft wohl den Schlußabschnitt[75]). Wichtiges wurde auf Pergament geschrieben, kleine Notizen wurden auf Tonscherben gekritzelt. Für Briefe verwendete man meist Papyrus, die neben einander verklebten Papyrusstengel, die eine rauhe, durchlässige, nicht leicht zu beschreibende Fläche aufwiesen; um einen Stab gewickelt und außen mit der Adresse versehen wurden sie dann versandt. Paulus korrigiert sich beim Diktat öfters (1 Kor 1,16) und vermeidet keineswegs Satzbrüche (Röm 2,17/21; 3,8; 5,6–8.12/15; 9,22–24; Gal 2,4–6).

Die dreizehn Paulus zugeschriebenen Briefe und der Hebräerbrief, wo die Nennung des Timotheus 13,23 vielleicht Paulus als Absender suggerieren will, sind nach ihren Empfängern benannt, die sieben „katholischen" oder „ökumenischen", d.h. für einen größeren Kreis von Gemeinden bestimmten nach ihren Verfassern. Unter den Paulusbriefen sind sieben allgemein anerkannt, sieben (mit Einschluß des Hebräerbriefs) auf andere Verfasser zurückgeführt (s.u. 9.4). Außer dem ersten und dritten Brief nach Korinth (1 Kor 5,9; 2 Kor 2,4; doch s.u. 11.1) ist auch der in Kol 4,16 erwähnte Laodicenerbrief verloren.

9.4 Sind die Briefe echt und unversehrt? Ob die uns überlieferten Briefe genau den von Paulus geschriebenen entsprechen oder ob sie später bei der Sammlung bearbeitet, vielleicht auch so, daß zwei oder drei Briefe zu einem zusammengefaßt worden sind (2 Kor, s.u. 12.1–3), ist nicht sicher zu entscheiden. Parallele Vorgänge sind schwer nachweisbar. Unechte, auch bewußt gefälschte Briefe (Platons z.B.) sind in der Antike relativ häufig[76]. Ein Jeremiasbrief, der sicher erst viel später verfaßt wurde, findet sich in der griechischen Übersetzung des Alten Testaments. Viele Texte sind im Lauf der Überlieferung verändert oder ergänzt worden. Besonders schön läßt sich zeigen, wie Homer- und Hesiodverse zitiert, umgestaltet, auch erfunden und dabei mit Hilfe größerer Ergänzungen als Zeugen für die Wahrheit des jüdischen Glaubens präsentiert wurden[77]. Christliche Zusätze zu jüdischen Schriften lassen sich in den Sibyllinen, den Testamenten der zwölf Patriarchen und bei Josephus deutlich erkennen. Eine Vorlage, die von der Didache, einer syrischen Kirchenordnung (Ende 1. Jh. n. Chr.?) verwendet wird, oder auch die Didache selbst wird frei übernommen und entfaltet im Barnabasbrief, im Hirten des Hermas, in der sog. Apostolischen Kirchenordnung und in den Apostolischen Konstitutionen. Übersetzungen differieren oft inhaltlich vom Original. Die interessanten Titel „der Mensch / der Mann" in äth Hen 89,1.9 fehlen z.B. in den aramäischen Fragmenten des Originals[78].

Häufig wird angenommen, daß bei den meisten uns erhaltenen Paulusbriefen mehrere Schreiben zusammengearbeitet worden sind (s.u. 10.1; 11.1; 12.1–3; 14.1), und beim 2 Korintherbrief muß man wahrscheinlich wirklich mit zwei zusammengefügten Briefen rechnen. Dennoch dürfte es übertrieben sein zu erklären, die Beweislast obliege zwar im Einzelnen dem, der behauptet, eine bestimmte Stelle sei später eingefügt oder korrigiert worden, im Ganzen aber dem, der die Einheitlichkeit und Unversehrtheit eines Paulusbriefs annehme[79]. Dafür, daß verschiedene Briefe (zerstückelt und) zu einem kombiniert worden sind, gibt es m.W. keine Parallelen. Gewiß sind in alttestamentlichen Prophetenbüchern Abschnitte aus verschiedenen Zeiten und von verschiedenen Verfassern zusammengestellt, und die Evangelien enthalten Material aus sehr unterschiedlichen Quellen; aber beide Fälle liegen doch sehr anders, und am Anfang stand kein geschlossenes Ganzes, wie es ein Apostelbrief war. Es ist auch schwer vorstellbar, wie in einer „Paulusschule" Briefe nicht nur aneinandergehängt, sondern in Teile zerlegt und neu kombiniert worden wären. Paulusbriefe wurden immerhin stärker als „heilige Schrift" empfunden als andere Texte, wurden sicher auch häufiger kopiert. Daß sich keine Spuren eines ursprünglichen, noch nicht mit anderen zusammengestückelten Briefs finden, wäre zwar möglich; die Einschübe Röm 16,25–27 und 1 Kor 14,34–35 haben Spuren in den Handschriften hinterlassen, nicht aber der von 2 Kor 6,14–7,1, der ebenfalls kaum zum Originalbrief gehörte. Es ist aber jedenfalls nicht ohne weiteres zu erwarten. Wirkliche Schwierigkeiten bereitet nur der zweite Korintherbrief (s. u. 12.1). So ist Sicherheit nicht zu gewinnen, und im Folgenden können nur die Gründe genannt werden, die für eine eventuelle Aufteilung sprechen.

Wohl aber sind 2 Thess, Kol, Eph, 1/2 Tim und Tit fast sicher von Paulusschülern geschrieben. Der Hebräerbrief wird sowieso nur ganz vereinzelt und sehr spät dem Paulus zugeschrieben. Damals haben Schüler oft ihre Schriften im Namen ihres Lehrers herausgegeben, um damit auszudrücken, daß sie all das von ihm gelernt hätten. Der Begriff des „geistigen Eigentums" existierte so, wie wir ihn heute fassen, nicht. Dazu kommt, daß die Gemeinde überzeugt war, daß in der Kraft des heiligen Geistes das Wort des Apostels noch immer unter ihnen lebendig sei und direkt in ihre Probleme hineinspreche. Wo einer, der keine anerkannte Stellung hatte, im Namen des Paulus gegen eine gefährliche Strömung ankämpfen wollte, mußte er ja Paulus selbst reden lassen, um gehört zu werden. Das schließt nicht aus, daß Bemerkungen wie 2 Thess 3,17, wo die Echtheit der Unterschrift betont wird, oder Anführung von Namen derer, die bei Paulus weilen, wie in Eph 6,21; 2 Tim 4,19–21 fragliche Mittel sind, dem Brief den Anschein von Echtheit zu verleihen[80].

9.5 Charakter eines Briefs. Daß unter den 27 neutestamentlichen Schriften 21 Briefe in den Kanon aufgenommen wurden, ist erstaunlich. Sie stehen zwar durchwegs an zweiter Stelle hinter den Evangelien, die zuerst (um 180 herum) als „Schrift" oder „Die Bücher" bezeichnet werden, weil die Gemeinde darin den ein für allemal gelegten Grund findet, Jesus Christus (1 Kor 3,11). Aber schon die Tatsache einer Briefsammlung zeigt, daß es im Neuen Testament nicht einfach um Information über vergangene (und in ihrer Nachwirkung noch lebendige) Ereignisse geht, sondern um Zuspruch des Erzählten als Botschaft in die konkrete Gegenwart hinein. Man kann also die „Sache" des Neuen Testaments, die Botschaft von Jesus Christus, gar nicht anders haben als so, daß sie Jesu Verhältnis zu Gott, zur Welt und vor allem zu den Hörern oder Lesern der Botschaft ausdrückt. Es kann sein Verhältnis zu Gott oder zur Welt im Vordergrund stehen, aber auch dann so, daß dessen Bedeutung für den Hörer und Leser miteingeschlossen ist.

Schon die Form des Briefs als solche ist ja Zuwendung in die besondere Lage des Empfängers hinein (s. o. 6.1), freilich so, daß die entscheidende Hilfe eben im Zuspruch des von Gott her längst schon, jenseits des Bemühens des Autors oder

der Empfänger, Geschehenen. Darum geht es in den Briefen um sehr konkret Gegenwärtiges, um die ganz bestimmte Situation, in die hinein sie geschrieben sind, schon bevor das erste Evangelium geschrieben wurde (doch vgl. o. 7.2), und gerade so zugleich um das eine Ereignis, von dem die Evangelien erzählen. Darin wird deutlich, daß „das Wort Fleisch geworden ist" (Joh 1,14) und nur so gehört werden kann, daß es in die jeweilige menschliche Situation eingeht. Absolut reines, destilliertes Wasser, auch direktes Schmelzwasser in den Bergen, löscht keinen Durst mehr; es tut das nur, wenn es die Mineralien, in gewisser Weise also den Schmutz des durchlaufenen Erdbodens in sich aufgenommen hat. So brächte auch die Botschaft des Neuen Testaments keine Hilfe, wenn sie nicht in die damalige Welt eingegangen wäre und in die heutige hinein übersetzt würde.

Selbstkorrekturen (s. o. 9.3) erinnern daran, wie sehr auch die Empfänger, ihre Situation, ihre Probleme mit dabei sind, wenn Gott zu Wort kommen will, und nicht verbesserte Satzbrüche signalisieren die Schwierigkeit, in menschlicher Sprache von dem angemessen zu reden, den doch kein Menschenwort wirklich fassen kann. In diesen so stark geschichtlich bedingten Schreiben, deren Auswahl wiederum geschichtlich „zufällig" zu sein scheint (s. o. 9.3-4), sich auch keineswegs auf *ein* Genie, auf Paulus, beschränkt, sondern Mitarbeiter, Schüler, auch völlig andere Zeugen (Johannesbriefe) und Pauluskritiker (Jakobusbrief) zu Wort kommen läßt, hört die Gemeinde also das, wie Paulus es 1 Thess 2,13 formuliert, „von uns her kommende Gotteswort".

9.6 Glaube an Jesus. Die theologische Bedeutung des Paulus liegt darin, daß er wie niemand sonst sich in der Zeit nach Ostern mit der Frage auseinandergesetzt hat, was es heißt, jetzt Jesus zu verkünden[81]. Schon die Gemeinden, die er vor seiner Berufung verfolgt hat, und in denen er sein Leben als Missionar begonnen hat, haben nicht einfach die Verkündigung Jesu weitertradiert und das Andenken an seine Taten gepflegt, sondern haben ihn als Gekreuzigten und Auferstandenen und einst als Vollender Kommenden verkündigt (s. o. 5). Paulus steht also von Anfang an in der Tradition der Christusgemeinden in der jüdischen Diaspora (Damaskus, später Antiochien) und nimmt diese auch bewußt in seinen Formulierungen und einigen Zitaten auf. Er hat sie aber mit außerordentlicher Kraft theologisch verarbeitet und so der Verkündigung der Gesamtkirche über Jahrhunderte hinweg die Richtung gewiesen.

Was heißt es, in der Zeit nach Ostern Jesus als den noch immer, ja jetzt erst recht Lebendigen zu verkünden? Paulus spricht vom Glauben „an Jesus" oder davon „daß Jesus (für uns gestorben und auferstanden ist)". Das ist eine neue Formulierung. So wenig sie ein bloßes Für-wahr-halten gewisser Sätze oder geschichtlicher Tatsachen bezeichnen will, so sehr Paulus auch vom „Sterben und Auferstehen mit Christus" und vom „Leben in Christus" redet, so deutlich ist doch damit ausgedrückt, daß das Heil in dem liegt, was Gott in Jesu Leben, Sterben und Auferstehen gewirkt hat. Es liegt also nicht in unserer Begeisterung oder Bemühung, auch nicht in der Stärke unseres Glaubens und der Intensität unserer Gotteserfahrung. Gewiß ist der Glaube für Paulus neues Leben im Vertrauen auf den uns in Jesus Christus gnädig begegnenden Gott. Was Paulus aber bei Jesus verstanden und mit unerhörter Klarheit unterstrichen hat, ist die Botschaft, daß das Auf und Ab dieses Glaubenslebens nicht über unser Heil entscheidet. Dafür gibt es nur *eine* solide Basis: Jesus Christus selbst (1 Kor 3,11). Er will und wird in uns leben, aber wir sind nicht darum heil, weil wir vollkommen Glaubende wären, sondern weil wir durch sein Leben, Sterben und Auferstehen heil geworden sind, ganz und gar und für immer. Darum wirkt er auch in uns, so daß sich solches Vertrauen und Glauben immer neu zum Leben mit all seinen Aspekten gestaltet.

9.7 Paulus im Spiegel seiner Leser. Das macht verständlich, daß Paulus schon zu seinen Lebzeiten heftig umstritten war und das bis heute geblieben ist. Judenchristen sehen in ihm, wahrscheinlich schon zu Beginn des 2. Jh., den großen Betrüger, der aufgrund einer fraglichen Vision die zuverlässige Botschaft des Petrus, der mit Jesus gelebt und seine Botschaft gehört hat, bekämpft (Ps. Clem. Hom. 17,14–19). 2 Petr 3,15–16 anerkennt um diese Zeit herum Paulus zwar als „lieben Bruder", erklärt aber auch, es sei Vieles schwerverständlich und werde daher auch von manchen verdreht. Für Augustin war Paulus entscheidend, in Luthers Studium des Römerbriefs erfolgt 1515/16 der eigentliche Durchbruch der Reformation. Die dialektische Theologie hat mit Karl Barths Römerbriefauslegung von 1919 und 1922 eingesetzt. Wenn Friedrich Nietzsche in Paulus den „Logiker-Zynismus eines Rabbiners" erkennt und meint, daß „der ‚frohen Botschaft' auf dem Fuß die allerschlimmste folgte: die des Paulus", so wird ihm heute umgekehrt der Vorwurf gemacht, er habe mit heidnischen Naturmythen eine heidnische, ja byzantinische Kyrios- und Hoftheologie inauguriert und damit sein jüdisches Erbe verraten[82]. Andere sehen Paulus ganz und gar als Juden, solange man ihn nicht mißverstehe und von Augustin und Luther her interpretiere[83]. Ob Paulus Jesus völlig verfälscht habe, sich mindestens von einem Teil der Jesustradition distanzieren müßte[84], oder ihn als einziger in seiner tiefsten Bedeutung erkannt habe[85], wurde und wird weiterhin heftig diskutiert.

10. Der erste Brief an die Thessalonicher

10.1 Einheitlichkeit, Ort, Datum. Man kann in 1,2–5 + 3,11–13 und 2,13 + 5,23–28 zwei verschiedene Briefeingänge und Schlußabschnitte sehen, auf die verschiedene Situation in 2,17–3,4 und 3,6–10 hinweisen und vermuten, daß ein Timotheus mitgegebener Empfehlungsbrief (etwa 2,1–3,4 [ohne 2,15–16]; 3,11–4,8) und ein nach seiner Rückkehr geschriebener Brief (etwa 1,1–10; 3,6–10; 4,9–5,28 [ohne 4,18; 5,27])[86] zusammengearbeitet wurden. Das ist möglich, freilich schwer vorstellbar (s. o. 9.4).

Nach 3,1–2.6 ist der von Paulus aus Athen nach Thessalonich geschickte Timotheus zu ihm (nach Korinth?) zurückgekehrt. Das ist wohl die Apg 18,5 geschilderte Situation, so daß es sich um den ältesten uns erhaltenen Paulusbrief handelt. Das gilt unabhängig davon, ob man das auf ca. 50–52 oder gute zehn Jahre vorher ansetzt (s. o. 9.1).

10.2 Paulinische Missionsverkündigung. 1,9–10 (s. o. 5.2) fassen ausdrücklich die Missionsverkündigung des Paulus zusammen. Dazu gehört die Verkündigung des einen Gottes und damit die Lösung von den Götzen. Das ist darum interessant, weil beides sonst kaum in Paulusbriefen vorkommt, sondern dort vorausgesetzt wird. In gewissem Sinn sind also die gar nicht mehr ausgesprochenen, aber vorausgesetzten Inhalte der Verkündigung oft die wichtigsten. Die Briefe haben eine andere Funktion als die grundlegende Missionspredigt, und inhaltliche Gleichheit ist gar nicht zu erwarten. Das könnte auch für das gelten, was Paulus über Jesus erzählt hat und später voraussetzt[87]. Zur Erstverkündigung gehört weiter die Ansage des Gerichts, das Paulus noch zu seinen Lebzeiten erwartet (4,17). Beides ist aber nicht einfach allgemeine Belehrung über die Einheit Gottes und das Ziel der Weltgeschichte. Gott wird als der verkündet, der Jesus auferweckt hat, und das Gericht als der Ort der Begegnung mit dem rettenden Jesus. 4,14 redet in formelhafter Sprache von „Jesu Sterben und Auferstehen" (Paulus selbst hätte formuliert „Gekreuzigt- und Auferwecktwerden") und 5,10 von seinem „Sterben für uns" (s. o. 5.4–5). Zweifellos ist also die Verkündigung vom („für uns" erfolgten) Tod und von der Auferweckung Jesu schon hier Grundlage der paulinischen Verkündigung, wie es auch 1 Kor 15,3 bezeugt, wonach die Predigt vom Sterben Jesu für uns und von seinem Auferwecktwerden „von Anfang an" (oder: „vor allem"?) erfolgte. Vermutlich hat Paulus aber nicht ausdrücklich von der Auferstehung der Toten gesprochen, obwohl er als Pharisäer daran glaubte[88]. Richtig ist, daß der Zusammenhang der Auferstehung der Toten mit derjenigen Jesu erst in der Auseinandersetzung mit den Korinthern explizit wird, während hier (wie 1 Kor 15,51) die Entrückung noch das Normale ist, was freilich Frühansetzung (s. o. 9.1) nicht nötig macht.

10.3 Naherwartung der Parusie. Wohl aber ist die Zukunftserwartung zum Problem geworden, weil Gemeindeglieder gestorben sind und die Thessalonicher unsicher wurden, ob diese nicht der Hoffnung auf die Wiederkunft Christi verlustig gingen. Paulus, der annimmt, daß die meisten wie er selbst diese noch erlebten und dann entrückt würden (4,15), hat vielleicht überhaupt nicht mit Todesfällen vorher gerechnet. Seine Antwort ist darum wichtig, weil sie die noch immer vorausgesetzte Naherwartung doch relativiert; denn ob sich diese bei unseren Lebzeiten oder nach unserem Tod erfüllt, ist nebensächlich, weil das Leben „in Christus" durch den Tod nicht aufgehoben wird, sondern bei allen zum endgültigen Sein „mit Christus" führt (4,16–17, s. u. 14.4). Damit hängt auch zusammen, daß Paulus hier noch unbeschwert von „Geist, Seele und Leib" spricht (5,23) und sich noch keine Gedanken über Gottes (auch im Glaubenden wirkenden) Geist macht, der, wie es dann 1 Kor 15,44–45.50 ausgeführt wird, im Gegensatz zu „Fleisch und Blut", ja zum „Seelischen" steht (s. u. 11.5).

10.4 Theologisches Zentrum: „Heiligung". Die eigentliche Stoßrichtung des Briefs ist aber die „Heiligung" der Gemeinde (4,3.4.7), die Verleiblichung der gehörten Botschaft, die „nicht nur im Wort, sondern auch in Kraft und heiligem Geist und in der Fülle der Gewißheit" verkündet wurde (1,5) und entsprechende Gestalt in der Gemeinde angenommen hat. Kap. 1–3 enthalten einen

Rückblick auf den vor kurzem erfolgten ersten Aufenthalt bei den Adressaten, voll Lob und Dank, die in Fürbitte übergehen. Sie gleichen damit jenen frühesten Lobpsalmen in der Bibel, die gewissermaßen noch in der Gegenwart des Heilsereignisses gedichtet sind (2 Mose 15; Ri 5 usf.). Sie führen zum Aufruf, aus solcher Freude heraus das Leben zu gestalten. Das kann 1,6; 2,14 als „Nachahmung" des Apostels oder der Gemeinden in Judäa und damit auch des Herrn beschrieben werden. Paulus ist sonst zurückhaltend in der Verwendung dieses Begriffs (nur noch 1 Kor 4,16; 11,1), weil die grundlegende Andersheit Jesu (als des „für uns" Gestorbenen und Auferweckten, 5,10), aber auch des Apostels, dessen Botschaft nicht Menschenwort ist, sondern „das (euch) von uns her (zukommende) Gotteswort der Verkündigung" (2,13), nicht aufgehoben sein soll. Hier aber ist die Gestaltwerdung des Glaubens eigentliches Thema; darum erinnert Paulus an sein eigenes Verhalten, weil es der Gemeinde helfen kann zu sehen, wie Glaube gelebt wird. Auch das kann freilich letztlich nur Tat Gottes selbst sein (5,23); aber die Gemeinde soll seinem Geist und seinem Wort, dankbar und vorsichtig beurteilend, Raum schaffen und sie wirken lassen (5,18–22). Der Ausfall gegen einen Teil(!) der Juden in 2,14–16 ist natürlich nicht rassistisch bedingt, sondern wendet sich gegen die Verhinderung der Völkermission. Daß sich *jetzt* Gottes Zorn gegen sie gewendet hat, ist, wenn es sich nicht überhaupt um eine nichtpaulinische, erst nach der Zerstörung Jerusalems eingefügte Glosse handelt[89], jedenfalls nicht das letzte Wort des Apostels (s. u. 12.5 und 16.4).

11. Der erste Brief an die Korinther

11.1 Einheitlichkeit, Ort, Datum. Schon seit langem wird vermutet, daß Teile des in 5,9 genannten Vor-Briefs oder sogar, abgesehen von Einleitung und Schluß, dieser ganze Brief, in unseren ersten Korintherbrief eingearbeitet worden sind. Das liegt hier besonders nahe, weil jedenfalls beim zweiten Korintherbrief die Einheitlichkeit am schwersten zu verteidigen ist (s. u. 12.1). Meistens denkt man an (5,1–8; 6,1–11) 6,12–20; 9,24–10,22; 11,2–34; doch sind sehr verschiedene Vorschläge vorgelegt worden[90]. Obwohl die Aufteilung in Material aus zwei, drei oder noch mehr Briefen heute weithin angenommen wird, ist Sicherheit nicht zu gewinnen (s. o. 9.4 und u. 12.3). Jedenfalls ist unser erster Korintherbrief in Ephesus geschrieben, wo Paulus nach 16,5.8 (vgl. Apg 19,21) noch bis Pfingsten bleiben will, um dann über Makedonien nach Griechenland zu reisen. Wenn die Zeitangaben Apg 20,3.6 stimmen, wonach Paulus Griechenland nach einem Aufenthalt von drei Monaten kurz nach Ostern wieder verlassen hat, ist er vermutlich erst im Herbst von Ephesus fortgekommen. Aquila und Priska, die er bei seinem ersten, anderthalb Jahren dauernden Besuch in Korinth kennen gelernt und bei denen er gearbeitet hat (Apg 18,2–3, vgl. 7), sind jetzt bei ihm (1 Kor 16,19). Sie sind nach Apg 18,18 seinerzeit mit ihm nach Ephesus gezogen. Paulus hat durch „die Leute der Chloe" einiges gehört (1,11) und einen Brief empfangen (7,1), den vermutlich Stephanus, For-

tunatus und Achaikus ihm gebracht haben (16,17) und den er jetzt Punkt für
Punkt (7,1.25; 8,1; 12,1; vgl. 16,1.12) beantwortet. Timotheus hat er nach
Korinth geschickt; er ist aber offenbar noch nicht dort angekommen (4,17;
16,10). Apollos, der nach 3,6 und Apg 18,27–19,1 schon in Korinth gewirkt hat,
will trotz Zuredens des Apostels nicht mitreisen (16,12).

Von der Gemeinde in Korinth mit seiner Hafenstadt und ihren Vergnügungs-
vierteln gehört der Großteil zu den sozial niedrigen, auch moralisch anfecht-
baren Schichten (1,26–29; 6,9–11); doch sind sozial besser Gestellte, die auch ihre
Häuser und Speisen für das gemeinsame Mahl zur Verfügung stellen können,
für die Gemeinde wichtig (11,21–22; Röm 16,23)[91]. 11,5 setzt voraus, daß auch
Frauen im Gottesdienst vorbeten und verkünden[92]; das stimmt freilich nicht
zu 14,34–35, wonach sie dort zu schweigen hätten; aber da diese Bemerkung in
manchen Handschriften erst nach V. 40 eingeordnet ist, ist sie wahrscheinlich
eine später zugefügte Randnotiz, die die einen Abschreiber dort einfügten, wo
sie am Rand beginnt, die andern dort, wo sie endet (vgl. aber u. 20.4).

11.2 Kerygma und Leben. Kaum ein Brief zeigt so stark das Eingehen der Botschaft in das konkrete Leben der Gemeinde wie dieser. Beides ist entscheidend:
daß Paulus seine Verkündigung nicht in zeit- und situationslosen Sätzen formuliert, sondern sie zu sehr praktischen, dankbar feststellenden, mahnenden, war-
nenden und in all dem Leben gestaltenden Sätzen formt, *und* daß diese dabei nie
nur von ihrem möglichen Nutzen, ihrer Übereinstimmung mit der Sitte oder
verstandesmäßigen Überlegungen her begründet sind, sondern immer Darstellung der zentralen Botschaft von Jesus Christus dem Gekreuzigten und
Auferstandenen[93]. Ob das immer gelingt und ob die jeweiligen Entscheidungen immer richtig sind, kann gewiß gefragt werden; aber daß es um diese zentrale Verkündigung geht und daß sie nach dem Verständnis des Paulus nur verstanden werden kann, wenn sie ins konkrete Leben der Gemeinde, in all seine
Problematik und seine vielfältigen Erfahrungen eingeht, ist eindeutig.
1,18–2,16 konzentriert alles, was Paulus zu sagen hat, auf den Gekreuzigten,
Kap. 13 sieht in der unbegrenzten Liebe *die* Weise, in der der Glaube an ihn
gelebt werden kann, und Kap. 15 verkündet die Auferstehung Jesu und damit
auch die Auferstehung der Toten überhaupt als das Ereignis, ohne das alles Glauben nichtig wäre. Dabei sind die Sätze über Kreuz und Auferstehung Aussagen,
die das Leben der Gemeinde bestimmen, und der Aufruf zur Liebe ist Aufruf
zum Leben „im" gekreuzigten und auferstandenen Christus. Man kann darin
den Dreiklang von Glauben – Liebe – Hoffnung von 1 Thess 1,3 wiederfinden.

11.3 Das Wort vom Kreuz. Die grundlegende Verankerung im Christusereignis (3,11) wird in 1,18–2,15 als betonte Hervorhebung des „Wortes vom Kreuz"
sichtbar. Dieser für Juden wie Griechen unannehmbare Schandtod macht die
Weisheit dieser Welt zunichte (1,17; 2,6–7; 3,19). Das sind nicht nur verstandes-
mäßige Überlegungen; es ist vielmehr auch ein auf geschenkter Offenbarung
beruhendes Eindringen in die „Tiefen Gottes" (2,10). Erst der Geist Gottes
selbst zeigt eben dieses Sterben am Kreuz als das von keinem Menschen erwartete „verborgene Geheimnis" Gottes auf (2,7–10)[94]. Darum ist eine Berufung
auf menschliche Führer (Paulus, Apollos, Petrus, vielleicht auch auf eine unmit-

telbare Christusbeziehung[95], 1,12), die gegeneinander ausgespielt Parteiungen in der Gemeinde hervorrufen, unmöglich (1,10–17; 3,1–23), ist doch alles, was sie vermitteln können, von Gott geschenkte Gabe (4,7). So bezeugen gerade Schwäche und Ohnmacht des Boten Gottes Macht (4,9–13). Vermutlich ist mit Apollos, mit dem sich Paulus in 3,1–4,6 ausdrücklich auseinandersetzt (3,4–6; 4,6), ohne doch gegen ihn zu polemisieren (16,12), alexandrinisches Weisheitsdenken in die Gemeinde eingedrungen, dem Paulus ein gewisses Gegengewicht entgegensetzen muß. Daß ein Mensch, selbst wenn all seine Werke im Gerichtsfeuer sich in Asche auflösen, doch gerettet wird, wenn auch in schamvoller Weise (3,15), nimmt den im Galaterbrief radikaler als Kampfthese formulierten Gegensatz von Menschenwerk und Gottes Rechtfertigung auf.

11.4 „Alles ist erlaubt, aber..." Im Folgenden wird das an sich von Paulus akzeptierte Schlagwort „Alles ist mir erlaubt" vom Gedanken an die durch Jesus geschehene Einverleibung in die Gemeinde her präzisiert: „aber nicht alles ist hilfreich", weil der Mensch gerade nicht frei bleibt, wenn er sich von anderen Mächten beherrschen läßt (6,12). Das wird in Kap. 5–6 anhand von drei konkreten ethischen Fragen ausgeführt. Der Verkehr mit der Dirne wird deutlich unterschieden von der nicht mehr zu fürchtenden Verunreinigung durch Speisen; denn die Verbindung mit der Dirne berührt nicht nur den „Bauch", sondern den „Leib". Damit meint Paulus offenkundig den Menschen selbst in seiner Ganzheit, sein gesamtes „Ich" (vgl. u. 11.5 zu 15,42–49). Daher ist die Vereinigung mit der Dirne unvereinbar mit der ebenso wirksamen Vereinigung mit Christus in *seinem* Leib (6,13–17)[96]. Besonders scharf wird der Sexualkontakt mit der Stiefmutter abgelehnt, weil selbst Heiden das verabscheuen (5,1). Damit bricht das Problem der Kirchenzucht auf. Paulus entschärft es insofern, als er keine Scheidung von der Welt, die Gottes Urteil zu überlassen ist, fordert, wohl aber Trennung von Gemeindegliedern, die so leben. Schon in Israel führt der Tod des Passalamms zur Reinigung des Hauses von allem Unreinen vor dem Fest, wieviel mehr der Tod Jesu zu der der Gemeinde (5,1–13). Verzicht auf Gerichtsprozesse innerhalb der Gemeinde ist begründet im neuen Stand aller Gemeindeglieder, die an Gottes Regentschaft teilhaben (6,1–11). Fragen um Liebe und Ehe werden in Kap. 7 einerseits sehr nüchtern besprochen: das sexuelle Bedürfnis des Partners kann wichtiger sein als mein religiöses (V. 4–5) – jeder hat seine besondere Gabe von Gott (V. 7) – Heiraten ist besser als sich in Begierde verzehren (V. 9), Scheidung, wo der nichtchristliche Teil sie begehrt (V. 15–16) – . Andererseits darf die Bindung an Christus nicht durch andere Bindungen gehindert werden, alles Weltliche muß also so benützt werden, daß man es auch wo nötig lassen kann (V. 29–31). Auch die volle Freiheit, ursprünglich den Götzen geopfertes Fleisch zu essen (Kap. 8; 10), ist begrenzt durch die Frage, ob es den andern, für den Christus auch gestorben ist, irremachen und so von Christus trennen könnte (8,11–12). Solche Freiheit und Gebundenheit hat auch Paulus in seiner Verkündigung erfahren und geübt (Kap. 9; s. u. 31.2). Der Gottesdienst als Gestaltwerdung des Leibes Christi bestimmt Kap. 11–14. Selbst die Frage der Kopfbedeckung der Frau, die im Gottesdienst betet und verkündigt (s. o. 11.1), versucht Paulus (in fraglicher Weise) von der Funktion Christi her zu begründen (11,1–16). Vor allem gilt das 8,11–12 Gesagte erst recht für die Feier des Herrenmahls (11,27). Wo gerade die Armen und Schwachen durch das vorzeitige und unmäßige Essen anderer beschämt werden[97], kann der Leib Christi nicht Gestalt annehmen (11,17–34). Nur im angespannten Offensein für die Gabe Christi an jedes Gemeindeglied, und durch jedes auch an alle andern, kann das geschehen (Kap. 12; 14). Paulus kennt zwar Menschen, die sich besonders für die Gemeinde einsetzen und die dafür auch anerkannt werden sollen (1 Kor 16,15–18; Phil 2,29–30). Nirgends wendet er sich aber an Amtsträger (z.B. beim Problem des Blutschänders oder der Abendmahlsfeier, 1 Kor 5,1–5; 11,17–34). Nirgends erscheinen Presbyter, und die „Aufseher und Diener" von Phil 1,1 sind vermutlich nur als Funktionsbezeichnungen zu verstehen (anders s.u. 18.3, ferner 28.4 zu Apg 14,23). Wie Röm 12,9 steht darum in Kap. 13 der Aufruf zur Liebe, hier als hymnischer Lobpreis, zwischen dem Hinweis auf die vielerlei Charismen und der Mahnung zur rechten, anderen inner- und außerhalb (14,23–25) der Gemeinde hilfreichen Anwendung, d.h. zum „Bau" der Gemeinde. Weil die Zungenrede zwar für den Redner selbst eine wichtige Erfahrung ist, aber nicht direkt Gemeinde baut, ist die Prophetie, die Verkündigung in die aktuelle Situation der Gemeinde hinein, bei der auch der Verstand beteiligt ist, die wichtigere Gabe (14,1–19). Der bloße Vergleich mit einem Leib zerbricht in 12,12–13 wo der Leib geradezu mit Christus, der alle zusammenschließt, gleichgesetzt wird (s.u. 17.7). Die Gemeinde ist alles, was sie im Unterschied zur Welt ist, ja nur insofern, als sie „in Christus" (1,30, s.u. 29.6) lebt. In ihn hineingetauft sind Juden und Griechen, Sklaven und Freie „Leib Christi" (12,13.27). Daß, anders als in Gal 3,28 „Männlich und Weiblich" fehlt, kann bedeuten, daß das in Korinth selbstverständlich ist oder daß Paulus vorsichtiger formuliert.

11.5 Auferstehung Jesu und Auferstehung der Toten. Nach 15,1–5 hat Paulus die Gemeinde von Anfang an auf der Tradition von dem „nach der Schrift für unsere Sünde Gestorbenen" und „am dritten Tag Auferstandenen" gegründet. In die Reihe der Auferstehungszeugen, die „den Herrn gesehen haben" (9,1; 15,5–7), reiht er sich selbst ein (V. 8). So wird die Auferweckung Jesu gemeinschaftlich und einheitlich verkündet (V. 11). Daß die Auferstehung der Toten in Frage gestellt wurde (V. 12), zwingt Paulus, darüber nachzudenken, wie es denn um den Menschen steht. Er kann nicht mehr naiv von ihm als „Geist, Seele und Leib" reden (s.o. 10.3). „Fleisch und Blut" gehören zur irdischen Existenz und werden einmal sterben (15,50). Aber gilt das nicht auch für die Seele? Sie kann den Menschen ebenso zum Bösen verleiten wie ihn, Gottes Wort aufnehmend, zum Tun seines Willens anregen, genau so wie auch Fleisch und Blut sündigen oder Gottes Willen ausführen können. Darum kann Paulus auch den sterbenden „seelischen" oder „irdischen" Leib vom künftigen und unvergänglichen „geistlichen" oder „himmlischen" unterscheiden (V. 42–49). Selbst der jüdische Philosoph Philo in Alexandrien, älterer Zeitgenosse Jesu, der bei Platon gelernt hat, das Seelische als das eigentlich Göttliche über alles Irdische zu stellen, stellt fest, daß in 1 Mose 3,17 die „Seele" zu dem von Gott verfluchten Irdischen gehört[98]. In ähnlicher Weise stellt Jak 3,15 die „von oben kommende Weisheit" der „seelischen" entgegen (s. u. 22.3), und Jud 19 nennt die Menschen, die „den Geist (Gottes) nicht haben", die „seelischen" (s. u. 20.2). Dennoch ist für Paulus das neue, himmlische Leben „leiblich". Es wird also gerade nicht ein „geistiger" Leib einem „materiellen" entgegengestellt, sondern der Auferstehungsleib, der einmal ganz und unangefochten von Gottes Geist geleitet werden wird, dem irdischen, der sich körperlich und seelisch von allem Möglichen bestimmen und regieren läßt. „Leib" bedeutet also für Paulus so etwas wie unser „Ich" (s. o. 11.4 zu 6,13–17), aber ganz als Kommunikationsmittel verstanden. Mein Leib ist zwar begrenzt durch meine Haut und immer dort zu finden, wo ich hingehe oder weile; aber er hat vor allem auch Augen, um über mich hinaus zu sehen, Ohren zu hören, Füße, zu andern hinzugehen, Hände, zu empfangen oder zu schenken. Darum betont Paulus beides: die Tatsache einer leiblichen Auferstehung, die mein Ich verwandelt, aber auch bewahrt, *und* die völlige Andersartigkeit des geistlichen Leibes, die all unsere Vorstellungen sprengt (15,35–50). Der Mensch bleibt also derjenige, den Gott bei seinem Namen gerufen und dem er sich zugesprochen hat, auch durch den Tod hindurch (vgl. Mk 12,26–27); andererseits ist aber die Geschichte und der Sieg Gottes beim Wiederkommen Christi entscheidend und Vollendung daher nicht einfach Seligkeit der frommen Einzelseele, sondern ungeahnte Offenheit für Gott und die Gemeinschaft seines vollendeten Volks (V. 20–28.51–58, s. u. 14.4).

In Kap. 16 folgen noch Grüße, Empfehlungen, Reisepläne, die zeigen, wie sehr ein Paulusbrief als solcher schon Gemeinden zusammenschließt und so Kirche baut.

11.6 Gelebter Glaube. Was ist also neu geworden gegenüber dem 1. Thessalonicherbrief und auch dem kurz nach dem ersten Korintherbrief geschriebenen Galaterbrief? Man kann zunächst antworten, daß eine Reihe praktischer Schwierigkeiten in der Gemeinde Paulus zwingen zu überlegen, wie das als Glaube Verkündete auch als Glaube gelebt werden kann. Da Glaube nicht nur mit Herz und Hirn, sondern auch mit Händen und Füßen, Magennerven und Sexualtrieb gelebt wird, wird er auch erst so Wirklichkeit. Darum geht es im 1. Korintherbrief auch nicht nur um zusätzliche moralische Mahnungen. Was 1 Thess 4,14 und 5,10 als übernommene Redeform erschien, um die Getrostheit der Gemeinde auch angesichts des Todes zu ermöglichen, bekommt im Galaterbrief eine ganz neue Dimension in der entschiedenen Wendung gegen eine Lebenshaltung, die das Heil vom eigenen Werk erwartet. Ihr gegenüber ist der Gekreuzigte als der völlig Gescheiterte das sie unmöglich machende Gegenbild. In einer anderen Version tritt die galatische Gefahr auch in Korinth in Erscheinung. Hier ist es die eigene Weisheit und damit ein geistliches Leben, das sich selbst wichtig nimmt und seine Freiheit grenzenlos versteht. Das ist durchaus christlich verstanden, vermutlich sogar durch die Verkündigung des Apollos gefördert. So bestimmt das Wort vom Kreuz (1,18), das besagt, daß gerade das Schwache, Arme, Unscheinbare, Nichttriumphale, sondern Unterlegene Träger der Kraft Gottes ist, die grundsätzliche Auseinandersetzung in Kap. 1–4 wie die Besprechung der verschiedenen Alltagsprobleme, in denen solches Glauben eingeübt werden muß. Es ist der Tod Jesu, der genau so für den Bruder und die

Schwester erlitten worden ist wie für mich (8,11-12; 11,27), der das Verhalten beim Essen von Götzenopferfleisch oder in der Gemeinschaft des Herrenmahls bestimmt. Das Verbundensein mit dem Gekreuzigten im „Leib Christi" (12,13) prägt das Sexualverhalten (Kap. 5-6), Freiheit und Gebundenheit in der Ehe (Kap. 7) ebenso wie die Gottesdienstgestaltung, bei der die dem andern gegebene Gabe ernstgenommen wird (Kap. 12-14). In diese Linie hinein fügt sich auch das neue Nachdenken über den Menschen und seine Auferstehung, die vielleicht erst Paulus mit der Auferstehung Jesu verknüpft hat[99], weil es daran erinnert, daß die Vollendung noch nicht da ist, sondern noch einmal ganz Gottestat, ja Christusgeschehen ist.

12. Der zweite Brief an die Korinther

12.1 Einheitlichkeit? 7,16 schreibt Paulus: „Ich freue mich, daß ich mich in allem auf euch verlassen kann" (vgl. V. 11.13). Nach 9,13 preisen die Gemeinden die Korinther vor Gott für ihren „Gehorsam gegenüber dem Bekenntnis zum Evangelium Christi und die Lauterkeit ihrer Gemeinschaft mit ihnen und mit allen". 11,3-4 lesen wir: „Ich fürchte, daß eure Gedanken von der Lauterkeit gegen Christus weg verführt werden", weil „ein anderer Jesus" gepredigt, „ein anderer Geist" verliehen, „ein anderes Evangelium" verkündet wird, was „ihr prächtig ertragt". Bei ihnen wirken „falsche Apostel, betrügerische Arbeiter", die sich wie der Satan verkleiden (11,13-14). 12,20 schreibt Paulus: „Ich fürchte, euch bei meinem Kommen nicht so zu finden, wie ich möchte, und von euch nicht so gefunden zu werden, wie ihr es möchtet", so daß Haß und Streit entstehen werden. „Prüft euch selbst, ob ihr im Glauben steht" (13,5). Das kann nicht gleichzeitig geschrieben sein. Mindestens müßte man annehmen, daß Kap. 1-9, die in 9, (12-14 und) 15 auch einen gewissen Abschluß haben, längere Zeit liegen blieben, vielleicht weil der vorgesehene Bote dann doch nicht reisen konnte, und daß Paulus nach Eintreffen neuer Nachrichten (wovon freilich nichts verlautet) Kap. 10-13 schrieb, den vorherigen Brief aber dem Boten mitgab als Zeichen seiner Offenheit zur Versöhnung, wie sie auch 13,6-13 sichtbar wird. Das ist nicht unmöglich. Kap. 1-9 haben ja keinen eigentlichen Briefschluß und 10-13 keinen neuen Briefeingang. Auch nach Kap. 1-8 ist nicht alles in Ordnung in Korinth (z.B. 3,1; 6,12-13; 7,2), und Kap. 10-13 wenden sich gegen „gewisse Leute" (10,2), die „Super-Apostel" (11,5), besonders gegen einen von ihnen (10,11; 11,4). Nach 11,22-23 betonen die Gegner, sie seien „Hebräer, Israeliten" und „Diener Christi". Vermutlich handelt es sich also um Judenchristen, vielleicht Jerusalemer, die sich auf Petrus berufen.

Dennoch ist das schwer vorstellbar. 12,18 blickt nämlich auf einen Besuch des Titus und eines anderen Bruders in Korinth zurück. 8,6 sagt, daß Paulus jetzt Titus schicke, der früher schon angefangen habe[100], bei ihnen die Kollekte zu organisieren, und sie jetzt zum Abschluß bringen soll. Er ist nach 2,13 und 7,5-9 gerade von Korinth zurückgekommen und hat gute Nachricht gebracht. Paulus hat ihn voller Unruhe in Makedonien erwartet, weil er (durch ihn) einen scharf gehaltenen Brief nach Korinth geschickt hat und vor der Rückkehr des Titus nicht wußte, wie die Gemeinde das aufgenommen hat. Er ist überglücklich, daß sie zwar „betrübt wurden", aber „zur Umkehr", und jetzt alles gut ist. Es sind also sicher mindestens drei Reisen des Titus nach Korinth anzunehmen, die erste zur ersten Organisation einer Kollekte, die zweite mit dem scharfen Brief des Paulus, die dritte jetzt, um die Kollekte zum Abschluß zu bringen. Wäre der Brief einheitlich, dann wäre das alles von Paulus in Kap. 1–9 geschrieben worden. Bevor Titus dann aber abgereist wäre, hätte der Apostel erneut schlechte Nachrichten erhalten, darum Kap. 10–13 geschrieben und sie mit dem übrigen, also auch der Bitte, die Kollekte abzuschließen, nach Korinth geschickt. Nachher wäre er selbst dorthin gereist und hätte, wie wir in Röm 15,25–29 erfahren, in Achaia, dessen wichtigstes Zentrum Korinth ist, in der Tat die Kollekte zu seiner Freude erhalten, um mit ihr dann nach Jerusalem zu reisen. Das läßt sich fast nicht mehr verstehen.

   12.2 Zwei (oder drei) Briefe? Einfacher ist die Annahme, daß nach dem ersten Besuch des Titus in Korinth, auf den 8,6 zurückblickt, die Schwierigkeiten aufbrachen, wohl gegen Ende des Aufenthalts des Paulus in Ephesus, da zur Zeit von 1 Kor 16,1–11 noch alles in Ordnung ist. Dann schickte Paulus den Titus mit dem Brief in Kap. 10–13 dorthin, erhielt in Makedonien gute Nachricht und schrieb Kap. 1–9 als Zeichen der Versöhnung und mit der Bitte um Abschluß der Kollekte. Man kommt nämlich auch sonst nicht um die Vermutung herum, daß hier verschiedene Briefe zusammengestellt sind. Kap. 8 und 9 behandeln dasselbe Thema, die Kollekte, wobei jedes Schreiben mehr oder weniger in sich abgeschlossen erscheint, abgesehen davon, daß Kap. 9 mit „denn" beginnt und die „Brüder" in V. 3 und 5 nicht mit Namen genannt sind. Sollte es ein mit Kap. 8 gleichzeitiger, z.B. für die Gemeinden auf dem Land bestimmter Anhang sein oder – doch wohl eher – die Titus beim ersten Besuch mitgegebene Bitte um eine Kollekte? Dann wäre also Kap. 9 beim ersten, 10–13 beim zweiten und 1–8 beim dritten Besuch durch Titus überbracht worden[101]. Es gibt aber noch eine weitere Schwierigkeit. 6,14–7,2 sind, abgesehen von dem Wort „Christus" in V. 15, eine jüdische Mahnung, die den Schriften der jüdischen Mönche vom Toten Meer zum Verwechseln ähnlich ist, in vier Versen sechs sonst nie im Neuen Testament vorkommende Ausdrücke und die ganz unpaulinische Formulierung „Befleckung von Fleisch und Geist" enthält, außerdem ganz schlecht in den Zusammenhang paßt. Hier ist also sehr wahrscheinlich ein, wohl später in den Gemeinden bekannter, Text eingefügt worden.

   12.3 Kombination verschiedener Schreiben? Wie läßt es sich denken, daß solche Briefe zusammengefügt wurden? Daß einzelne Abschnitte später noch eingeschoben wurden (hier 6,14–7,2) ist leicht vorstellbar (s. o. 9.4 und zu 1 Kor 14,34–35: 11.1). Daß verschiedene Schriften an einander gereiht wurden, hat in der Zufügung des zweiten und dritten Jesaja an Jes 1–39 seine Parallele, wohl auch im Anschluß von Joh 21 (s. u. 29.3) an das vierte Evangelium[102]. Nach dem Tod des Apostels hat man seine Briefe nicht mehr als Gelegenheitsschreiben zu einer bestimmten Zeit und in einer bestimmten Situation gelesen, sondern als immer noch, mehr oder weniger zeitlos gültige Dokumente, wie wir das faktisch auch im Gottesdienst oder bei der privaten Bibellesung tun. Darum konnte man auch Dokumente zum gleichen Thema zusammenstellen (Kap. 8 und 9)[103]. Kap. 10–13 konnte man ans Ende stellen, weil die dort visierten Gefahren auch die Gefahren der nachapostolischen Zeit sind[104]; man konnte ja auch nicht mehr wissen, welches zeitlich der frühere, welches der spätere Brief war. Das ist durchaus denkbar, während es sehr viel schwerer fällt anzunehmen, daß ein solcher Redaktor Einzelabschnitte aus verschiedenen Briefen ganz neu zusammengesetzt, gewissermaßen miteinander verwoben, also z.B. 2,14–7,4 (bzw. 6,13) aus einem andern Brief in 1–8 eingegliedert hätte, erst noch mitten in den 2,13 beginnenden und 7,5 fortgesetzten Reisebericht hinein (vgl. auch 11.1; 14.1)[105].

12.4 Wahrscheinliche Reihenfolge der Ereignisse. Nach 1 Kor 16,10–11 ist Timotheus nach Korinth gereist und wird wieder zurück erwartet. Paulus muß dann von Ephesus aus einmal hinüberfahren (s. o. 9.1); denn nach 2 Kor 12,14; 13,1–2 ist sein kommender Besuch schon der dritte und 2,1 denkt offenkundig an den Besuch von Ephesus aus, bei dem ein Zusammenstoß mit einem Einzelnen stattfand (2,5–7; 7,12). Nach seiner Rückkehr schreibt Paulus den Korinthern „unter Tränen" einen scharfen Brief (2,4; 7,8), vermutlich den in Kap. 10–13 erhaltenen. Er schickt Titus, den sie schon von einem ersten Besuch beim Ingangbringen der Kollekte kennen, wohl mit diesem Brief, und erwartet, ihn dann in Troas zu treffen (2,12). Ursprünglich wollte er über Korinth nach Makedonien reisen und auf dem Rückweg von dort nach Jerusalem nochmals in Korinth vorbeikommen (1,15–16), was sich dann aber nicht durchführen ließ (1,23–2,2). Noch in der Asia, also wohl in Ephesus, kommt Paulus in Lebensgefahr (1,8–9) und reist dann (s. o. 11,1) nach Makedonien, wo er Titus trifft (2,12–13; 7,5–7). Die Apostelgeschichte schweigt über all diese Komplikationen. Sie berichtet nur, daß Paulus nach Korinth reist, wo er drei Monate blieb, um darauf in Begleitung des Timotheus und anderer über Makedonien nach Jerusalem zu fahren (20,2–5). Das wird bestätigt durch den Römerbrief, der in Korinth oder seiner Umgebung geschrieben sein muß, weil Kenchreae (16,1) ein korinthischer Vorort ist. Da er ein gutes Verhältnis zur Gemeinde voraussetzt, sind also alle Schwierigkeiten aus dem Weg geräumt (15,25–29, s. o. 12.1).

12.5 Auch religiöse Erfahrungen und Leistungen können „Fleisch" sein. Es gibt wohl keinen andern Brief, in dem wie hier fast alle zentralen Aussagen des Apostels wenigstens kurz auftauchen und zugleich in einer außergewöhnlichen persönlichen Beteiligung in die konkrete Situation hinein gesagt sind. Kap. 10–13, die vermutlich früher geschrieben wurden, zeigen den Doppelcharakter des apostolischen Dienstes, der dem „in Schwachheit gekreuzigten und doch kraft der Macht Gottes lebenden" Herrn (13,4) entspricht. Er wird zwar „im Fleisch", aber nicht „nach dem Fleisch" (10,3) ausgeübt. Wenn es Jesus Christus ist, der das Leben des Apostels und dann auch der Gemeinde prägen will, dann ist jedes Leben „nach dem Fleisch", also jedes Vertrauen auf alle nur denkbaren menschlichen Vorzüge unmöglich. Hat schon 1 Kor 1,29 darum jeglichen Eigenruhm ausgeschlossen, so zwingt jetzt die durch solche Zweideutigkeit verunsicherte Gemeinde Paulus, sich wie ein Narr aufzuführen und von seinen Leiden (11,23–33), seinen Gotteserlebnissen (12,1–6) und Wundertaten zu reden (12,12). Nur aus diesem Grund erfahren wir von der fünfmaligen Synagogalstrafe von 39 Geisselhieben, an denen manch einer gestorben ist. Daß Paulus sich ihr unterworfen hat, ist ein noch eindrücklicheres Zeugnis als Röm 9–11 für die Bedeutung, die er der Zugehörigkeit zum „Israel nach dem Fleisch" (1 Kor 10,18) zuschreibt. Von den drei Schiffbrüchen erzählt die Apostelgeschichte nichts (27,41 ist ein späterer, vierter). Nur wegen der Kritik der Korinther erfahren wir auch von erstaunlichen visionären Erfahrungen des Apostels. Was er 1 Kor 12,2–3 theoretisch formuliert, übt er hier praktisch aus: auch die erstaunlichste, „übernatürliche" Form eines Erlebnisses, einer Entrückung in den dritten Himmel, ins Paradies (bei der es Paulus gleichgültig ist, ob sie leiblich erfolgte oder nicht!), beweist in keiner Weise die Gegenwart des Heiligen Geistes. Im Gegenteil, entscheidend daran ist nur, daß „der Herr" zum Wort kommt, und obgleich Paulus weiß, daß seine Vollmacht sich auch zeichenhaft in Heilungen und ähnlichen Machttaten ausprägen kann (12,12, auch Röm 15,19), hat ihm gerade der Herr gesagt, daß seine Kraft in der Schwachheit zur Vollendung komme (12,9–10), also gerade nicht in den spektakulären Erlebnissen. So läßt gerade die Opposition der „Superapostel" (11,5) das Christusbild schärfere Konturen gewinnen: aus menschlicher Schwachheit heraus erfolgt das Leben der Auferstehung, und Christuskraft ist daher nur in der Schwäche erfahrbar (13,4).

12.6 Eigene Gerechtigkeit und Gottes Gerechtigkeit. Kap. 1–7 reflektieren in positiver Weise den Dienst des Apostels. Noch innerhalb der Danksagung 1,3–11 versteht Paulus die Erfahrung des drohenden Todes als Glaubenshilfe, nämlich als Befreiung vom Vertrauen auf die eigene Kraft und als Hinwendung zu dem Gott, der von den Toten erweckt. Die zentrale Differenz zwischen dem Bauen auf sich selbst und der Ausrichtung auf die Gabe Gottes bekommt so im persönlichen Erleben einer Lebensgefahr ihre immer klareren Umrisse. Die Zuverlässigkeit Gottes, die sich in Christus als dem „Amen" zu Gottes Heilsplan erwiesen hat, steht auch über den Reiseplänen des Apostels, nicht seine eigene Willkür, wie die Korinther meinen (1,12–2,13). 2,14–7,4 beschreiben seinen Dienst zunächst als den des Geistes, in Überbietung von und als Gegensatz zum Dienst des Buchstabens unter dem Gesetz (Kap. 3), dann als das Geschehen einer neuen Schöpfung (4,1–6), deren ganzer Reichtum in zerbrechlichen Gefäßen liegen *muß*, damit der Herr selbst, nicht der Bote, sich mit seiner Kraft durchsetzen kann. So erweist sich „das Leben Jesu" mitten im „Sterben Jesu", das sich im Leiden des Apostels zeigt (4,7–18), gehört doch der Herrlichkeitsleib erst der Zukunft an (5,1–10, s. u. 14.4), und ist doch der Geist erst „Anzahlung" zukünftiger Vollendung (1,22; 5,5). So erweist sich der Dienst der Versöhnung in der Neuschöpfung (5,11–21) paradoxerweise gerade in den Nöten und Niederlagen seines Boten (6,1–13). Die traditionelle Fundamentalaussage von dem „für unsere Sünden Gestorbenen" (1 Kor 15,3) hat sich schon 1 Kor 1,30 (vgl. 6,11) im Stichwort der „Gerechtigkeit" ausgeprägt, und erst recht hat Paulus im Kampf gegen die galatischen Irrlehrer im Gegensatz zur Gerechtigkeit aus dem Gesetz von der Christusgerechtigkeit gesprochen (s. u. 13.4; 14.5). Fast rätselhaft erscheint diese Aussage in 2 Kor 5,21: Christus wurde „für uns zur Sünde gemacht, damit wir in ihm die Gerechtigkeit Gottes würden". Damit wird, wie im Galaterbrief und vor allem kurze Zeit später im Römerbrief, der Gegensatz von Schwachheit und Kraft noch weit tiefer verankert. Es geht nicht nur um Erfolg oder Mißerfolg. Es geht um das Bestehen des Menschen vor Gott. Im 2. Korintherbrief wird deutlich, wie wenig das bloß in einer zu akzeptierenden Formel übernommen werden kann. Es prägt auf der einen Seite die ganze Existenz des Apostels, dessen „innerer Mensch Tag um Tag erneuert wird", während „der äußere zerfällt" (4,16); es zeigt sich auf der andern Seite bei allen Gemeindegliedern darin, daß „alle gestorben sind" und jetzt „nicht mehr sich selbst leben, sondern dem, der für sie gestorben und auferweckt worden ist" (5,14–15). Glaube ist also immer lebensmäßige Aneignung, die das Ganze menschlicher Existenz umfaßt. 7,5–16 führen zu 2,5–13 zurück und verstehen auch die Botschaft des Titus von der Umkehr der Korinther im Licht des Gesagten als Trost Gottes in menschlicher Not.

Kap. 8 und 9 rufen zur Vollendung der „Gemeinschaft", wie die Kollekte bei Paulus wörtlich bezeichnet wird. Das „Armwerden Jesu, das uns reich macht", will sich lebensmäßig auswirken (8,9) in der praktisch gelebten Einheit der Kirche, in Hilfeleistung und Gebet (9,12–14), was immer „Gnade" und „Gabe" Gottes ist (8,1; 9,8–11.15).

12.7 Kraft Gottes in der Schwachheit. Die Konfrontation mit Gegnern, die seine apostolische Vollmacht anzweifeln und ihm auch an rhetorischen und charismatischen Fähigkeiten vielleicht überlegen sind (10,1–2.10; 11,16–12,5), wie die sehr existenziell gewordene Auseinandersetzung mit dem eigenen Sterben (1,8) lassen die Botschaft des Evangeliums bei Paulus selbst lebensmäßige Gestalt annehmen. Nur gezwungen läßt er sich überhaupt auf seine ganz außergewöhnliche, bis zum mehrfachen Einsatz des Lebens gehende Missionstätigkeit (11,16–33) und seine erstaunlichen religiösen Erfahrungen (12,1–5) ein, um sich dann gerade *nicht* darauf zu verlassen, sondern sein Schwachsein ins Zentrum zu rücken (12,6–10; 1,4–9; 4,7–15). Was im Galaterbrief durchdacht wird in der Auseinandersetzung mit Menschen, die auf ihre Gerechtigkeit vertrauen, im 1. Korintherbrief mit solchen, die auf ihre Weisheit bauen, wird jetzt sehr persönlich zur Auseinandersetzung mit der Versuchung, die eigene Missionsleistung und charismatische Erlebnisse als das Entscheidende anzusehen und so die eigene Schwachheit oder Todesbedrohung zu verdrängen und entweder alle Niederlagen zu vergessen oder sich der Resignation auszuliefern. So wird die Botschaft von dem, der „aus Schwachheit heraus gekreuzigt wurde, aber aus der Kraft Gottes lebt", zur Lebensmacht. „In ihm" ist Paulus „schwach und wird mit ihm aus der Kraft Gottes leben", auch und gerade „euch gegenüber" (13,4). Wie er „das Sterben Jesu an seinem Leib herumträgt (z.B. in sehr sichtbaren Narben von Geisselungen), wird auch das Leben Jesu an seinem Leib offenbar werden," nämlich so, daß zwar der Tod ihn anfällt, aber gleichzeitig das Leben von ihm in die Gemeinden ausgeht (4,10.12). Das *muß* so sein, wie Paulus nicht müde wird zu wiederholen, weil nur so er selbst, Christus, der Gekreuzigte und Auferstandene, sich durchsetzen kann und nicht etwa ein von den Menschen bewunderter Redner, Heiler oder heldischer Missionar (vgl. das häufige „damit" in 12,9; 1,11; 4,7.10–11.15).

13. Der Brief an die Galater

13.1 Ort und Datum. Nach 4,13 war Paulus schon zweimal bei den Adressaten. Das griechische Wort bedeutet „das erste Mal (von zweien)", kann freilich manchmal abgeschliffen für „zuvor" verwendet werden. Nach 1 Kor 16,1 hat Paulus die Kollekte schon in Galatien angeordnet. Dies geschah sonst überall auf der dritten „Reise". Der auf der zweiten „Reise" geschriebene Brief an die Thessalonicher, kurz nach dem ersten Besuch dort, verrät noch gar nichts von den grundsätzlichen Aussagen des Galaterbriefs, so daß man diesen sowieso kaum in diese Periode, sondern erst in die Zeit nach Apg 18,23 setzen kann. Die römische Provinz Galatien umfaßte auch die Gebiete im Süden, die Paulus auf der ersten Missionsreise besuchte. Dort hatte ihn auch Barnabas begleitet (Apg 13–14; Gal 2,1.9). Wären die Briefempfänger dort zu suchen[106], könnte der Brief auf der zweiten „Reise", z.B. in Makedonien geschrieben sein und noch älter sein als der Thessalonicherbrief. Paulus kann die Provinznamen brauchen (Röm 15,26), aber ebenso Landschaftsnamen (Gal 1,21, wo Paulus doch wohl hätte zufügen müssen „und zu euch", wenn der erste Besuch vor dem Apostelkonzil [Gal 2,1–10] stattgefunden hätte). Da aber die Provinz nur abgekürzt als Galatien bezeichnet wird, während offiziell sonst immer alle Einzelgebiete aufgezählt werden, da die Apostelgeschichte mit Galatien die im nördlichen Inneren Kleinasiens liegende Landschaft beschreibt, die Paulus auf der zweiten und dritten „Reise" besuchte (16,6; 18,23), da dies auch für 1 Petr 1,1 zu gelten scheint, wo sie zwischen Pontus am Schwarzen Meer und Kappadokien im (östlichen) Inneren Kleinasiens steht, da endlich Paulus die Adressaten als „ihr Galater" anredet, ist fast sicher an das eigentliche Land Galatien und seine Bewohner zu denken, wo eine Krankheit den Apostel länger festhielt, als er beabsichtigte (Gal 4,13 = Apg 16,6?). Dazu kommt, daß 4,13 Barnabas nicht nennt, was besser zur zweiten „Reise" paßt, auf der dieser Paulus nicht mehr begleitete (Apg 15,36–39; Gal 2,13); doch spricht 1 Kor 9,6 wieder positiv von ihm. Dann ist der Brief vermutlich während dem langen Aufenthalt in Ephesus geschrieben oder, da Paulus selbst nicht nach Galatien reist, vielleicht auch erst auf der anschließenden Reise (nach 1/2 Kor?). Wohl sind „die Brüder mit mir" Gal 1,2 genannt, aber keine Gemeinde. „So schnell" (1,6) könnte Paulus natürlich auch nach zwei bis drei Jahren schreiben. Für eine Datierung nach den beiden Korintherbriefen spräche die Verwandtschaft zum Römerbrief (s. u. 16.3). Dagegen spricht aber 1 Kor 16,1, wonach die Kollekte in Galatien keinerlei Schwierigkeiten zu machen scheint. Man könnte sogar vermuten, die dort genannte Kollekte (von der nach Gal 2,10 die Galater jedenfalls wissen) sei unterdessen nach Jerusalem gebracht worden und habe vielleicht auch die Gegenbewegung, von der der Brief zeugt, erst ausgelöst. Es ist also wahrscheinlicher, den Galaterbrief ungefähr gleichzeitig mit dem zweiten Korintherbrief anzusetzen. Von Ephesus aus wäre Paulus vermutlich selbst nochmals nach Galatien gereist, von Makedonien aus war das kaum mehr möglich. Doch ist die Datierung keineswegs über alle Zweifel erhaben, da eine Versöhnung in den zweieinhalb bis drei Jahren des Aufenthalts in Ephesus (s. o. 9.2) durchaus möglich wäre, falls der Galaterbrief zu Beginn des ephesinischen Aufenthalts anzusetzen wäre. 1 Petr 1,1 und 2 Tim 4,10 zeigen vielleicht, daß Galatien nicht endgültig paulinischem Einfluß entfremdet war. Andererseits fehlt eine Notiz von einer galatischen Kollekte in Apg 20,4 und vor allem in Röm 15,25–26 und spricht vieles dafür, daß keine Versöhnung in Galatien möglich war (s. o. 9.2 und u. 16.2). 2,7–8 ist als spätere Zufügung verstanden worden, weil Paulus sonst immer „Kephas“, nie „Petrus“ schreibt; es könnte aber auch eine paulinische Zusammenfassung des damals so formulierten Beschlusses sein (der freilich schwer durchführbar war). Im übrigen ist der Brief sicher einheitlich.

13.2 Die Situation in Galatien. Nach dem letzten Besuch des Paulus sind Missionare nach Galatien gekommen, die seine Autorität in Frage stellten und Beschneidung wie Beobachtung von Festtagen, vor allem wohl des Sabbats, forderten, weil nur der damit vollzogene volle Eingang in die Kultgemeinschaft Israels Rettung verleihe (4,10; 5,2–4; 6,12). Sicher sind das Christen, die ebenfalls „Evangelium“ verkünden wollen (1,6), und die Gemeinde ist offenbar bereit, es „noch ernster“ zu nehmen und für ihren Glauben noch mehr zu leisten[107]. Möglicherweise kommt ihnen ein heidnisch-pythagoreischer Asketismus entgegen (s. u. 17.4). Das zwingt Paulus, seine Verkündigung grundsätzlich zu überdenken. An sich ist Beschneidung möglich. 1 Kor 7,18 spricht freilich nur von solchen, die als schon Beschnittene berufen worden sind. Immerhin ist nicht unmöglich, daß Paulus den Sohn einer jüdischen Mutter, der nach dem Gesetz als Jude galt, beschnitt (Apg 16,1–3). Paulus ist „den Juden wie ein Jude geworden, um die Juden zu gewinnen“ (1 Kor 9,20), und er weiß um die Vorrechte Israels (Röm 3,1–4; 11, 25–26). Grundsätzlich ist wirklich weder Beschneidung noch Unbeschnittenheit wesentlich. Warum ist dann aber die Forderung der Gegner unmöglich? Zunächst fordern sie die Beschneidung auch der Heiden, die nicht zu Israel gehören. Aber der Grund des Widerstands des Paulus liegt noch tiefer. Entscheidend ist nicht der Vollzug oder Nichtvollzug eines Ritus, sondern die Grundhaltung des Lebens, die sich darin ausdrückt. Wird das Heil davon abhängig gemacht, dann liegt es hinter dem Tun des Menschen und wird erst durch dessen Gehorsam geschaffen. Was Paulus aber in Damaskus aufgegangen ist, ist die Umkehr: das Heil liegt *vor* allem daraus fließenden Tun des Menschen. Es liegt also nicht im Menschen und in seinem Handeln. Darum ist auch nicht einfach die Richtigkeit der paulinischen Botschaft verglichen mit anderen Botschaften entscheidend, sondern das von ihr geprägte Leben (s. u. 13.5). Deswegen beginnt Paulus mit der Schilderung seines eigenen Weges (1,10–2,21), der aber nicht ein rein individuelles Erleben war, sondern ein Weg in der Kirche, in Übereinstimmung mit der Gemeinde in Jerusalem (2,1–10; vgl. dazu o. 9.1). Wie sich die Wahrheit des Evangeliums dort darin erwies, daß ein Heidenchrist ohne Beschneidung als Bruder angenommen wurde (Gal 2,3), so stand sie in Antiochien auf dem Spiel, als Petrus die Tischgemeinschaft mit den Nichtbeschnittenen (und nicht nach jüdischer Vorschrift Essenden!) aufsagte (2,11-21, s. u. 16.2).

13.3 Vom Tod zum Leben. Dabei kann es nicht einfach darum gehen, einen Kompromiß zu finden, der ein Zusammenleben ermöglicht, wie ihn Apg 15,28-29 vorschlägt (ein Beschluß, der nach 21,25 dem Paulus noch unbekannt ist!). Es geht um eine Grundentscheidung für oder gegen ein Leben im Glauben, nämlich um die Stellung zum Mosegesetz. Doch auch davon spricht Paulus nicht in der Form einer Lehre, die man gegen eine andere abwägen und dann für die bessere ansehen könnte, sondern so, daß er von einem „Sterben" und „(neuen) Leben" redet. Das ist freilich nicht einfach ein passives Erfahren wie im normalen Sprachgebrauch, sondern ein „dem Gesetz Sterben" und ein „Gott leben", also etwas, was unsere Beziehung zu... verändert, so daß jetzt alles vom Tod zum Leben verläuft und nicht mehr umgekehrt. In 6,15 nennt er dieses Ereignis „Neuschöpfung". Es geht also nicht darum, der Beschneidung jetzt die Unbeschnittenheit entgegenzusetzen. Beides hilft nicht, weder das Pochen auf die Beschneidung noch das auf den Verzicht darauf, sondern nur die Erkenntnis, daß mit Jesus Christus eine neue Welt begonnen hat, in der „weder Beschneidung noch Nichtbeschneidung, weder Jude noch Grieche, Sklave noch Freier, Männlich noch Weiblich" entscheidend sind (3,28), sondern nur das Leben innerhalb von Christus, der alle zu einem einzigen Menschen zusammenschließt (3,28; s. u. 16.3).

13.4 Geschenkte Gerechtigkeit. Von daher versteht Paulus das Alte Testament neu. Die Abraham gegebene Verheißung schließt doch alle Völker ein (3,8). Das ist in Jesus Christus, in dem alle zusammengeschlossen sind (3,28), wahr geworden. Er ist der von der Verheißung anvisierte „Nachkomme" (wie 3,16 mit einer an sich sehr fraglichen Auslegung festhält), eben weil er stellvertretend den vom Gesetz auf den Kreuzestod gelegten Fluch getragen hat (3,13; 4,4-5). Darum gehört das am Sinai verliehene Gesetz und mit ihm das jetzige, irdische Jerusalem auf die Seite der von Abraham durch die Sklavin Hagar nach rein menschlichen Überlegungen („*nach* dem Fleisch") gezeugten Nachkommenschaft. Isaak und seine Nachkommenschaft hingegen sind von der Gottesverheißung selbst („*durch* die Verheißung", s. u. 16.5) zur Freiheit des himmlischen Jerusalems gezeugt (4,21-28). So merkwürdig solche Allegorie erscheint, so entscheidend ist der darin vollzogene Schritt (s. u. 16.3). Was Paulus „Glauben" nennt, ist das Leben in der neuen Welt, das über die Menschen gekommen ist (3,23). In ihm kann ein Nichtbeschnittener als Bruder und ein nicht nach den Gesetzesvorschriften Essender als Mahlgenosse aufgenommen werden. Dabei ist es gerade nicht so, daß damit eine besondere Leistung vollbracht würde, sondern so, daß der „Geist" oder die „Verheißung" selbst das Leben wirkt, solange der Glaubende nicht zurückschielt und wieder nach menschlichen Maßstäben und Ordnungen sein Leben selbst in die Hand nimmt. Während Gerechtsein in 1 Thess 2,10 noch ohne nähere Beschreibung das richtige Verhalten des Apostels gegenüber der Gemeinde bezeichnet, wird jetzt, angesichts des Mißverständnisses in Galatien viel schärfer festgestellt, daß solches Gerechtsein ein Widerfahrnis ist, das dem Menschen von Jesus Christus her zuteil wird (2,16-17), nicht einfach vom menschlichen Handeln nach den Normen des Gesetzes her (2,21). Es ist nicht mehr Paulus, der lebt, sondern Christus selbst in ihm (2,20).

13.5 Leben als Frucht des Geistes. Dennoch handelt es sich um neues *Leben*, das Paulus von 5,1–6,10 mahnend beschreiben kann, und das er 6,2 mit dem Stichwort vom „Gesetz Christi" bezeichnet. Nun läßt sich der ganze Brief vielleicht nach dem damals gültigen und in den Schulen gelehrten rhetorischen Schema zunächst als eine Verteidigungsrede (wie sie vor Gericht gehalten wird) einteilen in Einleitung (1,1–11), Bericht (1,12–2,14), These (2,15–21), Argumentation (3,1–4,31), Epilog (5,1–6,10) und Zusammenfassung (6,11–18)[108]. Aber gerade so wird deutlich, wie dieser mahnende Teil in 5,1–6,10 eigentlich aus diesem Schema herausfällt und in eine andere Gattung hinüberwechselt, nämlich in die einer Ratsrede, freilich so, daß es nicht wie dort nur um ein Abwägen eines Besseren gegenüber einem Schlechteren geht, sondern um die einzig mögliche Entscheidung angesichts dieser neuen Schöpfung[109] (s. auch u. 16.3).

Darum kann Glaube nichts anderes sein als das „Gestaltgewinnen Christi in uns" (4,19), nämlich das Wirken der Liebe (5,6). Das ist, im Gegensatz zu der Vielzahl der offen zutageliegenden „Werke" des Fleisches die eine „Frucht" des Geistes, die alles umfaßt, auch die eigenen und fremden Schwächen und Fehler (5,19.22; 6,1–4). Anders als lebend kann ja nicht geglaubt werden, und Leben muß sich ebenso im Denken wie im Tun, im Fühlen wie im Erfahren, im Aufmerken wie im Träumen ausdrücken. Es hat seinen Stand als eine Ganzheit in der von Christus geschaffenen neuen Welt der Freiheit gefunden und kann darum nicht zum „Startplatz rein menschlichen Verhaltens" (des „Fleisches") werden (5,1.13, s.u. 22.4).

13.6 Das Israel Gottes in der Hoffnung auf eschatologische Vollendung. Daß die Gabe Gottes zur Aufgabe wird (1 Thess), wird hier also angesichts der Forderung einer Rückkehr zur strengen Gesetzesbeobachtung und eines Vorwurfs an die paulinische Verkündigung, sie verführe zur ethischen Unverantwortlichkeit, grundsätzlich durchdacht. Das geschieht im Sinn eines radikalen Gegensatzes zwischen menschlich erworbener und gottgeschenkter Gerechtigkeit, die aber nicht abstrakt bleibt, sondern sich in einem Leben gestaltet, das nicht mehr auf die eigene Leistung und Stellung baut, darum auch eigene Schwäche positiv als Angewiesensein auf Gottes Kraft verstehen kann. Etwa zur selben Zeit muß Paulus das in seiner Korrespondenz mit den Korinthern nochmals in einer anderen Version denen gegenüber durchdenken, die zwar nicht ihre Gesetzeserfüllung, wohl aber ihre Weisheit Christus entgegensetzen. Paulus weiß um das durch den Geist als „Frucht" gestaltete, alles Erfahren, Fühlen, Denken und Handeln prägende Glauben. Er weiß aber auch, daß dies erst in Gottes endgültiger Zukunft einmal eindeutig sichtbar werden wird: „Kraft des Geistes erwarten wir aus dem Glauben heraus das Hoffnungsgut der Gerechtigkeit" (5,5). Dem seltsamen Zwielicht von Ohnmacht und Kraft, in dem sein apostolischer Dienst in den Korintherbriefen geschildert wird, die ebenso von seiner Schwachheit wie von der Herrlichkeit seines Dienstes reden können, entspricht Gal 5,17: Noch „begehrt das Fleisch gegen den Geist, der Geist aber gegen das Fleisch"; doch ist dieser Satz umschlossen von den beiden anderen: „Wandelt im Geist und ihr werdet das Begehren des Fleisches nicht erfüllen" und „Wenn ihr vom Geist bewegt seid, steht ihr nicht mehr unter dem Gesetz" (5,16.18).

Bei all dem ist der Galaterbrief als wirklicher Brief geschrieben. Seine Schärfe kommt daher, daß sein Verfasser dabei „Geburtsschmerzen" um die Adressaten neu erleidet (4,19). Aus dieser innersten Anteilnahme an ihrem Weg werden die Aussagen über menschliches Fehlverhalten und Gottes Gerechtigkeit geprägt. Damit ist die alte Vorstellung, daß die Heiden erst in Israel eingehen müßten, um zum Heil zu kommen (vgl. Mt 8,11–12 usw.), überwunden. Mit Israel zusammen leben sie einzig vom guten Handeln Gottes an ihnen. So sind sie „das Israel Gottes"[110].

14. Der Brief an die Philipper

14.1 Einheitlichkeit? Der Abschnitt 3,2–4,1 enthält eine scharfe Auseinandersetzung mit judaistischen Gegnern. Unabhängig von einander haben verschiedene Forscher vermutet, unser Brief sei aus drei Schreiben zusammengesetzt[111]. Ein kurzes Dankschreiben wäre unmittelbar nach Empfang der Gabe aus Philippi verfaßt (4,10–23)[112]. Nachdem Epaphroditus von seiner Krankheit genesen war (2,25–30), hätte Paulus ihn mit einem ausführlichen Bericht über seine Lage zurückgeschickt (1,1–3,1 + 4,4–7 [oder 4,2–9?]) und die Sendung des Timotheus, der ihm von Philippi Bericht zurückbringen soll, danach sein eigenes Kommen in Aussicht gestellt (2,19–24; alles zusammen [in dieser Reihenfolge?] = zweiter Brief). Als Paulus, wohl nach seiner Freilassung, hörte, daß der in Korinth und anderswo ausgebrochene Kampf auch Philippi erreicht habe, hätte er 3,2–4,3.8–9 (oder nur bis 4,1?) an die Gemeinde und vielleicht auch an den sich jetzt dort befindenden Timotheus („du treuer Arbeitsgefährte", 4,3) geschrieben (= dritter Brief.) Dazu paßte die Bemerkung Polykarps (an die Philipper 3,2) von „Briefen", die Paulus ihnen geschrieben habe (was er freilich auch aus 3,1 herauslesen konnte).

Wiederum ist diese Lösung möglich und könnte die verschiedene Sicht der Gemeindesituation in 1,3–11; 2,17–18 einer-, 3,2–3.17–19 anderseits erklären. Nur ist schwer vorstellbar, daß jemand den neuen Brief aus derart in einander verschobenen Einzelstücken zusammengestellt hätte. Will man das vermeiden, könnte man an drei kurze Schreiben denken, die hinter einander aufgereiht wären, etwa 1,1–3,1; 3,2–4,3; 4,4–23, obwohl die Ähnlichkeit von 4,4 und 8 zu (2,18 und) 3,1 auffallend ist. Jedoch ist Paulus auch nach 3,15–16; 4,1 durchaus positiv gestimmt gegenüber dem Hauptteil der Gemeinde, und wenn die Gegner von Kap. 3 nicht Judenchristen wären, sondern Juden[113], dann könnte sich auch 1,28 auf die gleiche Gruppe beziehen. Darum haben andere nur an einen längeren Unterbruch vor 2,25 und noch einmal vor 3,2 gedacht[114] oder aufgrund der rhetorischen Geschlossenheit des Schemas, das dem anderer Paulusbriefe entspricht, Einheitlichkeit oder mindestens eine sehr bewußte und ausgesprochene Endredaktion angenommen[115].

14.2 Ort und Datum. Wenn kurz hintereinander drei Briefe nach Philippi gingen, wäre nur eine Gefangenschaft in Ephesus (oder Umgebung) denkbar. Die Apostelgeschichte erwähnt sie nicht; aber 2 Kor 11,23 und 6,5 nennen verschiedene Gefängnisaufenthalte, dazu spricht 2 Kor 1,8–11 von Todesbedrohung in Kleinasien, also wohl in Ephesus (vgl. auch Röm 16,7, falls dieses Kapitel nach Ephesus gesandt wurde, s. u. 16.1), kurz vor dem Aufbruch nach Makedonien. Die Bemerkung vom „Kampf mit wilden Tieren" in 1 Kor 15,32 hingegen ist nur bildlich zu verstehen, da die Aufzählung der Leiden des Paulus in 2 Kor 11,23–33 ihn nicht erwähnt. Wenn man nur an *einen* Brief denkt, sind mindestens zwei Reisen hin und her anzunehmen; denn jemand hat in Philippi vom Aufenthaltsort des Paulus und fast sicher von seiner Verhaftung berichtet, daraufhin haben sie Epaphroditus geschickt, von dessen Erkrankung ihnen jemand wieder berichtete, was Paulus auch schon erfahren hat. Außer Epaphroditus will Paulus auch Timotheus nach Philippi schicken und erwartet dann durch ihn nach seiner Rückkehr Bericht über die Gemeinde (2,19–30). Das ist von Rom oder Caesarea aus nicht unmöglich, aber schwer denkbar. Außerdem wäre der angekündigte Besuch des Apostels (1,25–27; 2,24) von Rom aus nur bei Verzicht auf die Spanienreise (Röm 15,28) möglich, von Caesarea aus nur, wenn Paulus einen beträchtlichen Umweg für die Fahrt nach Rom und von dort nach Spanien in Kauf nähme. So ist auf alle Fälle Ephesus der wahrscheinlichste Ort des Absenders. Dann ist der Brief etwa zwischen dem ersten und dem zweiten Korintherbrief abgefaßt.

14.3 Persönliches. Auch wenn es sich um zwei oder drei Briefe handelte, liegen sie zeitlich so nah beieinander, daß sie gemeinsam besprochen werden können. Überall ist der Ton außergewöhnlich persönlich. Das gilt selbst für den polemischen Abschnitt, wo Paulus 3,12–14 von seinen Christuserfahrungen und (3,15) 4,1 von seiner Sehnsucht nach den Philippern und seiner Freude an ihnen schreibt. Er dankt für die Gabe der Philipper und alle schon seit Jahren erfahrene Treue (4,10–20). Er spricht von seiner Gefangenschaft, seinen Stimmungen und Erfahrungen (1,19–26; 2,17–18). In alldem ist ihm aber der Lauf des Evangeliums am Ort seiner Haft und in Philippi viel wichtiger (1,12–18.27–30; 2,12–16; 4,2–9). Daher ruft er immer wieder zur Freude auf. Daher rechnet er aber auch ernsthaft mit der Möglichkeit einer Hinrichtung und freut sich schon auf das „Sein mit Christus" (1,23).

14.4 Die Zukunft Gottes. Er erwartet also nicht mehr das endgültige Kommen Christi mit Sicherheit vor seinem Tod wie in 1 Thess 4,15. Schon in 1 Kor 15,51 sagt er das nicht mehr ausdrücklich, nimmt aber durchaus noch an, daß ein Teil der Gemeinde und wohl auch er selbst das noch erleben werden. 2 Kor 5,1–10 ist (nach der Erfahrung der Bedrohung durch den Tod? 1,8) nur noch der Gegensatz des jetzigen mühseligen Lebens und des künftigen „Heimkommens zum Herrn" wesentlich, wobei Paulus vermutlich gar nicht darüber nachdenkt, ob dies vor oder beim Kommen Christi der Fall sein wird. Schwerlich denkt er, wie man V. 3 schon auslegte, daß die vorher Verstorbenen in einem leiblosen Zustand (den er zu vermeiden hofft) warten müßten. V. 3 wehrt wohl nur dieses für ihn horrende Ideal seiner hellenistischen Zeitgenossen ab: „vorausgesetzt wenigstens, daß wir nach dem Ausziehen (des sterblichen Leibs) nicht nackt erfunden werden (wie es „die Heiden" erwarten)". Erst Phil 1,23 spricht er positiv von einem „Sein mit Christus" unmittelbar nach seiner eventuellen Hinrichtung. Doch hebt das in keiner Weise die Erwartung des kommenden Christus auf, „der unseren Leib der Niedrigkeit umgestalten wird zur Gestalt seines Herrlichkeitsleibs" (3,21). Das ist nicht grundsätzlich verschieden von 1 Thess 4, auch wenn die Akzente je nach der Situation verschieden gesetzt werden und Paulus jetzt damit rechnet, daß das Schicksal der in Thessalonich Verstorbenen auch das seine sein könnte.

Darum ist „der Tag Christi" auch für das Leben der Gemeinde der eigentliche Horizont und so dessen Maßstab (1,6.10; 2,16); die „Auferstehung von den Toten" und die „Berufung nach oben" sind das Ziel, auf das der Apostel hinläuft (3,11.14). Dabei ist die kommende Herrschaft Christi deutlich weltweit gedacht (2,10–11 [s. o. 5.10]; 3,21). Damit ist aufgenommen, was die Parallele zwischen Adam und Christus in 1 Kor 15,20–28 und dann Röm 5,12–21 einschließt und in 1 Kor 15,25–27 mit Ps 110 formuliert wird. Stärker thematisiert wird es in den Briefen an die Kolosser und die Epheser werden. Dort wird es auch wie in 1 Tim 3,16 ausdrücklich mit der Völkermission verknüpft werden.

14.5 Gerechtigkeit von Gott her. Entscheidend ist die Begründung der schon jetzt herrschenden Freude und der Hoffnung auf die Vollendung. Im Galaterbrief grenzt sich Paulus gegen Lehrer (aus Palästina?) ab, die auf Beschneidung und Gesetzeserfüllung pochen, im 1. Korintherbrief gegen Menschen, die auf ihre Weisheit bauen, d.h. auf „geistliche", sich in Vollmacht der Rede, Visionen und Offenbarungen erweisende Begabung, was im 2. Brief an die gleiche Gemeinde noch deutlicher wird. Daß Unzüchtige, Götzendiener usw. „das Reich Gottes nicht erben werden" (1 Kor 6,9–10), weiß Paulus auch; aber weil das schon traditionell gesagt ist, muß es nicht besonders hervorgehoben werden, wohl aber das andere, daß gerade die Gerechten und Weisen an dem Gott vorbeileben können, der sich im Gekreuzigten offenbart hat. Das erhält im Philipperbrief noch schärfere Konturen. Wenn andere Paulus zuleide leben, sich über seine Verhaftung freuen und ihm noch Schwierigkeiten bereiten, ist das für ihn unwesentlich, solange wirklich Christus verkündet wird (1,15–18). Dort aber wo, wie es die Gegner in Philippi versuchen, die „eigene Gerechtigkeit" in Konkurrenz zu der „von Gott her" tritt (3,9–10), steht alles auf dem Spiel. Während der Galaterbrief (s. o. 13.4) zwar vom „Gerechtfertigt-werden in Christus" und nicht „vom Gesetz her" spricht (2,16–17; vgl. 3,11.24; 5,4 und 1 Kor 6,11), auch von der nicht aus dem Gesetz stammenden, dem Glauben zugerechneten „Gerechtigkeit" (2,21; 3,6.21; 5,5), erscheint die Wendung „Gerechtigkeit Gottes" zuerst 2 Kor 5,21 (s. o. 12.6) und wird dort sehr deutlich als „Gerechtigkeit von Gott her" definiert, wie der Ausdruck in Phil 3,9 lautet. Sie ist nicht mehr „meine Gerechtigkeit vom Gesetz her", sondern ist „Gerechtigkeit durch den Glauben an Christus" (s. u. 16.4–5). Allerdings ist auch Paulus beschnitten, besitzt alle Vorzüge eines rechten Israeliten, ist Pharisäer und „nach der Gerechtigkeit im Gesetz tadellos" (Phil 3,5–6) – und gerade darum Gegner Gottes, solange er darauf vertraute. Gerade so hat er das Gute, das er wollte, nicht getan, sondern das Böse (Röm 7,19, s. u. 16.4) und wurde zum Verfolger der Gemeinde Jesu. Paulus ist also erstaunlicherweise der Meinung, man könne das Gesetz erfüllen (nach seinen Buchstaben) und dennoch das völlig verfehlen, was Gott mit der Gabe des Gesetzes wollte, ja dieses Verfehlen sei die eigentliche und „überfließende" Sünde (Röm 5,20). Der gefährlichste Feind Gottes ist also nicht der Gottlose, der Ehebrecher oder Dieb, der mindestens um seine Position vor Gott wissen kann, sondern der Gerechte und Weise, der meint, Gott nicht mehr nötig zu haben.

14.6 Solidarität Gottes mit den Menschen. In dem 2,6–11 zitierten Hymnus (s. o. 5.10) verschiebt sich der Akzent auf Erniedrigung und Erhöhung Jesu. Gott wird also mit dem Menschen solidarisch, und zwar bis ins Letzte, in den Tod hinein; damit wird auch alles Menschliche, Freude und Leid, Erfolg und Niederlagen, in Gottes Welt „hinauf", in sein Regiment hineingenommen. Jesu Tod wird nicht als sühnend, nicht einmal als stellvertretend geschildert, seine Auferstehung nicht als Überwindung des Todes. Darin ist Phil 2,6–11 mit der Christusbotschaft der Logienquelle (s. o. 5.10 u. 7.8–9) eins.

14.7 Sterben und Auferstehen mit Christus. Rechtfertigung ist für Paulus ein „Ergriffen-werden" von Christus, in dem sein Sterben und Auferstehen einen Menschen immer mehr prägt (3,10–12), bis beides sein ganzes Leben (seinen „Leib", 2 Kor 4,10) ganz bestimmt. Schon 1 Thess 5,8–10 hält fest, daß Jesus für uns gestorben ist, damit wir jetzt schon in Glaube, Liebe und Hoffnung und einst für immer „mit ihm leben". In Gal 2,11–20 schildert Paulus seinen Zusammenstoß mit Petrus, um sichtbar zu machen, wie sehr das Leben unter der Rechtfertigung sich z.B. in der Tischgemeinschaft mit Unbeschnittenen und nicht nach den jüdischen Speisevorschriften Lebenden ausprägen muß. 1 Kor 6,15 illustriert das an der „leibhaften" Zusammengehörigkeit mit Christus, die die Verbindung mit der Dirne unmöglich macht. Der 2. Korintherbrief zeigt in seinen Kapiteln 11–12 und 4 am Beispiel des Apostels und seines Dienstes, wie die Unterstellung unter Christus Lebenswirklichkeit wird. So sehr also die „fremde", d.h. die von Gott her verliehene Gerechtigkeit und Weisheit immer entschiedener von einem Vertrauen auf eigene Gerechtigkeit und Weisheit abzugrenzen war, so sehr war auch in der praktischen Gemeindeparänese immer davon zu reden, wie dies in der Existenz des Glaubenden Gestalt annimmt. Darum kann Paulus in Phil 2,1–11 den Hymnus als Beispiel dafür zitieren, wie das, was „in Christus" (dogmatisch) für die Gemeinde gilt, sich auch „unter euch", im Zusammenleben der Gemeinde (praktisch) durchsetzen muß (2,5). Beides wird im Römerbrief noch grundsätzlicher zur Sprache kommen.

15. Der Brief an Philemon

15.1 Ort und Datum. Paulus schreibt diesen Privatbrief in stark persönlich gefärbtem Stil, spielt mit dem Namen Onesimus („nützlich", V. 11) und unterzeichnet, eher humorvoll, einen Schuldschein für den, der ja sich selbst dem

Apostel verdankt (V. 19). Er bittet darin für den entflohenen Sklaven, läßt dem Empfänger aber verschiedene Möglichkeiten offen. Er könnte ihn straflos wieder einstellen oder ihn freilassen, ihn so oder so für sich selbst behalten oder ihn, was Paulus eindeutig suggeriert, dem Apostel zur Verfügung stellen. Nach Kol 4,9.17 wohnen Onesimus und Archippus in Kolossae; außer den Adressaten Philemon und Apphia erscheinen alle genannten Personen auch im Kolosserbrief. Beide Briefe schreibt Paulus als Gefangener. Sind also beide Briefe ungefähr zur selben Zeit geschrieben (s. u. 17.2), geht auch der Philemonbrief nach Kolossae oder eventuell in das nicht weit entfernte Laodizea. Dann wäre an die Gefangenschaft in dem etwa 200 km entfernten Ephesus zu denken (s. o. 14.2), obwohl Paulus in Phil 2,24 im Fall einer Befreiung mit einer Reise nach Nordwesten, nicht nach (Süd-)Osten (Phm 22) rechnet. Ist der Kolosserbrief erst später in Angleichung an den Philemonbrief verfaßt, könnte die Verbindung mit Kolossae reine Vermutung des Paulusschülers sein, und es ließe sich z.B. auch an Pergamon als Wohnort des Philemon denken[116], wo es Tempelsklaven gibt, und was an der Reiseroute nach Makedonien läge. Doch wären auch andere Gefangenschaften denkbar (und ein Wohnort des Philemon in der Nähe), auch Rom.

15.2 Theologie und Leben. Das kurze Schreiben zeigt, wie sehr Theologie und Leben für Paulus eines sind. Jede praktische Frage reicht sofort in theologisch zu durchdenkende Tiefen. Daher steht der ausführliche Dank an Gott am Anfang. Leben wird erst im Glauben an Christus wirkliches Leben (V. 10.19), und Autorität, selbst apostolische, kann nur in der Liebe, d.h. in der Bereitschaft zum Verzicht auf Recht und Macht gelebt werden, von Paulus selbst (V. 8–9.12–14), von Onesimus, der seine relative Sicherheit aufgeben und die Rückkehr wagen muß (V. 10–12), und von Philemon, bei dem es entscheidend ist, daß er nicht gezwungen, sondern in voller Freiheit über sein Handeln beschließt (V. 14), wobei freilich das für den Nichtchristen Nächstliegende, die harte Bestrafung des Flüchtlings, ausgeschlossen ist (V. 15–17). Wie es Phil 2,5 formuliert hat, daß nämlich auch im Verkehr untereinander gelten muß, was „in Christus Jesus" gilt, so formuliert es auch V. 16 hier: was „im Herrn" gilt, muß „im Fleisch" gelebt werden.

15.3 Hausgemeinden. Philemon beherbergt eine Hausgemeinde (V. 2). Auch nach Apg 1,13; 2,46; 5,42; 12,12 treffen sich die ersten Christen „im Haus" (der Maria, der Mutter des Johannes Markus) oder „in den Häusern". Das gilt ebenso für die paulinischen Gemeinden (18,7; 20,8; Röm 16,23), wobei es am gleichen Ort auch verschiedene solcher Hausgemeinden gab (Apg 20,20 für Ephesus; Röm 16,5.14.15)[117]. Die Hausgemeinde von Aquila und Priska wird Röm 16,5 (in Rom oder Ephesus? s. u. 16.1) und 1 Kor 16,19 in Ephesus erwähnt; vermutlich versammelte sich schon in Korinth ein Kreis (von Judenchristen?) in ihrem Haus (Apg 18,2.6–7.18). Auch heidnische Kulte fanden damals manchmal in Privathäusern statt, oft von deren Besitzer gestiftet und sogar priesterlich verwaltet. Vor allem aber gab es jüdische Versammlungen in Häusern, solange keine besondere Synagoge gebaut war. Dabei konnte auch ein Raum im Haus besonders für diese Zusammenkünfte reserviert und ausgebaut werden wie z.B.

in Dura-Europos am mittleren Euphrat, wo eine christliche Hauskirche aus der Zeit von 232/33 n. Chr. mit einem größeren Versammlungsraum von 65 m² in 100 m Entfernung von einer jüdischen ausgegraben worden ist. Das erinnert an die Hausgemeinde in Korinth in nächster Nachbarschaft der Synagoge (Apg 18,7). „Haus" kann ein Gebäude, aber auch eine Groß- oder Kleinfamilie bezeichnen. Apg 2,46 und 20,8 zeigen, daß alle Glaubenden sich in *einem* Haus versammeln; in Troas ist es ein Obergemach, das für die Aufnahme von Gästen besonders geeignet ist. Der „eine" Ort, an dem nach 1 Kor 11,20 die ganze Gemeinde zusammenkommt zum Mahl und wohl auch dem in Kap. 12 und 14 geschilderten Gottesdienst, befindet sich wahrscheinlich im Haus eines ihrer Glieder, z.B. in dem des Stephanas (16,15) oder des Gaius (Röm 16,23). Vielleicht ist hier an das Atrium und die es umgebenden Säulenhallen zu denken, jedenfalls kaum an einen für solche Zusammenkünfte reservierten oder gar extra hergerichteten Raum. Auch so kann man schwerlich annehmen, daß mehr als ein paar Dutzend Menschen dort weilen. Das zeigt, daß von Anfang an auch relativ wohlhabende Leute zur Gruppe der an Jesus Glaubenden gehörten, ohne die das Leben der Gemeinde kaum denkbar gewesen wäre. Sie spielten offenbar auch für die Verbreitung und Pflege des Glaubens eine wichtige Rolle (1 Kor 16,15–18; Röm 16,3–5; Apg 18,26)[118].

16. Der Brief an die Römer

16.1 Ort, Datum, Einheitlichkeit. Die Angabe „in Rom" (1,7) fehlt in wenigen Handschriften; vermutlich haben sie diese ausgelassen, um zu betonen, daß dieser Brief allen Christen gelte. Nach 15,25–29 ist Paulus im Begriff, mit der Kollekte nach Jerusalem zu reisen und von dort über Rom nach Spanien. Apg 20,3–21,17 schildert die Reise von Korinth über Makedonien und Kleinasien nach Jerusalem. Nach Röm 16,1–2 schreibt Paulus von Korinth aus; Kenchreae ist dessen Hafenquartier. Freilich ist Kap. 16 in manchem merkwürdig. 16,25–27, die in einer Reihe von Handschriften nach 14,23 oder 15,33 statt am Ende des Briefs eingefügt sind oder ganz fehlen, stammen sicher nicht von Paulus. Wortschatz, Stil und Inhalt sind unpaulinisch (s. o. 5.7). Auch V. 24 fehlt in vielen Handschriften. Er ist aber fast identisch mit dem Schluß von V. 20 und findet sich nur dort, wo entweder V. 20 Ende ausgelassen ist oder wo V. 25–27 schon nach 14,23 stehen, ist also vermutlich im Lauf der Tradition zugefügt worden. Aber auch abgesehen davon läßt sich fragen, wieso Paulus so viele Menschen in Rom kennt, wo er noch nie war, sie sogar als seine Mitarbeiter, eine Frau geradezu als seine „Mutter" bezeichnet. Auch richtet er ihnen V. 21–23 Grüße von acht bei Paulus weilenden Personen aus. Und wieso sind Priska und Aquila und ihre ganze Hausgemeinde, die etwa zwei Jahre vorher noch in Ephesus lebten (1 Kor 16,19; Apg 18,19), jetzt in Rom? Auch paßt der „Erstbekehrte von Asia" (= das vordere Kleinasien) besser nach Ephesus als nach Rom. Vor allem warnen V. 17–18 vor Irrlehrern, von denen im ganzen Brief sonst nichts angedeutet ist. Endlich könnte man sich den Lobpreis in 15,33 gut als Briefschluß denken. So spricht vieles dafür, daß Kap. 16 an die Gemeinde in Ephesus gerichtet war, vielleicht weil die in V. 1–2 empfohlene Phöbe mit dem Römer- und dem sie empfehlenden Grußbrief auf dem Seeweg über Ephesus nach Rom reiste. Der Römerbrief wäre dann auch zur Vorlesung in Ephesus bestimmt gewesen und dort abgeschrieben und mit der zusätzlichen Grußliste aufbewahrt worden. Kap. 16 allein ließe sich schwerlich als vollständiger Brief denken, und man müßte schon annehmen, daß z.B. 14,1–15,13 dazu gehört hätten, umgekehrt vielleicht 16,1–2 und/oder 21–23 noch zum Römerbrief. Aber wer hätte zwei Briefe so auseinandergerissen und wieder zusammengestückelt? Die andere Möglichkeit ist natürlich die, daß Kap. 16,1–23 (oder 24) doch zum Römerbrief gehört. Der Verkehr von der Hauptstadt in die Provinz war rege. Aquila und Priska wie vielleicht auch eine ganze Reihe der von Paulus Gegrüßten kamen ursprünglich von Rom (Apg 18,2) und konnten vermutlich nach dem Tod des Kaisers Claudius (54 n. Chr.) wieder dorthin zurückkehren.

13,1–7 mit seiner wohl aus jüdischer Tradition übernommenen positiven Wertung der staatlichen Ordnungsmacht (s. u. 31.5) als späteren Nachtrag zu verstehen, ist hingegen angesichts der starken Wortverbindungen mit dem Kontext („das Gute/Böse" 12,2.9.17.21; 13,3.4.10; „Zorn", „Rache" 12,19; 13,4; „Ehre" 12,10; 13,7) und des paulinischen Stils schwierig.

16.2 Judenchristen und Heidenchristen. Wie Phil 1,1 fehlt in Röm 1,7 der Ausdruck „Gemeinde". Muß man deswegen an verschiedene Hausgemeinden denken, die neben einander leben (s. o. 15.3) wie die jüdischen Synagogen, denen in Rom der Zusammenschluß verboten war? Einen eigentlichen Gemeindegründer wird es nicht gegeben haben; Christen sind aus geschäftlichen oder familiären Gründen nach Rom gekommen und haben dort andere für ihren Glauben gewonnen. Ob dies hauptsächlich von Jerusalem aus geschah, so daß es zuerst nur Judenchristen gegeben hätte und erst nach deren Vertreibung (s. o. 9.1) mehrheitlich oder fast ausschließlich Heidenchristen[119], oder eher von Antiochien aus, wo beide Gruppen schon zusammenlebten[120], bleibt unsicher. Klar ist nur, daß die Adressaten des Paulusbriefs mehrheitlich Heidenchristen sind (1,5–6.13; 11,13 usw.). Zurückhaltung beim Essen von (nicht nach dem Gesetz geschlachtetem, ja vielleicht Götzen geopfertem) Fleisch und das Halten von Feiertagen ist bei Judenchristen zu erwarten, aber auch bei Heiden, die als „Gottesfürchtige" zwar nicht die ganze Gesetzesbeobachtung, wohl aber gewisse Hauptgebote übernommen hatten[121] (14,2–3.5–6). Auf jeden Fall spielt die Frage nach Israel und seinem Gesetz eine große Rolle, schon in der Wendung „dem Juden zuerst und dem Griechen" (1,16; 2,10; vgl. 3,29; 4,12), vor allem aber in Kap. 9–11. In 4,1 schließt sich Paulus auch mit den Judenchristen zusammen, wenn er von Abraham als „unserem Vorvater nach dem Fleisch" spricht.

In Jerusalem haben sich die Probleme zugespitzt. Ursprünglich galten die Heidenchristen wohl als „Gottesfürchtige", die über ihre Sympathie für das Judentum hinaus auch noch Jesus als ihren Herrn annahmen. Wie diese, nahm man an, würden sie sich an die Hauptgebote des Gesetzes halten, während man ihnen konzedierte, daß sie die Beschneidung nicht auf sich nehmen müßten. Es ist durchaus möglich, daß die Beschlüsse des Apostelkonzils in Jerusalem als

Konzession, von Paulus als Votum für grundsätzliche Freiheit vom Gesetz verstanden wurden, so daß der Gegensatz zwischen Petrus und Paulus in Antiochien (Gal 2,11–20) schon vorprogrammiert war. Der Streit zwischen Paulus und Barnabas (Apg 15,39) könnte darin begründet sein, und da Paulus in Gal 2,11–20 nichts von der Anerkennung seines Standpunkts erwähnt, da auch der Besuch in Antiochien, der Apg 18,22–23 erwähnt wird, vielleicht nicht historisch ist (s. o. A. 73), ist möglich, daß er seine Basis in Antiochien verloren hat. Sollte gar der Galaterbrief in Jerusalem bekannt geworden sein — und wie sollten die Gegner des Paulus nicht eine Abschrift oder eine gehässige Zusammenfassung dorthin geschickt haben? –, dann wären die Angriffe von jüdischer Seite samt einer noch keineswegs klaren Haltung der dortigen Christen, vor denen sich Paulus fürchtet (Röm 15,30–31), in der Tat leicht erklärlich. Nach ihrer Sicht treibt Paulus Schmutzkonkurrenz und bietet das Heil billig an, ohne Verpflichtung auf das Gesetz Gottes. Dennoch will Paulus unter allen Umständen um der notwendigen Einheit der Kirche willen das Gespräch mit dem Herrenbruder Jakobus[122] und der Gemeinde in Jerusalem nochmals aufnehmen[123]. Darum schreibt Paulus auch so ausführlich über seine Stellung zu Israel und seinem Gesetz und über sein Verständnis des Weges Gottes mit Israel. Obwohl er Rom an sich nur besucht, um eine Basis für seine weitere Mission in Spanien zu haben (15,28), ist ihm nicht nur klar, daß Spannungen hinsichtlich der Geltung des jüdischen Gesetzes auch in Rom vorhanden sind, sondern vor allem, daß seine Mission nur innerhalb einer grundlegenden Einheit der ganzen Kirche möglich ist.

16.3 Das Verhältnis zum Galaterbrief. Der Hauptteil des Galaterbriefs hat seine Parallelen im Römerbrief. Zwar fehlt der Bericht über den Werdegang des Paulus (Gal 1,10–2,14); an seine Stelle treten der in Gal 1 fehlende Lobpreis Gottes, der auch einen kurzen Bericht über die Reisepläne des Apostels einschließt (Röm 1,8–13), und vor allem die ausführliche Darlegung der Schuld aller, der Heiden wie der Juden in 1,18–3,20. Wohl aber entspricht die These von der Rechtfertigung aus Gnaden (Gal 2,15–21), die nicht nur Juden, sondern auch Heiden gilt (3,6–29), weil Gott seinen Sohn sandte und uns durch ihn zu Kindern gemacht hat (4,1–7) den Abschnitten Röm 3,19–28 (jetzt mit dem Stichwort „Gerechtigkeit Gottes"); 4; 8,1–16. In beiden Briefen steht auch die Paränese gegen das Ende hin, wobei die Verwandtschaft von Gal 5,13–15 mit Röm 13,8–10 besonders auffällt. Abgesehen von persönlichen Abschnitten (Gal 3,1–5 und besonders 4,12–20) fehlen im Römerbrief die Rückführung des Gesetzes auf Engel (3,19–20) wie die formal fragliche, sachlich ausgezeichnete Exegese des in der Einzahl stehenden „Samens Abrahams" als Hinweis auf den einen Jesus Christus, der seinerseits alle Glaubenden aufnimmt und sie in ihm zu „Einem" werden läßt (3,16.28), vor allem auch die Hagar-Sara-Allegorese, die das „jetzige Jerusalem" stark abwertet (4,21–31). Sie sind ersetzt durch eine längere Abhandlung, die der positiven Rolle des Gesetzes im Heilsplan Gottes nachdenkt (5,12–7,25), und der Darstellung des Handelns Gottes an Israel bis hin zur letzten Erfüllung (Kap. 9–11). Beides bekommt seine Wichtigkeit angesichts des neu aufzunehmenden Gesprächs mit Jerusalem und gewisser in Rom erwarteter Spannungen und Vorbehalte, die Paulus abbauen möchte.

Sollte wirklich der Galaterbrief aufgrund eines rhetorischen Briefschemas aufgebaut sein (s. o. 13.5), wäre das jedenfalls im Römerbrief aufgegeben. Vermutlich genügt es festzustellen, daß Paulus im Römerbrief die traditionelle Missionsverkündigung, die mit der Darstellung des Götzendienstes (jetzt freilich auch auf Juden ausgedehnt!) beginnt und die Bekehrung zum lebendigen Gott anschließt (1 Thess 1,9–10), verbunden hat mit der katechetischen Tradition, die mit der Verkündigung von Tod und Auferstehung Jesu, dem „Evangelium", einsetzt und die daraus folgende Paränese anschließt[124]. Zweifellos entfaltet Paulus im Römerbrief, was er schon im Galaterbrief darlegte, ob man diesen wegen der genannten Verwandtschaft nach dem 1. (und 2.?) Korintherbrief ansetzt und ihn zeitlich näher an den Römerbrief heranrückt oder umgekehrt wegen gewisser Weiterentwicklungen auf größere Offenheit gegenüber Israel und seinem Gesetz hin früher datiert (s. o. 13.1). Eindeutig ist in beiden Briefen die Aufeinanderfolge von (dogmatischer) Verkündigung des Evangeliums und (ethischer) Entfaltung in den Mahnungen, wobei die erste schon im Galaterbrief, entfaltet dann im Römerbrief, ausdrücklich die Geltung des Heilsangebots für die Heiden über die Grenzen Israels hinaus diskutiert. Der Vorbau ist jeweils bedingt durch den Angriff auf die paulinische Autorität in Galatien und die traditionelle Vorordnung des Topos vom Stand unter dem Zorn Gottes im Fall des Römerbriefs.

16.4 Menschliche Gerechtigkeit im Streit gegen Gottes Gerechtigkeit. Der Brief will den Besuch in Rom vorbereiten. Rom ist damals Mittelpunkt des Reichs, Zentrum von Kultur und Barbarei, Wissenschaft und Militärmacht. Dort lebt die Welt, und sie will Paulus erreichen. Aber von all dem schreibt Paulus nichts. Seinen Willen, nach Rom zu kommen (1,15), begründet er in einer Kette von vier „Denn"Sätzen (1,16–18) damit, daß er sich zum Evangelium bekennt, das eine Kraft Gottes zum Heil ist, Offenbarung der „Gerechtigkeit Gottes" (s. o. 14.5) für den Glaubenden und des Zorns Gottes über den Gottlosen. Auch hier beginnt Paulus mit der Feststellung seiner Autorität und der Charakterisierung seiner Verkündigung (1,5–15). Doch ist schon der Grund dieser Verkündigung und damit das Thema des Briefs gegeben: V. 17/18. Erkennt man die Parallelität der beiden Sätze „. . .denn Gerechtigkeit Gottes wird in ihm (dem Evangelium) offenbart" und „. . .denn Zorn Gottes wird vom Himmel her offenbart", läßt sich fragen, ob V. 18 nicht geradezu die Kehrseite von V. 17 sein soll, ob also Paulus nicht sagen will, daß gerade die Offenbarung der rechtfertigenden Gnade Gottes und erst sie auch Gottes Zorn über alle aufdeckt. Vorher waren ja die Heiden überzeugt, weise zu sein (1,22), und die Juden, über andere richten zu können (2,1). Und genau das ist doch *die* Sünde im tiefsten Sinn des Wortes. Sei dem, wie es will, jedenfalls lautet die These in V. 17: „Der aus Glauben Gerechte wird leben". Das heißt also, daß keiner, weder der Weltmensch noch der Fromme anders wirklich leben kann. Über alle, Heiden wie Juden, ergeht Gottes Zorn (gerade in der Zusprechung des Evangeliums). Darum ist keiner von sich aus gerecht (3,10). „Aus Gesetzeswerken wird kein Mensch vor

Gott gerechtfertigt" (3,20). Der zweite Teil (3,21–8,39) beginnt mit der erstaunlichen Feststellung, daß eben der, der sich unter diesen Zorn Gottes stellt, aus
Gottes Gerechtigkeit zu leben beginnt (3,21–31). Illustriert wird das wie in Gal 3
durch Abraham, der „wider alle Hoffnung auf Hoffnung hin" lebte, also aus
Gottes Zuspruch, nicht mehr aus Vertrauen auf seine eigenen Fähigkeiten
(Kap. 4). Ist schon hier deutlich, daß Glaube auf das ihm von Gott Verheißene
hin lebt, betonen 5,1–11, daß die schon erfolgte *Rechtfertigung* zum noch ausstehenden, endgültigen *Heil* führt. Die Zuordnung Adams, durch den Sünde und
Tod in die Welt kamen, zu Christus, durch den in noch ganz anderer Weise
Gnade, Gerechtigkeit und Leben geschenkt wurden (5,12–21), sieht in einer
überraschenden und schockierenden Aussage, die Sonderstellung Israels, dem
das Gesetz gegeben ist, darin, daß in ihm „die Sünde ihre Fülle gefunden hat"
und damit „die Überfülle der Gnade" möglich wurde (5,20). Wissen alle Kultu-
ren und Religionen um Menschen, die vor Gott schuldig sind, z.B. Mörder oder
Ehebrecher, so wird in Israel auch und gerade der Fromme, der Gott dienen will,
noch weit ernsthafter als Sünder entlarvt. Das ist nur verständlich, weil Sünde
für Paulus primär darin besteht, daß der Mensch sich selbst gegen Gott behauptet. Die Einheit seiner Abwehr beider Fronten besteht, von 1 Thess 5,8–10 bis zu
Gal 2,5; 3,10–12 und dem Römerbrief, darin, daß der Mensch dabei ebenso auf
seine moralische oder philosophische Perfektion bauen kann wie auf sein Geld,
die Erfüllung seiner Lüste und die Durchsetzung seiner Aggressionen. Darum
wird er nur dort von Sünde wirklich befreit, wo die in der Taufe geschenkte Freiheit vom Gesetz ihn ganz mit Christus verbindet und darum sein gesamtes
Leben prägt (6,1–7,6 s. u. 17.6), während unter dem Gesetz gerade der Mensch,
der Gott ganz dienen will, gegen ihn revoltiert (7,7–25). Mit 8,1–27 werden die
Gedanken von Gal 4,4–7 aufgenommen und entfaltet. Nur an dem, der sich von
Christus und seinem Geist in ein Leben des Betens und Hoffens stellen läßt, in
Anfechtung mit der ganzen Schöpfung und doch sich ausstreckend nach der
Vollendung (s. u. 17.5), ist nichts Verdammliches mehr. Ihn kann nichts mehr
von Christus trennen (8,28–39). Kap. 9–11 beschreiben die absolute Überlegen-
heit der Gnade Gottes an Israel, das trotz seinem Nein zu Christus ihn einst
erkennen soll. Mit Pro- oder Antisemitismus hat das nichts zu tun, wohl aber
mit Gottes Gerechtigkeit (3,1–5), die stärker ist als aller Widerstand und Unge-
horsam der Menschen (s. o. 10.4 und 12.5, auch u. 18.4–6). Kap. 12–15 behandeln
den geistlichen Gottesdienst der Gemeinde (12,1), der, wie schon Gal 5,14 sagt,
in der Liebe das Gesetz erfüllt (13,8–10), auch in den (zwischen Juden- und Heidenchristen?) hängigen Fragen des Festhaltens an Speisegeboten und Festtagen
(14,1–15,13).

16.5 Gesetz und Glaube. Die hier vorgelegte Interpretation ist umstritten,
und zwar noch ganz abgesehen von der Frage, ob es innerhalb der Paulusbriefe
eine sichtbare Entwicklung gibt, z.B. in der Eschatologie oder in der Lehre vom
Gesetz. Es ist zuzugestehen, daß die traditionellen Gerichtsaussagen von 2,6–11
schwierig sind, und daß Paulus in Röm 6–7 nicht ausdrücklich klarlegt, daß das
Gute, das der Mensch will, die Gesetzeserfüllung ist, und das Böse, das dabei her-
auskommt, die Sünde des sich selbst rühmenden Menschen. Immerhin sind

„sich rühmen" und „Ruhm" wie die Kontrastworte vom „Rechtfertigen" und von der „Gerechtigkeit" in allen Paulusbriefen außer dem Philemonbrief und dem 1. Thessalonicherbrief (wo nur je ein nicht-spezifischer Beleg der Wortwurzel vorliegt) häufig und zentral. Die Alternative bestände darin, dem Apostel jedes einheitliche Verständnis abzusprechen und zu erklären, die Funktion des Gesetzes sei in Gal 3,22–24; Röm 3,20; 4,15; 5,20–21 und 7,7–13.14–25 jedesmal eine andere und nicht miteinander harmonisierbar[125]. Noch grundlegender ist die damit zusammenhängende Frage, ob der Glaubende das Gesetz (Moses) erfüllen soll, ja muß, freilich ohne das Kultische und unterstützt durch den zur Liebe führenden Geist Gottes[126]. Daß man das Gesetz nicht erfüllen könne, sagt Paulus gewiß nicht. Er selbst war ja „untadelig in der Gerechtigkeit des Gesetzes", freilich vor seiner Berufung durch Christus (Phil 3,6)! Wohl aber sagt er, daß das „Tun" des Gesetzes nicht zum Leben führe, weil Gerechtigkeit aus „Glauben" komme (Gal 3,11–12), und daß das ganze Gesetz seine Erfüllung in der Nächstenliebe finde (Gal 5,14; Röm 13,8–10). Paulus kann erklären, daß „die Rechtsforderung des Gesetzes in uns erfüllt werde", wenn wir „nach dem Geist wandeln" (Röm 8,4). Es ist dabei aber zu beachten, daß nach 8,13 wie nach Gal 4,23; 5,18; Phil 3,3 der Mensch zwar Subjekt bleibt, wo er nach der Norm des Fleisches lebt, im neuen Leben aber der „Geist" oder die „Verheißung" Gottes zum eigentlichen Subjekt wird (s. o. 13.4). So wächst die Erfüllung dessen, was das Gesetz nach Gottes Absicht will, im Leben des Schon-gerechtfertigten in der vom Geist verliehenen Freiheit und ist nicht mehr Vorbedingung der Gerechtigkeit. Das ist nur verständlich, weil Leben für Paulus immer eine Einheit ist, entweder mit allen guten oder schlechten Seiten, allem Gelingen oder Mißlingen auf Gott, seine Gnade und seine Gaben ausgerichtet, als das eine „gute Werk" (s. u. 18.5; 22.4; vgl. o. 11.6) — oder nur auf sich selbst ausgerichtet als „die Sünde" (die Mehrzahl steht nur in traditionellen Wendungen, s. u. 16.6).

16.6 Die Vorordnung des Heils. Der Römerbrief ist für uns ein ausgesprochener Glücksfall. Zwar hat Paulus auch hier beim Schreiben die konkrete Situation in (Jerusalem[127] und) Rom vor Augen; aber es liegen weder konkrete Anfragen vor wegen bestimmter Probleme in der Gemeinde noch direkte Angriffe gegen Paulus und seine Botschaft, die ihn von Anfang an in eine bestimmte Bahn drängen. Darum wird der Brief zu so etwas wie dem Testament des Apostels. Er will sich der Gemeinde vorstellen, tut das aber so, daß er nicht etwa von seiner Herkunft, seinen Studien, seiner Berufung und seinen Missionserfolgen berichtet, sondern allein von seiner Botschaft, d.h. von der Verkündigung der Rechtfertigung. Daher beginnt er, ähnlich wie im Galaterbrief, aber ohne die direkte Front von Gegnern, mit der von Gott geschenkten Gerechtigkeit. Ihre Kehrseite ist der über jedem Menschen stehende Zorn Gottes. Radikal verkündet Paulus den „den Gottlosen gerechtsprechenden" Gott, vor dem selbst Abraham „aus Werken" keinen „Ruhm" besitzt. Ganz anders als im Galaterbrief ist Paulus die Freiheit gegeben, darüber nachzudenken und es für die Römer zu formulieren, was denn das Besondere an Israel als dem von Gott gerufenen Volk ist. Sein Sonderfall besteht darin, daß nur unter dem ihm geschenkten Gesetz auch der Fromme (gerade in seiner vollkommenen Gesetzesgerechtigkeit) zum Gottlosen gestempelt wird, weil er nicht das Gute tut, das er will, sondern das Böse, indem auch er auf „Fleisch" vertraut statt sich ganz dem Geiste Gottes zu öffnen. Der seit dem 1. Thessalonischerbrief lebendige Ausblick auf die Endvollendung und auf ein ihr schon jetzt entsprechendes Leben in der Gemeinde ist keineswegs verschwunden (s. u. 17.6 zu Röm 6,3–9). Das Fundament, auf dem beides steht, ist jetzt aber enthüllt. Gewißheit kommenden Heils (es ist schon näher als vor einigen Jahren, 13,11!) gibt es doch nur, wo es ganz und gar Sache Gottes und nicht des Menschen ist, und ihm entsprechendes Leben nur, wo der Mensch ihn und seinen Geist wirken läßt, ohne wieder sein eigenes frommes oder unfrommes Gebäude von Moral aufzurichten und tätig auszufüllen. Nur soweit der Mensch sich erfüllen und prägen läßt vom Schenken Gottes, lebt er ohne Sünde (in der Einzahl, nämlich ohne die grundlegende Falschausrichtung seines Lebens mit all seinen Siegen und Niederlagen). So erfüllt er das Gesetz, weil er frei geworden ist zur Liebe. Er ist nicht gerecht vor Gott, weil er so das Gesetz erfüllt, sondern er erfüllt es, weil er durch Gottes Zuspruch gerechtgeworden ist. Darum ist er auch mit seiner Liebe nie zu Ende (13,8), kann sich also auch damit nie Gottes Ja verdienen. Nur aus solcher Freiheit heraus gibt es dann ein wirkliches Zusammenleben von „Starken" und „Schwachen". Nur dort, wo das Heil nicht davon abhängig gemacht wird, ob einer Feiertage hält oder nicht hält, Fleisch von fraglicher Herkunft ißt oder nicht ißt, sind diese Fragen auch kein Grund der Trennung mehr.

16.7 Gott bleibt Gott. Der große Beitrag des Römerbriefs zur Gesamtbotschaft des Neuen Testaments und seine immer wieder erwiesene außergewöhnliche Wirkung in der Geschichte besteht darin, daß hier eindeutig und radikal Gott Gott bleibt. Wie könnte Gott Gott sein, ohne als Liebe zu leben, ohne seine Geschöpfe ernst zu nehmen, sich zu freuen an ihrem Dank, zu leiden an ihrer Verhärtung? Davon sprechen vor allem Röm 9–11 und 12–15. Und wie könnte Gott Gott sein, wenn er vom Menschen abhängig würde, vom moralisch Vollkommenen, dessen Vollkommenheit die Belohnung durch Gott auslöste, und vom Sünder, dessen Sünde die Bestrafung durch Gott auslöste? Wo bliebe da die Freiheit seiner Liebe? Davon sprechen vor allem Röm 1–8. Der Römerbrief läßt Gott Gott sein. Davor ist immer wieder alles nur mögliche Menschliche still geworden[128]. Und immer wieder hat Gott anfangen können, neu zu leben.

III. Paulusschüler

Außer im Römerbrief nennt Paulus immer Mitabsender: Timotheus (1 Thess 1,1; 2 Kor 1,1; Phil 1,1; Phm 1), Sosthenes (1 Kor 1,1), Silvanus (1 Thess 1,1), die Brüder mit mir (Gal 1,2). Dabei schreibt oder diktiert er sehr wahrscheinlich allein. Doch erscheint der so Erwähnte nie unter den Grüßenden; seine Mitverantwortung für den Brief wird also ernst genommen: er ist mit dabei, wenn Paulus schreibt. Es wäre leicht denkbar, daß bei Verhinderung des Apostels sein Gefährte umgekehrt in beider Namen schriebe (s. u. 17.2), weil Paulus ja wirklich entscheidend „mit dabei ist", schon weil der Verfasser alles, was er schreibt, ja von seinem Lehrer gelernt hat. Das ist natürlich auch nach dem Tod des Paulus denkbar (s. o. 9.4).

Wichtiger ist die Tatsache der Neuformulierung der paulinischen Botschaft überhaupt. Sie besagt doch einerseits, daß Paulus die noch immer gültige Grundlage und Norm bleibt, anderseits, daß man diese nicht einfach aufbewahren und buchstäblich weiterverwenden kann, ohne sie immer neu zu formulieren. Der größte Dienst, den uns die Schriften der Paulusschüler leisten, ist gerade der, daß sie ein Modell dafür abgeben, wie man die Autorität der Paulusbriefe, also der „Schrift", je in der eigenen Zeit und Situation hören und ihr gehorsam werden kann.

17. Der Brief an die Kolosser

17.1 Die Verfasserfrage. Paulus kennt die durch Epaphras gegründete heidenchristliche Gemeinde nicht persönlich. Sie ist durch eine, pythagoreische Züge tragende, „Philosophie" gefährdet. Erwähnung der Gefangenschaft des Paulus und Namen der Grüßenden stimmen mit dem Philemonbrief überein. 1,23 und 4,18 nennen Paulus als Verfasser, 1,1 ihn und Timotheus als Absender. Aufbau, bestimmte Ausdrücke und allgemeine Haltung erinnern an Paulus. Eine genaue Stiluntersuchung zeigt aber, gerade in unbetonten Wörtern, in Satzkonstruktionen und Gedankenführung, derartige Unterschiede zu Paulus, daß der Brief nicht von ihm stammen kann[129]. Bei aller Anlehnung an Paulus argumentiert der Verfasser doch völlig anders als der Apostel. Das stimmt zusammen mit den auch theologisch wesentlichen Unterschieden, vor allem mit dem fast völligen Fehlen von Aussagen über den Geist Gottes[130].

17.2 Verschiedene Möglichkeiten. Möglich ist (1.), daß ein Paulusschüler später einer gefährlichen Strömung entgegen auf die Autorität des Paulus zurückgreift. Wenn sich die Gegner auf Tradition berufen (2,8.22), muß der Verfasser das auch tun und nicht nur im eigenen (vielleicht völlig unbekannten) Namen auftreten[131]. Schwierig ist, daß Kolossae 61 n.Chr. mit Laodizea zusammen durch Erdbeben zerstört wurde. Das ist freilich nicht absolut sicher; doch ist Kolossae jedenfalls erst ab Mitte 2.Jh. wieder durch Münzenfunde belegt[132]. Die mit dem Philemonbrief übereinstimmenden Notizen und Grüße erscheinen in anderer Reihenfolge und mit neuen oder anderen Zusätzen. Tychikus und Nympha(s) sind neu; jener ist aber Überbringer des Briefs (4,7), fehlt daher logischerweise in Phm 23-24. Hat ein Späterer sich das alles überlegt und die Namen genannt, um dem Brief einen Anschein von Echtheit zu geben? War zu seiner Zeit noch ein Laodizenerbrief (4,16) bekannt, der erst später verloren ging? – (2.) Könnte ein echter Brief nachträglich stark überarbeitet worden sein, z.B. vom Schreiber des Epheserbriefs oder von einem andern aufgrund dieses Briefs[133]? Der unpaulinische Stil und die theologischen Besonderheiten verteilen sich aber auf den ganzen Brief; nur (3,18 oder) 4,2-4,18 könnten dann für Paulus reklamiert werden. – (3.) Die meisten Briefe nennen neben Paulus noch einen anderen Absender (viermal Timotheus), obwohl faktisch nur Paulus der Verfasser ist. Hat etwa in einer Periode strengerer Haft Timotheus, „gleichen Geistes" mit dem Apostel wie kein anderer (Phil 2,20) den gemeinsamen Brief geschrieben und Paulus ihn nur signiert? „Ich, Paulus" (Kol 1,23) war notwendig, damit die Berufung zum Heidenapostel und die erstaunliche Aussage von 1,24 nicht auch auf Timotheus bezogen wurde. In diesem Fall wären persönliche Notizen und Grüße identisch mit dem, was Paulus selbst schriebe[134].

17.3 Die „Elemente der Welt" im damaligen Hellenismus. Entscheidend ist die theologische Weiterentwicklung. „Elemente der Welt" (2,8.20) sind vor Mitte des 2. Jh. n.Chr. nie etwas anderes als Erde, Wasser, Luft, Feuer (und eventuell der himmlische Äther). Sie sind also weder Götter noch Dämonen, wohl aber Mächte, wie das auch das Gesetz oder irgend eine Leidenschaft sein kann. Vom 6. Jh. v. bis zum 6. Jh. n.Chr. herrscht im griechischen Kulturraum die Angst vor dem Kampf der Elemente untereinander, der die Welt dauernd durch Erdbeben, Überschwemungen, Stürme und Brände bedroht. Schon vor Aristoteles wird ihr daher eine kommende oder obere Welt entgegengesetzt, der „Himmel" oder „Äther", wohin die Seele nach dem Tod aufsteigt, falls sie, vom Materiellen gelöst, rein genug ist, um in die geistige Welt emporzuschweben. Das geht auf Empedokles im 5. Jh. v.Chr. zurück, über den Plutarch um 100 n.Chr. zehn Bücher schreibt. Diese Gedanken sind in der Zeit des Neuen Testaments überall nachweisbar. Eine Beschreibung der Pythagoreer im 1. Jh. v.Chr. schildert, wie nach ihnen die Welt aus den vier Elementen entstanden sei, deren Gleichgewicht und damit die ganze irdische Sphäre aber dauernd bedroht sei; darum sei der Aufstieg der Seele ins himmlische, göttliche Element so dringlich, was nur den reinen Seelen gelingt, während die andern wieder in den Kreislauf der Elemente hinuntergerissen werden. Die ganze Luft sei voller (noch nicht ganz vollendeter) Seelen, „Heroen" (oder „Dämonen", von Philo dreimal den Engeln der Bibel gleichgesetzt). Auch ihnen müsse man Ehre erweisen, wenn auch abgestuft gegenüber der den Göttern gebührenden, sich Reinigungsbädern unterziehen und auf gewisse Lebensmittel wie auf Sexualverkehr verzichten. Cicero schildert den Aufstieg der Seele durch die Elemente physikalisch, Ovid den

Kampf der Elemente und das schwere Los der Seelen, die wieder in menschliche oder tierische Körper zurückgezwungen werden, Philo das jüdische Neujahrsfest als Friedensschluß zwischen den Elementen, den „Gliedern" des Weltalls, und Wiederherstellung der Ordnung, aber auch den Aufstieg der Seele, die jedem Element das Seine wieder zurückgibt, während die unreinen das nicht können und wieder in neue Körper zurückgestoßen werden. Josephus setzt bei Römern den Glauben an den Aufstieg der Seele zu den Sternen voraus, von wo sie ihren Verwandten als Helfer erscheint. Plutarch beschreibt die Mondregion als Grenze, aus der die unreinen Seelen zurückgejagt und für Jahrtausende gequält werden, während die reinen als „Dämonen" oder „Heroen" Statthalter Gottes werden und den noch auf Erden Weilenden dienen, bevor sie ganz in die Welt der Götter aufsteigen. Um 200 n. Chr. meint Hippolyt, Markions Askese (um 140 n. Chr.) gehe auf diese empedokleischen Gedanken, die er ausführlich zitiert, zurück[135].

17.4 Pythagoreischer Hintergrund in Kol 2, 16–23 und Gal 4,3.9? Das entspricht weithin dem Kol 2,16–23 Geschilderten. Schon vor der Zeitwende hat das Judentum viel Pythagoreisches übernommen[136]. Sabbat- und Neumondfeier zeigen die jüdische Komponente; alles andere ließe sich pythagoreisch erklären, worauf auch die Bezeichnung „Vorschriften" (Kol 2,14.20, nie „Gesetz" oder „Gebote"!) hinweist. Asketische Reinigung der Seele von den irdischen Elementen ist in allen angeführten Texten entscheidend und Kol 2,20–23 von denen gefordert, die schon jetzt nicht mehr „in der Welt" leben sollten. Die Engelverehrung (2,18) gilt den bei Alexander, Philo, Josephus und Plutarch genannten Helfern oder Heilanden, den schon (fast) vollendeten Seelen, die als Dämonen, Heroen oder Engel (für Philo drei Bezeichnungen für dasselbe) die ganze Luft erfüllen.

Aber hat nicht der Brief die Wendung von den „Elementen der Welt" von Gal 4,3(9) übernommen? Im Galaterbrief liegt sicher eine Gegnerschaft vor, die das jüdische Gesetz betont. Dennoch ist schwer vorstellbar, wie Paulus von den „Elementen der Welt" schreiben könnte, wenn er nicht an Erde, Wasser, Luft und Feuer dächte, die im Hellenismus dank asketischer Praxis bezwungen werden können. Anders als im Kolosserbrief bezieht sich die Sklaverei unter den Weltelementen in Gal 4,3.9 zunächst auf die vorchristliche Situation der Galater. Sollte Paulus nicht wie Philo und Josephus wissen, wie stark die ganze hellenistische Welt damals von der Rolle der „Elemente der Welt" bestimmt war? Freilich schließt sich Paulus mit den Galatern zusammen und sieht in ihrer jetzigen Unterwerfung unter das Gesetz eine Rückkehr zu dieser Sklaverei. Nun sind aber gerade im Galaterbrief „Gesetz" und „Welt" austauschbar (6,13–14). Auch Paulus weiß ja vom Seufzen unter der Last des irdischen Zelts, wo man „fern vom Herrn" weilt (2 Kor 5,4.6). Er kann darum die heidnische Versklavung unter die überall gefürchteten „Elemente der Welt", wie sie bei den Galatern bestand, bevor sie Christen wurden, mit seiner vorchristlichen Unterwerfung unter das Gesetz gleichsetzen und den galatischen Neuansatz von Gesetzesobservanz als Rückkehr in diese Sklaverei bezeichnen. So ist bei den Galatern die jüdische Komponente sicher wirksamer als bei den Kolossern, aber die Ähnlichkeit mit asketischen Praktiken pythagoreischer Prägung, die die Seele für ihren Aufstieg durch die Elemente reinigen sollen, bleibt auch hier bestehen[137].

17.5 Kosmische Christologie? Damit ist die Frage nach der kosmischen Bedeutung des Christus gestellt. Daß der Auferstandene im Himmel herrscht, wird nicht bezweifelt. Aber was hilft das in einer Welt, die im Chaos liegt und in der jederzeit Katastrophen möglich sind? Und: ist der Mensch nicht derart dieser Welt versklavt, daß seine Seele selbst nach dem Tod gar nicht bis zu Christus durchdringen kann, sondern wieder in die Elemente der Welt zurückgerissen wird? Auf die erste Frage antwortet der Hymnus 1,15-20 (s. o. 5.11): Jesus Christus ist nicht nur Seelenretter, in ihm hat Gott auch die Schöpfung als ganze für sich reklamiert und sie neu in sein gutes Regiment hineingeholt. Daß das nur so geschehen kann, daß mit Gott versöhnte Menschen lernen, im Glauben zu leben, betont der Briefschreiber durch seine Zusätze in V. 18 und 20, wo er auf die Gemeinde und ihre Versöhnung durch Jesu Tod verweist, besonders aber durch V. 21-23. Das entspricht auch dem „Revelationsschema" (s. o. 5.7) in 1,24-29, wonach Jesus durch die paulinische Verkündigung alle Völker erreicht und so seine Herrschaft über die Welt aufrichtet.

Wie in Röm 8,19-25 (s. o. 16.4) ist also auch die Schöpfung in das Christusereignis hineingenommen und wartet auf ihre endgültige Vollendung[138]. Sie ist es aber in der Weise, daß die „neue Schöpfung" (2 Kor 5,17; Gal 6,15), die jetzt schon in der an Christus glaubenden Gemeinde Wirklichkeit wird, einst auch die gesamte Kreatur in die Herrlichkeit hineinziehen wird, die der Gemeinde verheißen ist. Ist schon beim ursprünglichen Hymnus zu beachten, daß es die Gemeinde ist, die ihn singt und damit ihren Herrn Christus als Herrn der Schöpfung und der nachösterlichen Neuschöpfung preist, so wird das im Kontext des ganzen Kolosserbriefs erst recht deutlich. Zwar ist die ganze geschaffene Welt in die endzeitliche Verheißung eingeschlossen; aber das Gefälle verläuft deutlich von den schon berufenen und einst endgültig erlöst werdenden Menschen zur Schöpfung hin, nicht umgekehrt so, daß eine schon in der Schöpfung wirkende Christuskraft auch die Erlösung der Menschen bewirken wird[139]. Darum wird Christus auch in der „Haustafel" (3,18-4,1; vgl. Eph 5,22-6,9; auch 1 Tim 2,1-15; Tit 2,2-10) zugleich als der verkündet, der im kleinen und privaten Bereich der (Gross-)Familie regieren und so im einzelnen Haus wie unter den Nationen Gottes Herrschaft aufrichten will.

17.6 Auferstehungsleben heute? Auf die zweite Frage antwortet der Verfasser mit der Gewißheit des Glaubens. Wer wirklich zu Christus gehört, der ist schon mit ihm „auferweckt" (2,12; 3,1). Paulus hat gegenüber der Gefahr eines enthusiastischen Glaubens, der schon im Himmel leben will und darüber die Erde vergißt (1 Kor 4,8), in Röm 6,3-9 deutlich das „Begrabensein" mit Christus von dem noch ausstehenden Auferwecktwerden mit ihm unterschieden. Der Verfasser des Kolosserbriefs betont gegenüber der Gefahr ängstlicher Skrupeln, in denen viele zu asketischen Praktiken Zuflucht nehmen, die Gewißheit des Glaubens, daß Jesus als der Herr der Kirche und der gesamten Welt die, die an ihn glauben, grundsätzlich schon vom Un-Heil der Welt erlöst hat. Er unterstreicht aber, allen Mißverständnissen zu wehren, die gerade in der oben genannten Vorordnung der Gemeinde vor der Gesamtschöpfung naheliegen könnten, daß dieses neue Leben jetzt noch „verborgen" ist und erst beim endgültigen Kommen des Herrn „offenbar" werden wird (3,3–4). So hat eine nicht-christliche Spekulation und asketische Praxis dazu gezwungen, die ganze, auch die Gesamtschöpfung umschließende Weite des Christusereignisses zu bedenken, nicht nur implizit zu glauben und in Hymnen zu preisen (s. o. 5.8 und 5.10–11), sondern auch auszusprechen. Dabei ist in keiner Weise die zentrale Bedeutung der Verkündigung des Worts und der Glaube der Gemeinde vergessen. Nur er kann ja in der durch Christi Auferstehung neu gewordenen Welt bewußt leben und sich von ihr auch prägen lassen.

17.7 Leib Christi. Das schließt ein neues Verständnis des „Leibes Christi" (s. o. 11.4) ein. Nicht mehr die einzelne Ortsgemeinde steht jetzt im Mittelpunkt, sondern die Welt als ganze, die durch die Völkermission des Paulus zu Christus geführt worden ist. Hellenistische Aussagen, vor allem bei stoischen Philosophen, über die Welt als göttlichen Leib bekommen so eine völlig neue Bedeutung. Nicht der Kosmos als solcher, sondern die Schar all derer, in denen und durch die Christus seine gute, heilende Herrschaft in der Welt aufrichtet, ist „der Leib Christi", der die gesamte Welt durchdringt und ihr das Heil eröffnet. Schon damit ist die hellenistische Gleichsetzung von Gott und Welt[140] entscheidend korrigiert. Noch wesentlicher ist, daß ausgerechnet hier, wo ein enthusiastischer Glaube der schon mit Christus Auferstandenen und eine Identifikation der Kirche mit dem in ihr irdisch weiterlebenden Christus nahe läge, eine zweite Korrektur eintritt. Während Paulus das Haupt einfach als eins der vielen · Glieder ansieht, das mit seinem besonderen Charisma dient (1 Kor 12,21), wird in Kol 1,18.24 und 2,19 Christus als das „Haupt" der Gemeinde gegenübergestellt. Wiederum entspricht das formal dem, was schon der Hellenismus über „Zeus" oder den „Äther", das hellenistische Judentum über den „Himmel" oder den „Logos" (also das göttliche „Wort") als „Haupt" des Kosmos aussagt[141]. Inhaltlich aber ist damit die Überordnung des Christus über seine Kirche festgehalten. So ist jetzt beides ins Licht gerückt: daß die *Welt* erlöst und zum Heil gerufen ist, die Verkündigung der Gemeinde also keine Grenzen kennt, und daß diese Gemeinde völlig auf ihren *Herrn* angewiesen und ohne seine Gnade und Kraft nichts ist.

18. Der Brief an die Epheser

18.1 Verhältnis zum Kolosserbrief. In den ältesten Handschriften fehlt „in Ephesus" (1,1). Markion (Mitte 2. Jh.) hat den Brief als Laodizenerbrief gekannt. Ephesus, wo Paulus jahrelang gewirkt hat, ist sachlich unmöglich (selbst bei Abfassung nach dem Tod des Apostels), da der Brief völlig unpersönlich gehalten ist, auch keine Grüße enthält. Vielleicht wurde die ursprüngliche Adresse aus irgendeinem Grund getilgt und dann durch „Ephesus" (vgl. 2 Tim 4,12) als die bekannteste oder durch „Laodizea" als die Kol 4,16 erwähnte Gemeinde ersetzt. Abgesehen von der im Epheserbrief fehlenden Auseinandersetzung mit der Irrlehre stimmt vieles formal (Aufbau), sachlich (Christus als Haupt des Leibes, Haustafeln) und wörtlich (auch die Angabe über die Sendung des Tychikus, 6,21–22) mit dem Kolosserbrief überein. Dabei zeigt dieser die ursprünglicheren Formulierungen. An die Stelle der „Heiligen" (Kol 1,26) treten die „heiligen Apostel und Propheten" in Eph 3,5. Statt dem Aufruf der Haustafel zur Unterordnung der Frauen und zur Liebe der Männer gegenüber ihren Frauen (Kol 3,18–19) wird Eph 5,32 eine Ausdeutung dieses Gebots auf die Kirche und Christus (s. u. 18.5) eingeführt. Werden in Kol 3,22 die Sklaven zum Gehorsam ihren Herren gegenüber aufgerufen um „der Furcht des Herrn" willen, formuliert Eph 6,5.7, sie sollten ihnen gehorsam sein „wie (oder: als) dem Herrn". Das beweist zwar nicht, daß der Kolosserbrief früher geschrieben ist, macht es aber wahrscheinlich.

18.2 Die Verfasserfrage. Der Epheserbrief kann aber weder von Paulus noch vom Verfasser des Kolosserbriefs stammen. Seine theologische Sicht (s. u. 18.3–5) und sein Stil mit langen Sätzen und Genitivverbindungen wie „die Macht der Kraft seiner Stärke" (1,19) sind zu verschieden von beiden. Gleiche Wendungen wie im Kolosserbrief werden sachlich anders verstanden; „Ökonomie" ist in Kol 1,25 wie in 1 Kor 9,17 das „Haushalteramt" des Apostels, in Eph 1,10 und 3,9 allgemein der „Heilsplan" Gottes usf. Die nahe Verwandtschaft mit dem 1. Petrusbrief zeigt, daß beide Briefe gemeinsame liturgische und katechetische Tradition verwenden. Wahrscheinlich hat also ein Schüler nach dem Tod des Paulus den Brief verfaßt.

18.3 Die Kirche und ihre Dienste. Theologisch sticht vor allem die Konzentration auf die Kirche hervor. Der Leib Christi ist wie in Kol 1,18.24; 2,19 (s. o. 17.7) nicht mehr die Ortsgemeinde. Seine Grundlage (2,20) sind die, nach 3,5 „heiligen", Apostel und Propheten. Die Reihenfolge zeigt wie auch 3,5 und 4,11, daß an neutestamentliche Propheten gedacht ist. 1 Kor 3,1–15 sieht das noch anders: daß Paulus, Apollos und andere auf der einen Grundlage Jesus Christus bauen. Auch wenn in 4,7 wie in Röm 12,3.6 von den allen Gliedern gegebenen Gnadengaben gesprochen ist, sind in V. 11 doch neben Aposteln und Propheten (die jetzt ja die in der Vergangenheit liegende Grundlage sind) nur noch „Evangelisten, Hirten und Lehrer" genannt. Da weder Presbyter noch Bischöfe und Diakonen erwähnt werden, kann man nicht einfach den Übergang vom Charisma zum Amt feststellen. Man wird freilich vermuten, daß die in 4,11 genannten drei Dienste die entscheidenden geworden sind. Ob sie aber beispielhaft als – dem Verfasser selbstverständlich zuerst in den Sinn kommende – Gaben innerhalb der verschiedenen Dienste von V. 7 verstanden sind, weil ja auch V. 13 wieder zur Gesamtheit aller Gemeindeglieder zurückkehrt, oder als von diesen doch abgehobene „Ämter", ist schwer zu entscheiden[142].

18.4 Die Kirche aus Juden und Heiden in der „Himmelswelt". Besonders betont ist die Kirche als Zusammenschluß von Juden und Heiden. Das Revelationsschema (s. o. 5.7 und 17.5) ist also ausgebaut, und zwar so, daß mit der Offenbarung des Geheimnisses an die Apostel und Propheten und der Eingliederung der Heiden durch Paulus das Ziel Gottes in der noch wachsenden und schließlich alle Mächte und Gewalten einschließenden Kirche erreicht zu sein scheint, freilich innerhalb einer noch fortlaufenden Heilsgeschichte (3,1–13). Jedenfalls fehlt der Hinweis auf das endgültige Kommen Jesu (Kol 3,4). An seine Stelle tritt „die Himmelswelt" (1,3 und oft), in die die Glaubenden schon mit dem zum Himmel aufgefahrenen Christus hinaufgenommen sind (2,6). Ihr steht „diese Finsternis" entgegen mit ihren „Weltherrschern", den Mächten und Gewalten, die als „Geister der Bosheit" in der Himmelswelt (6,12, nach 2,2 = „Luft") wirken. Darum muß die Gemeinde zum Kampf gegen sie gemahnt werden (ab 4,17; bes. 6,10–20). Dabei fehlt die ausdrückliche, für Paulus und noch Kol 2,6.20; 3,1–2 typische Verbindung der indikativischen Heilszusage mit der imperativischen Aufforderung, sie lebensmäßig wahr werden zu lassen.

18.5 *Die eine Kirche, Braut Christi.* Das Besondere am Epheserbrief ist also, daß die Kirche in ihrer Gesamtheit zum eigentlichen Thema geworden ist. Im Kolosserbrief geschieht das eher nebenbei, sachlich bedingt durch die Skrupeln einer ihres Endheils unsicheren Gemeinde und formal durch die griechischen Aussagen über den Kosmos als Leib Gottes. Das wird jetzt, losgelöst davon, zur in sich selbst wichtigen Botschaft. Wie in keiner anderen neutestamentlichen Schrift wird damit die Einheit der Kirche zum zentralen Inhalt der Verkündigung (vgl. noch Joh 17,20–23), und zugleich wird ihre Verwurzelung in Israel festgehalten (2,11–22; vgl. Röm 9–11, o. 16.4). Das bedingt auch die Betonung des für die gesamte Kirche einheitlichen Fundaments der Apostel und Propheten, wobei für die Heidenchristenheit, also für den Verfasser und die Adressaten Paulus *der* Apostel und seine Völkermission zentrales Heilsereignis ist (s. o. 17.5). 5,21–33, wo übrigens die Unterordnung der Frauen im Urtext anders als in Kol 3,18 nur ein Sonderfall der in V. 21 von allen geforderten Unterordnung ist, sieht die Gemeinde als die Frau oder Braut des Christus. Das ist nicht mehr bloßer Vergleich wie in 2 Kor 11,2; Röm 7,2.4. Es ist auch weniger Begründung ehelicher Liebe in der Liebe Christi als Hervorhebung des „Geheimnisses", daß nämlich 1 Mose 2,24 auf Christus und Kirche zu beziehen ist, was dann freilich auch auf das Eheleben der Glaubenden abfärben soll. Doch ist der ethische Aufruf zum „Aufstehen von den Toten" (5,14), wie es sonst von Neubekehrten gefordert wird, unübersehbar. Dabei ist sogar von „guten Werken" die Rede (2,10), während Paulus normalerweise (vgl. nur 2 Kor 9,8 etwas anders), das ganze auf Christus ausgerichtete Leben mit all seinem Auf und Ab als das eine „gute Werk" ansieht. Dazu gehört auch die richtige Stellungnahme zu den, vermutlich unterdessen zur deutlichen Minorität gewordenen Judenchristen und die Erkenntnis der eigenen Verlorenheit ohne Christus (2,2–3.12), die vor jedem allzu selbstverständlichen und begeisterten Vertrauen auf den neuen Stand als Gotteskinder warnt.

18.6 *Zukunft als Wachstum.* Deutlicher als bei Paulus verschiebt sich also im Epheser- wie im Kolosserbrief das theologische Interesse von der Ortsgemeinde auf die Gesamtkirche und, besonders im Kolosserhymnus, auch auf die Welt. Dabei verschwindet zwar die Hoffnung auf die Endvollendung am Tag Christi nicht, tritt aber zurück. An ihre Stelle treten Aussagen, die die schon erfolgte

Auferstehung mit Christus, ja die Versetzung in den Himmel festhalten. Gewiß ist die Zukunft nicht ausgeblendet, aber sie liegt innerhalb der Weltgeschichte, im unaufhaltsamen Wachsen der Kirche, bis sie sogar die kosmischen Mächte und Gewalten erreicht (Eph 1,10; 2,21; 3,10; 4,15–16), ohne daß von der jetzigen Verborgenheit bis zum Offenbarwerden Christi (wie noch Kol 3,3–4) gesprochen wird. Die Gefahr eines kirchlichen Triumphalismus ist nicht zu übersehen. Schon sind die Glaubenden mit Christus „ein Fleisch" (Eph 5,31–32), schon sitzen sie zur Rechten Gottes im Himmel und schauen auf die „Söhne des Ungehorsams" herunter (2,2.6), schon hat Christus alles, auch die Mächte und Gewalten, unterworfen (1,20–23), ja „versöhnt" (Kol 1,20, freilich korrigiert in V. 21–23). Es läßt sich also sagen, daß besonders im Kolosserbrief, die „vertikale" Einheit von Himmel und Erde an die Stelle der auf die Endvollendung hin gerichteten „horizontalen" Aussagen getreten ist. Man muß aber sofort zufügen, daß zugleich in der „horizontalen" Dimension die Gewinnung der Völkerwelt und, besonders im Epheserbrief, die Vereinigung von Juden und Heiden als deren Folge wesentlich geworden sind[143]. In beiden Fällen ist die Endvollendung stärker als das Ziel gesehen, auf das hin das schon Geschehene weiterwächst.

18.7 Verwandtschaft mit und Abgrenzung von der Gnosis. In beiden Briefen erscheint Paulus als die unangefochtene Autorität, wobei die Zeit vor seiner Berufung immer dunkler, die Berufung dadurch auch immer stärker zum Zeichen des Gotteswunders der Vergebung wird (s. u. 20.4). Wo man aber die Schuld des Menschen und seine Rechtfertigung durch Jesus Christus, die für Paulus zentral ist, wo man das „mit Christus" nicht mehr als aus Gottes unbegreiflicher Gnade geschenktes Wunder (Kol 1,13–22; 2,13–14; Eph 1,4–7; 2,1–10; 5,25–26) ansähe, sondern als dem Menschen eigentlich von Natur aus gegeben, wo es also nicht mehr um Rechtfertigung und Versöhnung ginge und damit dann auch um die ethische Bewährung, sondern nur um Belehrung über das richtige Verständnis des Menschen, da stünden wir mitten in der Gnosis (s. u. 20.2). Der zweite Thessalonicherbrief einer-, die Briefe an Timotheus und Titus anderseits werden eine ganz andere Entwicklung von Paulus her in die frühe Kirche hinein aufzeigen[144].

19. Der zweite Brief an die Thessalonicher

19.1 Die Verfasserfrage. Außer in 2,1–12, dem einzigen Abschnitt, der inhaltlich Neues enthält, werden durchwegs ganze Satzteile fast wörtlich aus dem ersten Thessalonicherbrief wiederholt. Wenn der Brief also von Paulus stammte, müßte er fast gleichzeitig mit diesem geschrieben worden sein. Anders als 1 Thess 4,17 kämpft er aber gegen solche, die das Kommen Christi in allernächster Zeit erwarten (2,1–2) und daher aufgehört haben zu arbeiten (3,10–12; vgl. 1 Thess 4,11). Sie tun das aufgrund gefälschter Paulusbriefe (2,2; 3,17). Das ist kurz nach dem ersten Besuch des Paulus schwer vorstellbar, ebenso wenig die ganz andere Sicht des Apostels, der hier mit dem Kommen einer Art von

Antichrist vor dem Ende rechnet (2,3–4.8–12). Nach 2,5 soll er das schon bei seiner Erstverkündigung dargelegt haben; doch fehlt das im ersten Brief völlig. Außerdem spricht 2,6–7 von „einem" (V. 6 neutrisch, V. 7 maskulin), der (oder das) das Kommen Christi noch aufhält, ohne daß klar wird, ob an einen Engel, den römischen Staat oder Kaiser oder an wen sonst gedacht ist. In 1,6–10 wird das Strafgericht an den Nichtglaubenden ausführlich geschildert, wie es in Verfolgungszeiten gern geschieht. In 2,16 und 3,16 tritt „der Herr (Jesus Christus)" neben oder anstelle von „Gott" in den ähnlich lautenden Sätzen von 1 Thess 3,11; 5,23. In 1,12 wird Jesus streng genommen als Gott bezeichnet („unseres Gottes und Herrn Jesus Christus" mit nur einem Artikel); doch könnte es nachlässige Formulierung sein. Jedenfalls deutet alles darauf, daß ein Späterer, der schon falsche Paulusbriefe und enthusiastische, sich auf Paulus berufende Propheten kennt, im Namen des Apostels und sogar mit Hinweis auf dessen echte Unterschrift (s. o. 9.4) gegen seine Mißdeutung schreibt[145].

19.2 Enthusiastische Naherwartung in Verfolgungszeiten. Das Schreiben gibt einen Eindruck von den die junge Christenheit bedrohenden Gefahren. Gegen Ende des 1. Jh., als zum ersten Mal eine offizielle Verfolgung durch den Staat zu Gefängnis und Hinrichtungen führte, wurde durch vom Geist bewegte Propheten die Hoffnung auf das baldige endgültige Kommen Jesu zum Gericht und zur Aufrichtung des ewigen Gottesreiches wiederaufgenommen (vgl. 1,3–10). In dieser Zeit wurde die Offenbarung des Johannes (s. u. 31.1) geschrieben. Nun spricht 1 Thess 4,13–5,11 (s. o. 10.3) besonders deutlich vom Kommen Jesu. Das wird, wahrscheinlich Ende des 1. Jh., aktualisiert durch unsern Brief. Der Satz in 2,2 heißt eigentlich, der Tag sei schon da; aber die Fortsetzung zeigt, daß an ein unmittelbares Bevorstehen gedacht ist, nicht etwa an eine rein geistig gedachte Wiederkunft Christi in der Gemeinde. Bei Paulus entdeckten wir, daß gerade die Ausrichtung auf die ganz und gar von Gott zu erwartende Wende auch die Gegenwart neu werden ließ. In der kommenden Welt wird es keine Unterdrückung der Armen und Schwachen durch die Reichen und Starken geben; darum hat das schon in der daraufhin lebenden Gemeinde einfach keinen Platz mehr. Hier aber wirkt sich das anders aus. Die Erwartung des nahen Weltendes förderte einen Glauben, der vor lauter Geistlichkeit diese Erde und ihre Alltagsarbeit beiseite schob und nun in der bald erwarteten herrlichen Zukunft lebte. Dem gegenüber ist die Nüchternheit, mit der der Apostel selbst als Beispiel für das Ernstnehmen der irdischen Aufgaben, z.B. des Verdienens des Lebensunterhalts, herangezogen wird, durchaus paulinisch auch wenn die Begründung mit dem Antichrist und dem, der ihn noch aufhält, fraglich bleibt. Aber daß die Vollendung am „Tag des Herrn" nicht etwa abgeschrieben, sondern als Ziel Gottes mit seiner Welt festgehalten wird, ist zentral neutestamentlich.

20. Die „Pastoralbriefe" an Timotheus und Titus

20.1 Die Verfasserfrage. Die besondere Botschaft dieser Briefe kann man eigentlich erst erkennen, wenn man einsieht, daß hier nicht Paulus schreibt, sondern ein Späterer in einer völlig anderen Situation. Solange man mit den Paulusbriefen vergleicht, kann man nur feststellen, daß alles abgeblaßt und kraftloser tönt als bei Paulus und längst nicht so schöpferisch und weiterführend. Die Botschaft wird „rechtgläubig" wiederholt, aber mit denen, die sie ablehnen, wird nicht mehr diskutiert, sie werden nur abgewiesen. Der „Glaube" wird zur („gesunden") Lehre (1 Tim 1,10 [vgl. 4,6]; 2 Tim 4,3; Tit 1,9.13; 2,1–2); was er bei Paulus war, ist jetzt eher als „(gesunde) Frömmigkeit" bezeichnet, die mit „Genügsamkeit" verbunden ein „großer Gewinn" ist (1 Tim 6,6). Paulinische Begriffe fehlen, dafür kommen neue auf: statt der „Wiederkunft" (Parusie) wird die „Erscheinung" Jesu angekündet, die auch seine Menschwerdung bezeichnen kann (z.B. 2 Tim 1,10; 4,1). Vor allem ist der Stil auch in kleinen, unbetonten Wörtern („mit", „für", „wie") durchgehend anders als bei Paulus.

In dem uns bekannten Leben des Paulus gibt es keine Situation, in der man die Briefe einordnen könnte. Freilich wissen wir nicht, ob er aus seiner Gefangenschaft in Rom nochmals freigelassen wurde und statt nach Spanien (Röm 15,28, oder nach einer Spanienreise) nochmals in den Osten zog, wofür es freilich keine Hinweise gibt. Aber selbst wenn das so wäre, ist schwer denkbar, daß Paulus in einem Brief nach Ephesus (1 Tim 1,3), wo er so lange wirkte, derart allgemein schriebe. Auch die Voraussetzung „gläubiger Kinder" bei einem zu wählenden Presbyter ist in neu für Christus gewonnenen Gebieten nicht gerade zu erwarten (Tit 1,5–6). Dazu kommt, daß die in 2 Tim 3,1–5 für die Zukunft vorausgesagte Irrlehre nach V. 6–9 schon da ist und keine Fortschritte mehr machen wird. Hätte Paulus ferner dem, der mit ihm „gleicher Seele und echt" ist wie kein anderer (Phil 2,20), geschrieben: „Fliehe die Lüste der Jugend" und: „Ich bin als Herold und Apostel eingesetzt, ich sage die Wahrheit, ich lüge nicht, als Lehrer der Heiden in Glauben und Wahrheit" (2 Tim 2,22; 1 Tim 2,7)? Auch daß Paulus bald selbst nach Ephesus kommen will und doch, nur für den Fall, daß er doch nicht kommen könnte, so ausführliche Anordnungen für die Strukturen der Kirche gibt (1 Tim 3,14–15), ist denkbar, wirkt aber eher künstlich[146].

20.2 Der Gegensatz zur Gnosis. Vergleicht man also die Pastoralbriefe nur mit Paulus selbst, handelt man wie eine Kirchgemeinde, die den neuen Pfarrer nur daraufhin prüft, was er gleich sagt und tut wie der alte und was nicht. Liest man sie aber ohne solche Vergleiche von ihrer Situation her und auf ihr eigenes Anliegen hin, entdeckt man, daß sie uns in vielem näher stehen als die Paulusbriefe. Die Kirche ist gewachsen und hat jene Grenze überschritten, wo man noch alles der spontanen Regelung überlassen kann. Ohne eine bestimmte Ordnung droht das Chaos. Sie hat sich auch eingerichtet in der Welt. Sie erwartet das endgültige Kommen Jesu nicht mehr innerhalb einiger Jahre. Charismatische Gaben wie Zungenrede, Prophetie und Heilungen treten zurück. Alltagsfragen, wie sie sich in der Ehe, der Arbeitswelt, dem Zusammenleben mit Mitbürgern stellen, rücken in den Vordergrund. Dazu kommt die Gefährdung durch die „zu Unrecht so genannte Gnosis (= Erkenntnis)" (1 Tim 6,20). Es ist gut möglich, wenn auch nicht sicher, daß damit die stark in jüdischen Gedanken verwurzelte Bewegung der Gnosis gemeint ist, die besonders im 2. und 3. Jh. große Teile der christlichen und heidnischen Welt ergriff. Sie ist bestimmt durch die platoni-

sche Abwertung der materiellen Welt. Darum wird der Gott des Alten Testaments als Schöpfer der irdischen Welt zum Gegengott, seine Engel zu bösen
Mächten. Der eigentliche Gott ist der (Ur-)Mensch selbst, und wer erkannt hat,
daß er im Innersten seines Wesens, wenn er sich von allem Irdischen, dem „Kör-
perlichen" wie dem „Seelischen" (s. o. 11.5) trennt, göttlich ist, der hat seine
Identität wirklich gefunden, der ist „geistlich" geworden. Dieses Ereignis kann
man als „Auferstehung" zu göttlichem Leben verstehen (2 Tim 2,17-18).
Hymenäus (vgl. 1 Tim 1,20) und Philetus, die davon reden, sind vermutlich gnostische Lehrer zur Zeit der Pastoralbriefe gewesen. Ähnlich schreibt das (gnostisch beeinflußte) Tomasevangelium: „Diese (Welt), auf die ihr wartet, ist schon
gekommen, aber ihr erkennt sie nicht" (51), und der Brief an Reginus erklärt,
wer Gott in sich trage, sei durch den Tod hindurch gegangen und werde dann
„von ihm zum Himmel hinaufgezogen wie die Strahlen von der Sonne, ohne
daß uns etwas zurückhalten kann; das ist die geistliche Auferstehung, sie ver-
schlingt die seelische wie die fleischliche"[147]. Wo der Mensch Gott in sich
selbst findet, wird der Glaube zur Erkenntnis, die man sich gewiß meditativ
aneignen und als Geschenk und Offenbarung verstehen kann, für die aber Jesus,
sein Tod und seine Auferweckung nur auslösendes Beispiel und Symbol ist, wie
es auch andere Mythen von sterbenden und auferstehenden Göttern sein können. Man kann dann einerseits alles Menschliche rechtfertigen, ohne Gut und
Böse zu unterscheiden (2 Tim 3,2-5; Tit 1,16)[148], vor allem aber Askese empfehlen (1 Tim 4,3), damit das innerste Göttliche nicht durch weltliche (gute oder
böse) Alltagsdinge gefesselt werde. Das alles treibt den Verfasser um und belastet
ihn. Gegen diese Flut von Problemen kann er nicht aufkommen. Das kann nur
Paulus selbst. Was sagt der in diese Zeit hinein?

20.3 Autorität des Paulus auch für die Gemeindeordnung. Paulus ist für den
Verfasser und wohl auch die Kirche, in der er lebt, der einzige Apostel; das war
in Eph 2,20; 3,5; 4,11 (s. o. 18.3 und 7) noch etwas anders. In seiner Völkermission zieht Jesus Christus selbst durch die Welt. Sie gehört daher wie Jesu Auferstehung und Erhöhung zu den Heilsereignissen (s. o. 5.7 und 5.12). Die zentralen Sätze des Paulus über das Heil in Christus werden darum als feststehende
Richtlinien zitiert (Tit 3,4-8a, vgl. 2,13-14; 1 Tim 1,15; 2 Tim 2,11). Freilich
wird dabei ihre Relevanz für die gerade anstehenden Fragen nicht mehr entfaltet
wie bei Paulus. Die sie einleitende Formel „Zuverlässig ist das Wort" wird in
1 Tim 4,9 auf die Hoffnung ewigen Lebens bezogen, in 1 Tim 3,1 auch auf das
Verständnis des Bischofsamts. Auf Paulus wird nämlich auch die Ordnung der
Kirche zurückgeführt. Daß er Timotheus als ihm völlig Gleichgesinnten in
Gemeinden sandte, die er nicht selbst besuchen konnte (Phil 2,19-20), wird jetzt
als eine Art von Ordination zum Dienst der Verkündigung interpretiert
(2 Tim 1,6). Dabei wird in 1 Tim 4,14 noch sichtbar, daß eine solche zur Zeit des
Verfassers durch eine Gruppe von Presbytern vollzogen wird (oder: werden
sollte?), und zwar erst nach vorangegangener prophetischer Weisung, wie
erstaunlicherweise immer noch betont wird (auch 1 Tim 1,18). Offensichtlich
sind also die Briefempfänger Vorbild für Gemeindeleiter, der Auftrag des Paulus
an sie Vorbild für deren Einsetzung. Man kann sich sogar fragen, ob nicht

Timotheus und Titus sogar als Repräsentanten eines – schon bekannten oder erst zu schaffenden – Leitungsamts für einen größeren Distrikt gedacht sind. Neben den Diakonen und, wenn V. 11 nicht nur deren Frauen bezeichnet, Diakonissen (1 Tim 3,8–13) werden in 5,3–16 die Witwen erwähnt, wohl vor allem im Blick auf ihre Unterstützung durch die Gemeinde; doch wird auch ihr Dienst der Fürbitte ernstgenommen. Für die Leitung ist eine Mehrzahl von Presbytern vorausgesetzt, von denen aber nicht alle „in Wort und Lehre arbeiten" (5,17). „Bischof" ist vermutlich ihre Funktionsbezeichnung, während „Presbyter" Amtstitel ist. Daß damit derselbe Dienst gemeint ist, legt Tit 1,5–9 nahe. Daß „Bischof" hier und in 1 Tim 3,1–7 in der Einzahl steht, hängt wohl damit zusammen, daß so etwas wie ein Bischofsspiegel zitiert wird, ähnlich wie wir sagen könnten: „Setze unbescholtene Leute als Pfarrer ein; denn der Seelsorger muß (so und so) sein." Zweifellos sind also geordnete Dienste vorausgesetzt. Daß die Wörter für „Amt" im ganzen Neuen Testament für Christus und die Gesamtgemeinde, für jüdische Priester und weltliche Beamte reserviert bleiben[149], zeigt freilich, daß diese nicht grundsätzlich von anderen Diensten unterschieden werden.

Neben die Schrift (1 Tim 5,18; 2 Tim 3,15–16) tritt die von Paulus festgelegte Lehre und Ordnung (s. u. 28.6). Aufgrund solcher „Tradition" (*paratheke, depositum*), von Paulus an Timotheus und von ihm an zuverlässige Menschen weitergegeben, die ihrerseits andere lehren (1 Tim 6,20; 2 Tim 1,12–14; 2,2), ist die Kirche „Säule und Fundament der Wahrheit" (1 Tim 3,15). Das ist freilich keineswegs das einzige neutestamentliche Modell einer Gemeindeordnung für die Zukunft (s. u. 30.4).

20.4 Die Bedeutung der Pastoralbriefe in ihrer (moderneren?) Situation. Gegenüber (gnostischen?) Spekulationen (1 Tim 1,3–7) ist der Rückruf zu den Aufgaben in Familie und Arbeitswelt (1 Tim 5,1–16; 6,1–2; Tit 2,1–10) nötig und hilfreich. Die manchmal auch hausbackenen Mahnungen und Belehrungen sind doch Ausdruck dafür, daß die notwendig unscheinbaren Dienste vor Gott ebenso groß und größer sein können als die für alle sichtbaren Dienstleistungen. Das ist zweifellos auch eine Seite paulinischer Rechtfertigungsverkündigung. Auch die Aussage von dem für „alle Menschen, besonders (aber nicht: nur) die gläubigen" bestimmten Heil (1 Tim 4,10) gehört hierher. Die Mahnung zur Fürbitte für die Regenten, die der Gemeinde ein „ruhiges und stilles Leben" ermöglichen (1 Tim 2,1–2), kämpft gegen eine grundsätzliche Verteufelung aller Herrscher (Offb 13, s. u. 31.5). Die sehr viel fraglichere Hintansetzung der Frau samt der merkwürdigen Deutung von 1 Mose 3 in 1 Tim 2,8–15 sind auf dem Hintergrund gnostischer Erfolge unter Frauen (1 Tim 4,7; 2 Tim 3,6) zu sehen, wenn auch dadurch nicht zu rechtfertigen. Der Unterschied zu den echten Paulusbriefen, die Mitwirkung der Frauen im Gottesdienst (s. o. 11.1) und in der apostolischen Missionsverkündigung (Phil 4,2–3), ja höchstwahrscheinlich auch weibliche Apostel (Röm 16,7) kennen, ist unverkennbar. Judenchristen sind wie von der Bildfläche verschwunden und mit ihnen der Stachel ihrer Freude am Gesetz. Das mag damit zusammenhängen, daß Gnostiker die Mosebücher als Dokument ihrer Mythen verstanden haben (1 Tim 1,7;

vgl. Tit 1,10.14). Im Anschluß daran findet sich in 1 Tim 1,8–11 noch eine Erinnerung an die schweren Auseinandersetzungen des Paulus mit der Gesetzesfrage, die freilich schon weit zurückliegen, und jetzt vermutlich auf gnostischen Mißbrauch bezogen sind. Der Satz, daß „das Gesetz nicht für den Gerechten da" sei (vgl. auch Tit 3,9), ist freilich nur richtig, wenn man die viel differenzierteren Aussagen des Paulus dahinter sieht. Auch von der Kontinuität jüdisch-vorchristlicher und christlicher Frömmigkeit könnte Paulus kaum reden wie 2 Tim 1,5; 3,15 (vgl. Apg 16,1)[150]. Daß Paulus nicht nur in seiner Lehre, sondern nicht minder durch sein Leben Vorbild ist (z.B. schon 1 Thess 1,5–6; 1 Kor 11,1), ist wesentlich. Das gilt jetzt vor allem für seine Berufung, die ihm, „dem ersten der Sünder", wie Eph 3,8 („dem geringsten aller Heiligen"), nicht nur „dem geringsten aller Apostel" (1 Kor 15,19), vorbildlich zuteil wurde (1 Tim 1,15–16). Aber selbst daß er mit einem Mantel als Decke und seinen Büchern (wohl der heiligen Schrift) zufrieden sein kann (2 Tim 4,13), ist für die Gemeinde wegleitend, ebenso die Mahnung an Timotheus, sich durch asketische Tendenzen nicht davon abbringen zu lassen, gegen Magenbeschwerden auch etwas Wein zu genießen (1 Tim 5,23). Selbst das Insistieren auf „gute Werke" muß in einer Gemeinde, die den Eifer um das Gesetz und die strenge Zuordnung des Gesetzesgehorsams zum Heil von ihrer vorchristlichen Zeit her nicht mehr kennt, keineswegs antipaulinisch sein, wenngleich Paulus differenzierter formuliert hätte.

20.5 Die Situationsbezogenheit des Evangeliums. In diesen Briefen wird besonders deutlich, daß das Wort der Schrift nie ohne die Situation verständlich ist, in die hinein es gesprochen ist. Man kann es also nur verstehen, indem man sich dadurch auch die eigene Situation erhellen läßt. Wie dem Timotheus geraten werden muß, ein wenig Wein zu trinken, der Alkoholiker aber davor gewarnt werden müßte (1 Tim 5,23; 3,8; vgl. Tit 2,3; 1 Petr 4,3), so müssen in einer in der Gefahr der Individualisierung und Auflösung stehenden Kirche Lehre und Ordnung eingeprägt werden, in einer in Bürokratie erstarrten aber die Freiheit des Charisma. So gibt es auch Lagen, in denen die Rechtfertigung ohne die Werke des Gesetzes, und andere, in denen die guten Werke betont werden müssen. Darum kann kein Teil des Neuen Testaments ohne die andern stehen (s. u. 32.2).

IV. Die übrigen Briefe

Wenn man den für paulinisch gehaltenen Hebräerbrief nicht mitzählt, sind es neben zweimal sieben Paulusbriefen (inkl. die in ihrer Echtheit fraglichen und Hebräerbrief) sieben Briefe, die keine Adressaten angeben oder an einen großen Kreis von Gemeinden gerichtet sind. Sie werden im 3. Jh. als „katholische", d.h. „ökumenische", für die Gesamtkirche bestimmte Schreiben bezeichnet. Sie sind nur allmählich anerkannt worden (s. u. 32.1), im 2. Jh. waren es erst der erste Petrus- und der erste Johannesbrief. Sie bezeugen, daß die Kirche sich nicht nur um *ein* Genie (Paulus) schart, sondern sich auf die Botschaft der verschiedenen Zeugen gründet. Die Fragen des Römer- und des Galaterbriefs sind durchgekämpft und spielen außer in Jak 2,14–26 keine Rolle mehr. Die Lösung mindestens vom jüdischen Ritualgesetz ist selbstverständliche Grundlage geworden. Dadurch ist freilich auch die paulinische Entgegensetzung des Glaubens zu den Gesetzeswerken theologisch verblaßt. Es geht jetzt im Wesentlichen um die Bewährung im Alltag, zum Teil auch im (Verfolgungs-) Leiden, und im Aufbau und Leben der Gemeinde.

21. Der Brief an die Hebräer

21.1 Ort, Datum, Verfasser. Was 7,3 von Melchisedek sagt, er sei „ohne Vater, ohne Mutter, ohne Stammbaum", könnte auch von diesem Brief gelten[151]. Weder Absender noch Empfänger sind genannt. Ohne 13,19.22–25 dächte man gar nicht an einen Brief, sondern an theologische Meditationen[152]. Diese Verse berichten von einer Haftentlassung des Timotheus, wohl des bekannten Paulusbegleiters, grüßen „alle Heiligen" und richten Grüße aus von „denen aus Italien" (event. abgeschliffen: „den Italienern"). Falls die Verse nicht als versteckter Hinweis auf paulinische Abfassung nachträglich eingeschoben sind, was unwahrscheinlich ist, ist der Brief also vermutlich nicht in Italien, sondern außerhalb geschrieben und dorthin gerichtet, am ehesten nach Rom[153]. Dort ist er auch zuerst bezeugt, wohl schon durch den 1. Clemensbrief (96 n. Chr.) und den Hirten des Hermas (einige Jahrzehnte später?). Daß nach 6,1 „der Glaube an Gott" zu den Anfangsgründen des Unterrichts gehört, läßt an Heidenchristen, die starke Betonung des Kults hingegen an Judenchristen denken. Man wird sich also am ehesten eine gemischte Gemeinde vorstellen müssen, wobei nicht zu vergessen ist, wieviele Schattierungen von Judenchristen existierten, von den „Falschbrüdern" aus Gal 2,4 über die mehr oder weniger liberalen Jakobus, Petrus und Paulus bis zu den Radikalen, die den Tempelbau als Abfall ansahen (Apg 7,47–51)[154], aber auch von Heidenchristen, von den ehemaligen „Gottesfürchtigen", die Teile des jüdischen Gesetzes übernommen hatten, bis zu den gnostisierenden Bekämpfern des alttestamentlichen Gottes. Man kann wegen der Schilderung des jüdischen Gottesdienstes in der Gegenwartsform und des Fehlens eines Hinweises auf die Tempelzerstörung den Brief vor 70 ansetzen[155]. Solche Gegenwartsschilderung findet sich aber auch bei Josephus und im 1. Clemensbrief. Beschrieben wird auch keineswegs der Jerusalemer Tempel, in dem ja die schon im Exil verlorengegangene Bundeslade nicht mehr stand und auch kein Räucheraltar im Allerheiligsten[156], sondern das in 2 Mose 25–26 dargestellte Bundeszelt der Wüstenzeit. Da 2,3 die zweite oder dritte Generation von Christen voraussetzt und nach 13,7 der Tod der wichtigsten Wortverkünder schon einige Zeit zurückzuliegen scheint (vgl. 10,32), ist eher eine spätere Zeit anzunehmen, jedoch vor dem 1. Clemensbrief und den kurz davor erlittenen schweren Verfolgungen[157]. Der Verfasser ist ein eigenständiger, ausgezeichnetes Griechisch schreibender Lehrer, der wie Apollos (Apg 18,24) und der jüdische Philosoph Philo alexandrinische Bildung verrät. Die Vermutung Harnacks, der Name sei gestrichen worden, weil es der einer Frau war, nämlich der Priska (Apg 18,26), ist wegen der männlichen Form in 11,32 unwahrscheinlich, außer man nähme auch dort Korrektur an. Paulus war es wegen des völlig anderen Stils und Inhalts sicher nicht.

21.2 Der Hohepriester im Himmel. Typisch für den Hebräerbrief ist das Bild des Christus als Hoherpriester, der „die Himmel durchschritten" und damit den Zugang zu Gott für die Menschen eröffnet hat (4,14–16; 6,19–20; 9,11–12; 10,19–21). Als der „Sohn" überragt er alle Engel; er ist „Gott" (1,8) und hat Erde und Himmel geschaffen. Er ist also streng genommen Schöpfer (1,10 einzigartig im Neuen Testament), nicht nur Schöpfungsmittler (1,2), und alle Feinde werden ihm unterworfen werden (1,5–13; vgl. 2,5–9). Die Aussage von Christus dem Weltenherrn in Kol 1,16–17 (s. o. 17.5), der Himmel und Erde wieder vereint (1 Tim 3,16 [s. o. 5.12] vgl. 5.8), erscheint hier in merkwürdig neuer Weise. Anders als dort ist gerade das irdische Leben Jesu und sein sühnender Tod am Kreuz der Grund dieser Stellung und das eigentliche Heilsereignis. Mit seinem Selbstopfer hat Christus als endzeitlicher Hoherpriester das Allerheiligste betreten und so den Himmel geöffnet. Vielleicht stehen dahinter jüdische Vorstellungen, nach denen Bundeszelt oder Tempel als Wohnung Gottes Symbol für das Universum ist. Der Himmel, durch den „Vorhang" des Himmelsgewölbes von der Erde geschieden, stellt mit seinen Mächten und Gewalten das „Heilige" dar, in dessen Mitte der vom „zweiten Vorhang" (9,3) verhüllte Thron Gottes als Ort seiner geheimen Gegenwart im „Allerheiligsten" steht[158].

Daß der zur Rechten Gottes Erhöhte auch „Priester nach der Ordnung Melchisedeks" ist, war schon in Ps 110,1.4 zu lesen (Hebr 7,21). Während bei Mose, der schon „die Schmach Christi trug" (11,26), und Josua, erst recht bei den levitischen Hohenpriestern betont wird, daß sie nur Vorläufer sind und Christus weit größerer Herrlichkeit und Würde teilhaftig ist (3,1–6; 4,8; 5,1–4; 7,23–28), ist das bei Melchisedek nicht der Fall. Er hat ja „weder einen Anfang der Tage noch ein Ende des Lebens", ist „vater- und mutterlos, ohne Stammbaum" und „bleibt Priester für immer", „abgesondert von den Sündern" (7,3.26). Da das jedenfalls für den irdischen Jesus, dessen Dienst ja im Hebräerbrief besonders betont wird, nicht stimmt, besonders weil auch (im Unterschied zum Melchisedek von 1 Mose 14,18–20) nach Ps 110,4 gerade seine Einsetzung zum melchisedekischen Priester wichtig ist (8,3–6, vgl. 5,1–10; 7,15), sind auch hier traditionelle Gedanken zu vermuten. In einem Fragment der jüdischen Mönche vom Toten Meer (11 Q Melch) erscheint Melchisedek als endzeitliche, rettende Hohepriestergestalt und wird vielleicht(!) sogar „Gott" genannt. Auch wurden die seit 141 v. Chr. regierenden hasmonäischen Priesterkönige Israels mit Wendungen aus 1 Mose 14 und Ps 110 bezeichnet. So ist Melchisedek im Hebräerbrief schwerlich nur vom Alten Testament her als irdisches Abbild des himmlischen Urbild Christus konzipiert[159], so wenig direkte Abhängigkeit von den genannten jüdischen Texten besteht. Praeexistenz Christi (s. o. 5.6) ist auch nirgends betont, aber deutlich vorausgesetzt. Als das endgültige Wort Gottes (1,1–2; 2,2–3) ist er „gestern, heute und in Ewigkeit derselbe" (13,8), und das uns gegebene „unerschütterliche Reich" (12,28) ist wohl das seine, nicht nur Gottes Reich.

21.3 Karfreitag, Ostern, Himmelfahrt als ein Ereignis. In genialer, an Johannes erinnernder Weise (s. u. 29.7) faßt das Bild des Hohenpriesters, der sein Selbstopfer durch den Vorhang hindurch ins Allerheiligste, in die Gegenwart Gottes bringt und damit den Zugang zu ihm eröffnet, Karfreitag, Ostern und Himmelfahrt in ein einziges Ereignis zusammen[160]. Entscheidend ist seine himmlische Machtstellung, zu der er eingegangen ist und in der er zur Rechten Gottes für die Seinen fürbittend eintritt (7,25; 8,1; 10,12; 12,2; vgl. Röm 8,34). Das erklärt auch, warum die nur in 13,20 angedeutete Auferstehung Jesu nicht zentral ist oder doch nur als das Eingehen des „Vorläufers" (6,20) in die Himmelswelt, der die Bahn endgültig gebrochen hat. Damit ist einerseits die Gewißheit und weltumfassende Größe des Heils bildhaft umschrieben, andererseits der Ansatz für das Nachfolgen der Gemeinde gegeben (s. u. 21.5).

21.4 Typologie. In dieses neue Priestertum, dem sich Abraham und in ihm schon die ganze von ihm abstammende Priesterschaft der Leviten unterstellt hat (7,4–6), ist Jesus also eingesetzt worden (s. o. 21.2). Das ist von Melchisedek in 1 Mose 14,18–20 so nicht ausgesagt. Es ist aber wichtig, weil darin der Übergang vom „alten" zum „neuen Bund" vollzogen ist. Zum ersten Mal wird hier im Neuen Testament die wichtige Stelle Jer 31,31–34 ausdrücklich zitiert (8,8–13). Vom neuen Bund sprechen schon die Abendmahlsworte (Mk 14,24; 1 Kor 11,25) und vor allem Paulus (2 Kor 3,6, vgl. Gal 4,24); aber die theologische Ausrichtung ist im Hebräerbrief anders geworden. Das Gesetz als Forderung von Werken beunruhigt die Gemeinde nicht mehr. Mit der an Paulus erinnernden Formulierung von den „toten Werken" (6,1; 9,14) scheinen heidnische gemeint zu sein (vgl. Röm 6,11; 8,10). Anders als bei Paulus ist darum Abraham nicht als der Glaubende die eine zentrale Heilsgestalt, obwohl er natürlich in 11,8–19 unter den alttestamentlichen Glaubenszeugen erscheint, und ist Christus der Vollender des Mose, nicht sein Gegenbild (Röm 10,4–8; 2 Kor 3,13–17; Hebr 3,1–6). Die Zeit Israels ist durchaus positiv gesehen. Der Hohepriester hat auch seine Würde (5,4), aber alles Priestertum am Bundeszelt nach dem Gesetz (7,16; 8,4–6;

9,22) ist nur „Abbild und Schatten" der „Dinge in den Himmeln" (8,5; 9,23; 10,1; vgl. Kol 2,17). Es ist nur das, steht aber nicht im Gegensatz zum Priestertum Christi, sondern ist bloß vergleichsmäßig geringer gegenüber dem „besseren, größeren, vollkommeneren" (7,22; 9,10–14). Darum wird auch nicht allegorisiert wie z.B. in Gal 4,21–31, als ob die Opfer des Alten Testaments nur das Opfer Christi darstellen sollten, oder gar wie es später der Barnabasbrief (Kap. 10) tut, wonach z.B. das Verbot des Schweinefleischs nur als Verbot ausgelegt wird, mit Menschen zu verkehren, die sich wie Schweine aufführen. Der Hebräerbrief denkt typologisch: was damals geschah oder geboten wurde, hat Gott in anderer, das Alte überbietender Weise in Christus zur Vollendung gebracht[161]. Damit ist das Problem des Kults im alten und der Kultlosigkeit oder des einen von Christus selbst vollzogenen Kults im neuen Bund aufgenommen, das so sonst nirgends im Neuen Testament gestellt ist.

21.5 Nachfolge. Ebenso klar ist das Gewicht der ethischen Mahnungen. In der Gestalt des Hohenpriesters ist die Aussage vom Opfertod „für uns" mit der von seinem Vorangehen „vor uns" verknüpft (s. o. 21.3). Eine Opfertheorie, die den Menschen völlig passiv beläßt, ist damit ebenso ausgeschlossen, wie das Mißverständnis eines bloßen Vorbilds, das wir nachahmen müssen. Die Tatsache, daß im Lateinischen wie im Französischen und Englischen, anders als im Griechischen des Neuen Testaments und auch in der deutschen Übersetzung, „Nachfolge" und „Nachahmung" mit dem gleichen Wort bezeichnet werden, hat solcher Umdeutung Vorschub geleistet. Der Hebräerbrief setzt jedoch mit seiner typologischen Sicht des Alten Testaments schon einen Weg voraus, den Gott mit seinem Volk auf Christus hin gegangen ist. Dieser Weg setzt sich in der Gemeinde bis zum letzten „Kommen" des „sich nahenden Tages" und seines Richters (= Gott oder Christus?, 10,25.37, vgl. 12,23) hin fort (12,1–3.12–16). Freilich kann man darüber streiten, ob primär apokalyptisch in zeitlichen Kategorien an das Herunterkommen des himmlischen Jerusalems am Ende der Zeiten gedacht oder hellenistisch in räumlichen Begriffen vom endgültigen Eingehen in die schon immer oben existierende Welt gesprochen ist. Ist im ersten Fall eher an ein „wartendes" Gottesvolk gedacht, so steht im zweiten Fall die Vorstellung von der Himmelsreise der Seele durch das Irdische, das bloßes Abbild der realen Himmelswelt ist, und damit der Gedanke an „das wandernde Gottesvolk" (Käsemann) dahinter, auch wenn es nicht geradezu Thema, wohl aber „die heimliche Basis des Hebr(äerbriefs)" ist[162]. Gewiß ist die Gemeinde schon zu Gott und seinen Engeln, zum himmlischen Jerusalem und der Festversammlung der Erwählten gekommen (12,22–23), was wiederum an Johannes erinnert (s. u. 29.7); aber ihr Glaube muß sich (nicht mehr im Gegensatz zu Gesetzeswerken wie bei Paulus) bewähren als Standhaftigkeit, Treue und Durchhalten in Verfolgungen (11,1–12,1). Der Abfall droht, und für ihn gibt es keine Buße (12,16–17; 6,4–6), was natürlich nicht ein kirchenrechtliches Verbot der Aufnahme abgefallener und jetzt umkehrender Gemeindeglieder[163] und gesamtneutestamentlich gesehen auch durch Jesu Haltung gegenüber Petrus (Lk 22,31–34; Joh 21,15–19) begrenzt ist.

21.6 Christus, Ende des Kults. Der Hebräerbrief hat für die Frage des alttestamentlichen Kults, der im „ein für allemal" vollendeten Opfer Jesu Christi (7,27; 9,12.28; 10,10.14) erfüllt ist, geleistet, was Paulus für die Frage des alttestamentlichen Gesetzes. An die Stelle des Glaubens an den für uns gestorbenen und auferstandenen Christus, der die Werke als Vorbedingung des Heils aufhebt, tritt im Hebräerbrief der Glaube an den sich aufopfernden und in den Himmel eingehenden Hohenpriester Christus, der kultische Rituale als Vorbedingung des Heils aufhebt (7,18; 8,13; 10,9). Stärker als bei Paulus schließt die betonte Verkündigung des Opfertodes auch das ganze irdische Wirken Jesu ein (2,9–18; 4,15; 5,7–9).

So klar das ist, so wenig ist damit entschieden, was der Verfasser bei den Adressaten als Gefahr sieht und was er dem gegenüber hervorheben will. Besteht in der Gemeinde oder einem Teil von ihr die Versuchung, einen dem jüdischen entsprechenden christlichen Kult einzuführen? Dann liegt das Gewicht auf der Einmaligkeit und Endgültigkeit des von Christus vollendeten und für alle Menschen und alle Zeiten gültigen Kults, damit also auch auf der kultlosen Verehrung Gottes im Gottesdienst der Gemeinde. Ist die entscheidende Not der Gemeinde ihre Müdigkeit und Resignation oder noch stärker ihre Angst vor Leiden? Dann sind dem Verfasser seine, immer wieder mit den Aussagen über Christus und sein Heil vermischten, Mahnungen zum Durchhalten und zum neuen Ernstnehmen ihres Wandels in Christus am wichtigsten und die Verkündigung des von Christus schon Vollbrachten deren Begründung. Ist gar an eine schwärmerische Gruppe innerhalb der Gemeinde (im Unterschied zu „allen", die 13,24–25 gegrüßt werden) zu denken, die ähnlich wie die Korinther meinen, alles sei schon vollendet? Dann enthält Kap. 8 ihre Sicht, und die Schau Christi als des himmlischen Hohenpriesters, der Himmel und Erde schon verbunden hat, ist für sie gerade zur Versuchung einer „triumphierenden Kirche" geworden, die schon im Himmel lebt, das Irdische hinter sich gelassen hat und sich nicht mehr darum kümmern muß. Dagegen betont dann der Verfasser in Kap. 9–10 die Wichtigkeit des irdischen Dienstes Jesu, seines Sühnetodes und zugleich die sittlichen Anforderungen auf dem noch bis zum letzten Tag sich weitererstreckenden Weg. In diesem Fall wäre also eine allzu „johanneische" Theologie, die Leiden und Tod hinter der sieghaften Erhöhung Jesu verschwinden und zugleich die noch ausstehende Zukunft vor der heilserfüllten Gegenwart verblassen ließ, vom Verfasser korrigiert worden[164].

Von einem Versuch, kultisches Handeln wieder einzuführen, ist nirgends direkt die Rede. Bloße Müdigkeit der Gemeinde kann jedenfalls nicht die ganze Darstellung des Hohenpriesters Christus hervorgebracht haben. Ob man Vorgegebenes und vom Verfasser dagegen Angeführtes, z.B. in Kap. 8–10, wirklich scheiden kann, bleibt ebenfalls sehr fraglich. Wie immer man die Situation sieht und Tradition, die sicher vorliegt, von Redaktion scheidet, gewiß ist die – schon traditionelle und/oder vom Verfasser neugeschaffene – neue Christussicht eine in dieser Weise im Neuen Testament sonst nicht zu findende Antwort auf die sich allgemein stellende Frage, die der damals einzigartige Gottesdienst der

Gemeinde ohne Gottesbild, Tempel und Priester, also ohne heilige Gegenstände, Orte und Personen hervorrief.

22. Der Brief des Jakobus

22.1 Charakter des Schreibens. Briefartig ist höchstens 1,1. Freilich sind als Adressaten „die zwölf Stämme in der Zerstreuung" angesprochen, also das gesamte in der Welt zerstreute Gottesvolk (s. u. 23.1). Inhaltlich handelt es sich eher um eine Sammlung von Weisheitssprüchen, vor allem zum Thema des Gesetzes und des rechten Lebens danach. In 108 Versen finden sich 54 Imperative. Obwohl der Name Jesu Christi nur 1,1 und 2,1 erscheint und vieles auch von einem nichtchristlichen Juden so gesagt werden könnte, weisen Beichte, Fürbitte der Ältesten und Sündenvergebung (5,14–15), die Erwartung des Kommens des Herrn („Parusie", 5,7), die Erwähnung der neuen Geburt (1,18), des „Aussprechens des schönen Namens" (bei der Taufe 2,7), das Schwurverbot (5,12 wie Mt 5,34), vielleicht auch die Formulierung „arm vor der Welt... reich im Glauben" (2,5) deutlich auf einen Christen hin. Vor allem ist auch 2,14–26 ohne Paulus kaum denkbar, besonders weil mit dem einzigen alttestamentlichen Satz argumentiert wird, der eigentlich gegen die Sicht des Jakobusbriefs spricht, aber von Paulus stark betont wurde (2,23: „Abraham glaubte Gott, und das wurde ihm zur Gerechtigkeit angerechnet" = 1 Mose 15,6). Das Wort *synagoge* (2,2) wird auch Hebr 10,25 ganz ähnlich für die christliche Versammlung verwendet.

22.2 Verfasser und Datum. Der Stil ist ein gebildetes Griechisch, zitiert wird die griechische Übersetzung des Alten Testaments, und das Kultgesetz, also etwa Beschneidung, Speiseverbote und Opfer betreffend, spielt überhaupt keine Rolle mehr. Darum kann der Verfasser nicht der Bruder Jesu sein, der Leiter der Jerusalemer Gemeinde (Gal 2,9; Apg 12,17; 21,18), der trotz seiner Treue zum jüdischen Gesetz und der energischen Parteinahme der Pharisäer für ihn 62 n. Chr. als Märtyrer gestorben ist[165]. Jakobus ist vermutlich genannt, weil er vom Verfasser und den Lesern als Autorität anerkannt ist und zwar keine Jakobusschule, aber doch eine gewisse Traditionsverbindung besteht[166]. Die Zeit ist schwer festzustellen. Der Verfasser könnte ja von paulinischer Theologie sehr früh schon gerüchtweise gehört haben. Immerhin, das Argument gerade mit 1 Mose 15,6 ist schwerlich vor den Auseinandersetzungen in Galatien denkbar; jedenfalls tönt im 1 Thessalonicherbrief noch nichts von solcher Problematik an. Es gibt auch schon Lehrer und Presbyter in der Gemeinde (3,1; 5,14), und zwar in offenbar begehrten Stellungen; anderseits wird Heilung nicht von Charismatikern erwartet, sondern vom Gebet der Presbyter (5,14). Von Irrlehrern ist nichts gesagt und auf Autoritäten für rechte Lehre ist nicht verwiesen. Von den allgemeinen Verfolgungen der Neunziger Jahre ist nichts zu spüren. Allzu spät kann man also den Brief auch nicht ansetzen, besonders weil die Bedeutung der Judenchristen und damit die Auseinandersetzung mit dem mosaischen Gesetz immer mehr zurücktrat, obwohl noch 1 Tim 1,7 Debatten über das

Gesetz voraussetzt, vermutlich aber in Auseinandersetzung mit (gnostischen?) Spekulationen (s. o. 20.4). So wird man, ohne Sicherheit gewinnen zu können, am ehesten an die Zeit von 80–90 denken[167]. Der Brief ist auch erst bei Origenes (185-254 n. Chr.) bezeugt und auch dann noch nicht überall anerkannt.

22.3 Glaube und Werke. Ob man nicht geradezu Böses tun sollte, damit die Alleinwirksamkeit der Gnade umso stärker hervortrete, tut Paulus noch als Narrenfrage ab (Röm 3,8). Hier ist das aber als Problem empfunden. Offenkundig hat es Narren gegeben, die solche Folgerungen zogen. Paulus selbst weiß, daß „der Glaube durch Liebe wirksam wird" (Gal 5,6) und das Gesetz in der Liebe erfüllt wird (5,14). Er kann davon reden, daß wir „zu jeglichem guten Werk" gerufen sind und nach unseren Werken gerichtet werden (Röm 2,8; 2 Kor 9,8; 11,15). Die Vorstellung von einem Glauben, der bloße Weltanschauung, also nur eine Idee wäre, liegt Paulus ganz fern. Gegenüber solchen Mißverständnissen ist es zweifellos richtig, daran zu erinnern, daß es keinen „Glauben ohne Werke" gibt (2,18). Doch ist damit die entscheidende Aussage des Paulus nicht berührt. Er spricht zentral von der das Gesetz erfüllenden Liebe, gerade weil man damit nie fertig wird, sondern sie immer auch schuldig bleibt (Röm 13,8–10). Nun redet auch Jakobus vom „königlichen Gesetz" der Nächstenliebe (2,8) und vom „Gesetz der Freiheit" (1,25; 2,12), ja vom „eingepflanzten Wort (des Gesetzes)" (1,21–22). Er weiß, daß „wir alle vielfach fehlen" (3,2), daß aber der Erweis von Barmherzigkeit, also die Nächstenliebe über das Gesetz triumphiert (2,13). Vor allem fehlt, trotz der Warnung von 2,10, daß „in allem schuldig wird, wer das ganze Gesetz hält, sich aber in einem verfehlt", jeder Hinweis darauf, daß man all die Ritualgebote halten müsse. Man kann also sagen, daß eine weisheitliche Theologie, wie sie z.B. in der Bergpredigt, aber auch bei Paulus im Hintergrund steht, das eigentliche Fundament ist. Sie begründet nicht nur die ethische Aufforderung, sondern beschreibt auch den Heilsgrund, von dem her überhaupt neues Leben möglich wird. Weisheit ist nämlich Geschenk Gottes „von oben", nicht „irdisch, psychisch, dämonisch" (3,15, s. o. 11.5).

22.4 Christus als neuer Gesetzgeber? Im Unterschied zu Paulus wird aber behauptet, daß der Mensch „aus Werken gerechtfertigt" werde (2,24) und daß der Glaube mit den Werken zusammenwirke (2,22). Paulus versteht Glauben als völliges Trauen auf Gottes Gnade, die allein den Menschen rechtfertigt, und die Liebe als die Art und Weise, in der solcher Glaube lebt. Darum verwendet Paulus fast durchwegs, d.h. überall, wo er nicht traditionelle Formeln übernimmt, die Einzahl „Werk", wo er von Äußerungen des Glaubens spricht. Selbstverständlich gibt es kein Leben, das sich nicht äußert, im Handeln wie im Fühlen und Denken und Erleiden. Nur ist das Leben des Glaubens einheitlich geworden, als ganzes mit allem Auf und Ab auf Gott ausgerichtet. Es ist nicht mehr aufteilbar in Einzeläußerungen, die sich nach dem Buchstaben eines Gesetzes messen und zusammenzählen lassen (s. o. 11.5-6; 16.5). Man kann und muß auf einzelne Praktiken hinweisen, die sich mit der Grundhaltung des Glaubens nicht vereinen lassen, aber man kann nicht umgekehrt positive Äußerungen addieren, um vor Gott zu bestehen. Man kann nur immer wieder zum wirklichen Glauben zurückrufen, der rechtfertigt. Freilich setzt sich die andere Sicht im zweiten Jahrhundert zunächst durch: Jesus ist der, der das Gesetz gibt, „unser neuer Gesetzgeber", ja „das ewige und endgültige Gesetz" selbst[168].

22.5 *Warnung vor billiger Gnade.* Falsch würde es, wenn die Korrektur des Jakobusbriefs, die in einer bestimmten Situation verständlich ist, auch wenn sie noch nicht genügt, das Problem zu lösen[169], zur eigentlichen Basis würde. Stärker als in anderen neutestamentlichen Schriften liegt hier nur ein bestimmter Ausschnitt der Verkündigung vor. Jesus Christus ist Lehrer und Richter. Jesusworte erscheinen vielleicht 1,5–6 (Mt 7,7; Mk 11,23); 1,22 (Mt 7,21); 2,5 (Lk 6,20); 3,18 (Mt 5,9) und vor allem 5,12, wo vermutlich sogar gegenüber Mt 5,34–37 eine ursprünglichere Form erhalten ist. Das endgültige Kommen Jesu begründet all diese Mahnungen (5,7–8). Von Präexistenz, Menschwerdung, irdischem Leben, Tod und Auferstehung oder Erhöhung Jesu ist nie gesprochen. Die Beispiele für christliche Frömmigkeit werden nur aus dem Alten Testament gewählt (Abraham 2,21–23; Rahab 2,25; die Propheten und Hiob 5,10–11; Elija 5,17–18; vgl. Hebr 11). Zwar spricht 2,1 vom „Glauben an (oder: von ?) Jesus Christus, unseren(m) herrlichen Herrn", aber 2,19 präzisiert: „glauben, daß Gott einer ist".

Erkennt man diese Grenzen, dann ist die Warnung vor einer billigen Gnade, die wahrhaften Glauben auch im paulinischen Sinn unmöglich macht, durchaus zu hören. Es sind dabei gerade Alltagssünden aufgedeckt, das böse Geschwätz (3,1–12; 4,11–12), der Kniefall vor dem Reichen und die Verachtung des Armen (2,1–9), die soziale Gedankenlosigkeit, die den Arbeiter schwer bedrückt (5,1–6), auch die Selbstverständlichkeit, mit der man Pläne schmiedet, ohne zu sagen „Wenn der Herr will und wir leben" (4,13–16), und das bloße Nicht-tun des Guten (4,17). Das erinnert in nüchterner und gerade so anstachelnder Weise daran, was Glaube ist. Dessen Geschenkcharakter („von oben") und befreiende Wirkung („Freiheitsgesetz") sind dabei nicht vergessen.

23. Der erste Brief des Petrus

23.1 *Verfasser, Datum, Ort.* Der Briefcharakter ist hier deutlicher als beim Jakobusbrief. Freilich sind fast alle Teile Kleinasiens ohne die südlichen Randgebiete (s. o. 13.1) als Wohnorte der Adressaten genannt. Die „erwählten Fremdlinge der Diaspora" (1,1) sind nach 1,14.18; 2,9–10; 4,3–4 Heidenchristen. Die Erwählung ist also die zur Gemeinde Jesu, die sich von der heidnischen Umwelt unterscheidet (2,11–12). Das gilt ebenso für Jak 1,1 und Offb 7,4, wo von den zwölf Stämmen Israels gesprochen ist (s. o. 2.8). Hinter dieser Sicht steht also eine Tradition, die die Bildung der Jüngergemeinde Jesu als Sammlung der zwölf verstreuten Stämme in einem wiederhergestellten Israel verstand[170] (s. o. 7.6), die aber jetzt völlig auf die vor allem heidenchristliche Gemeinde übertragen ist. Das gute Griechisch und die Benützung der griechischen Übersetzung des Alten Testaments schließen Petrus als Verfasser aus. Sie können auch kaum nur auf Silvanus als Sekretär des Petrus (5,12) zurückgehen. Nirgends ist auf den irdischen

Jesus verwiesen. Dazu ist die mindestens in Kleinasien, wenn nicht weltweit (vgl. 5.9) vorausgesetzte allgemeine Verfolgung (4,12–19), für die doch wohl schon das Christsein als solches genügt (4,16), schwerlich vor dem Tod des Petrus denkbar. Petrus hat wahrscheinlich in Korinth gewirkt (1 Kor 1,12; 9,5); aber ein Brief von ihm an die paulinischen Gemeinden mit so vielen paulinischen Gedanken, ist nicht leicht vorstellbar, wenn auch nicht unmöglich. Außerdem kennt Paulus keine Presbyter (5,1–4) in den von ihm gegründeten Gemeinden. Man wird also an einen Späteren denken, der im Namen des Petrus schreibt, vielleicht zu Beginn der Verfolgungen in den Neunzigerjahren. Man hat schon angenommen, der Brief sei ursprünglich im Namen des Paulus verfaßt worden. Dazu paßten Silvanus und Markus, die in 5,12–13 erwähnt werden. Der erste ist nach 1 Thess 1,1; 2 Kor 1,19 Mitarbeiter des Paulus, wohl identisch mit Silas, der nach Apg 15,(27)40–18,5 Paulus auf der zweiten Reise begleitet hat. Der zweite ist wohl der in Phm 24; Kol 4,10 Genannte, und die Bezeichnung als „mein Sohn" ist geistlich zu verstehen wie in Phm 10. Erst später wäre dann der Verfassername geändert worden, vielleicht weil die Abkürzung PLS als PTS verlesen wurde[171]. Da aber die Vorstellung vom Apostelpaar Petrus und Paulus und ihrem Märtyrertod (in Rom) z.B. 1 Clem 5 in den Neunzigerjahren offenbar gang und gäbe war, ist es durchaus möglich, daß in einer Zeit, in der paulinische Theologie zu verblassen drohte, sie gerade im Namen des Urapostels neu verkündet werden sollte. An innerkirchliche Kämpfe zwischen Petrus- und Paulusanhängern ist nicht zu denken, da (außer in 1,1) keiner der beiden Apostel erwähnt oder auch nur deutlich charakterisiert wird. „Babylon" (5,13) bezeichnet wie Offb 18,2–3 und in jüdischen Schriften Rom.

23.2 Einheitlichkeit. Merkwürdig ist der Neueinsatz in 4,12, weil man vorher trotz 1,6–7 nicht den Eindruck hat, daß Leiden um des Glaubens willen schon eingetreten sind. 2,20–21 ist auf Sklaven beschränkt und 2,13–14 sieht die Staatsvertreter positiv. Doch ist diese Sicht aus der Tradition entnommen (Röm 13,1–5; 1 Tim 2,1–2; Tit 3,1) und zeigt nur, daß Verfolgungen erst einsetzen (4,17). Jedenfalls haben sie beim Verfasser nicht die Reaktion von Offb 12,17–13,18 (s.u. 31.5) hervorgerufen. So wird man weder an zwei ursprünglich unabhängige Schreiben denken noch an eine später ergänzte Taufansprache (1,3–4,11) oder gar einen Taufgottesdienst (mit Taufe zwischen 1,22 und 23), auf den ein allgemeiner Schlußgottesdienst folgte (4,12–5,11)[172]. Lobpreis und Amen (4,11) stehen auch sonst innerhalb eines Briefs (Röm 11,36; vgl. 1,25; 9,5; Gal 1,5; Tim 1,17; vgl. Offb 1,6).

23.3 Paulinische Zuordnung von Gnade und Heiligung. Der Brief zeigt, was Paulus dort, wo man ihn ernst nimmt, in dieser Zeit bedeutet. Paulinisch ist schon in 1,2 die Doppelaussage von der völligen Gnadenhaftigkeit des durch Jesu Blut (auch 1,19, vgl. 2,24; 3,18; s.o. 5.4) erworbenen Heils *und* seiner Ausprägung im Gehorsam und in der Heiligung (auch 1,22). Paulinisch ist, formal und inhaltlich, auch die Fortsetzung in einer einleitenden Danksagung (1,3–12). Darin wird der Glaube, im Unterschied zum erst kommenden Schauen (wie in 2 Kor 5,7) in doppelter Ausrichtung beschrieben. Einerseits ist sein Inhalt die schon eingetretene Erfüllung alttestamentlicher Hoffnungen (vgl. 1 Kor 10,11), anderseits bleibt er noch Hoffnung auf die endgültige Vollendung, die die jetzigen Leiden in Freude wandeln wird (vgl. Röm 8,24). Schon bei Paulus vorausgesetzt (2 Kor 5,17; Gal 4,19; Phm 10) und typisch für nachpaulinische (Tit 3,5) und johanneische Schriften (Joh 3,3.5) ist der Gedanke einer neuen Geburt (1,3.23; 2,1–2). Paulinisch ist schließlich auch die Erwartung, daß „wir von den Sünden freigeworden der Gerechtigkeit leben" (2,24; Röm 6,18).

23.4 Hinaufgefahren ins Totenreich. An Paulus erinnert auch die Gegenüberstellung „getötet im Fleisch, zum Leben erweckt im (oder: durch den) Geist" (3,18 von Jesus). Freilich ist damit nicht die typisch paulinische Entgegensetzung von menschlich-fleischlichem Widerstand gegen Gott und seinen Geist gemeint, sondern die Unterscheidung von irdischem und himmlischem Leben, wie sie Paulus in Röm 1,3–4 wohl aus der Tradition übernommen hat, in etwas anderer Formulierung aber auch in 9,5 selbst formuliert. Dieser Satz von Tod und Auferstehung verbindet sich in 1 Petr 3,19–20 mit der diesem Brief eigentümlichen Aussage von der Verkündigung des Auferweckten an „die Geister im Gefängnis". Sicher ist dabei nicht an die Hölle gedacht, sondern an den Aufenthalt der „Toten", denen „das Evangelium verkündet wurde", damit sie „im Fleisch nach Menschenart (oder in der Menschenwelt?) gerichtet, nach Gottesart (in Gottes Sicht oder Welt?) aber im (durch den?) Geist leben sollten" (4,6). Wahrscheinlich ist der Ort der Toten auch nicht unten zu denken, sondern wie im Hellenismus (s. o. 17.3), aber auch in Eph 2,2; 6,12 in der Luft, die Christus bei der Auffahrt durchschreitet. Nach 3,20 betrifft das die Sintflutgeneration, ist aber wohl allgemein auf alle noch zur Zeit des Alten Testaments Verstorbenen ausgedehnt. Die Nennung der Zeit Noas mag sogar andeuten, daß alle Völker, auch die heidnischen, eingeschlossen sind. Nach 3,20–22 ist die Rettung Noas und seiner Familie „durch das Wasser hindurch" endgültig erfüllt bei denen, die „durch das Wasser" (jetzt instrumental verstanden: die Taufe) gerettet werden, indem sie dadurch dem zum Himmel Aufgefahrenen und zur Rechten Gottes Sitzenden, dem alle Mächte und Gewalten schon unterworfen sind, zugeeignet werden. Was jetzt in der Taufe geschieht, hat sich also in gewisser Weise auch universal erfüllt.

Das ist naiv und in den Weltvorstellungen jener Zeit ausgedrückt, beschreibt aber, theologisch gesehen, die nicht nur die Grenzen des Orts, sondern auch die der Zeit übergreifende Bedeutung des Christusereignisses. Sie gilt allen Menschen, auch denen, die nichts vom Evangelium hören konnten.

23.5 Priestertum aller Glaubenden. Der zweite, besondere Beitrag des Briefs besteht in der neuen Sicht der Kirche als des Tempels und Volkes Gottes, dem die alttestamentlichen Zusagen gelten. Auch das ist bei Paulus schon vorgebildet. Die Gemeinde ist in 1 Kor 3,16 als Gottes Tempel bezeichnet, und das Zitat vom Nicht-volk, das zum Volk, von der Nicht-geliebten, die zur Geliebten wird (2,10), steht auch Röm 9,25, und zwar wie in 1 Petr 2,6–8 verknüpft mit einer Kombination von Jes 28,16 und 8,14 (Röm 9,32–33). Beide Stellen scheinen also auf vorpaulinische „schriftgelehrte" Überlegungen der Gemeinde zurückzugehen.

In 2,1–6 wird zunächst zweimal im Partizipialstil die entscheidende Erfahrung der Abwendung vom Alten und der Zuwendung zum Neuen (V. 1/3 Ende. 4) beschrieben, gefolgt von je einem Imperativ, der die Leser dazu aufruft, ihren neuen Stand als „eben geborene Kinder" und „lebendige Steine" zu realisieren (V. 2a/5a), und zugleich mit einem Finalsatz („damit...'' / „um zu...") das Ziel angibt (V.2b/5b), und schließlich abgeschlossen durch die Begründung dieser ganzen Bewegung durch die Liebestat Christi (V.3/6). Ähnlich wiederholt sich das in V.7–10, wo die Abgrenzung von den Nichtglaubenden (V.7–8), der Zuspruch des neuen Charakters als „des erwählten Geschlechts, der königlichen Priesterschaft, der heiligen Nation, des Gott gehörenden Volks" (V.9a) und die Angabe ihres Ziels („daß ihr verkündet...'', V.9b) wiederum begründet ist durch die Gottestat in Christus, die sie zum „Volk" und zur „Geliebten" gemacht hat (V. 10). Die alttestamentlichen, Israel geltenden Prädikate sind also auf die Gemeinde Jesu übertragen. Dabei ist der einzige Satz im Alten Testament gewählt, der dem ganzen Volk priesterliche Würde und Heiligkeit zuspricht[173]. Wie 2,11–3,17 entfaltet, ist dabei an die jedem Gemeindeglied aufgetragene und geschenkte Verkündigung in die heidnische (und jüdische) Welt hinein gedacht, nicht an innerkirchliche Aufgaben. Das hindert also keineswegs, daß es innerhalb der Gemeinde verschiedene Charismen (4,10–11, nur noch nach Wortverkündigung und Diakonie aufgegliedert) und auch geordnete Dienste von „Ältesten" gibt (5,1–4), ohne daß dadurch Amtsträger von Laien gesondert werden[174].

23.6 Kirche im Leiden – für die Welt. Diese Gabe des allgemeinen Priestertums gegenüber der Welt nimmt die im Alten Testament angesagte Erwählung Israels zum Heil der *Welt* neu auf. Paulus hat vor allem das Leben des Apostels als Teilnahme am Christusleiden verstanden (1 Kor 4,9–13; 2 Kor 4,7–18; Kol 1,24), wenn freilich es auch für die Gemeinde gilt, daß Mit-leiden zum Mitverherrlichtwerden führt (Röm 5,3–5; 8,17). Das ist im 1 Petrusbrief eindeutig als Auftrag und Verheißung für die Gesamtgemeinde übernommen, vermutlich stark mitbestimmt durch die Erfahrung allgemeiner Verfolgung (4,16, s. o. 23.1 und u. 31.1,5). Wie Jesu Passion auch Durchgang zur Auferstehung und himmlischen Herrlichkeit ist (1,11; 3,18–22), so gilt das auch für die Gemeinde (1,6–9; 4,13–14; 5,10), die eben in ihrem Leiden ihre Mission an der Welt erfüllt. Das ist so nüchtern und aller Märtyrerverherrlichung fern gedacht, daß auch das schweigende Tragen von Ehenöten durch die Frauen und vor allem das Leiden der Sklaven unter den Launen ihrer Herren (so gewiß das heute auch kritisch hinterfragt werden muß) direkt mit dem Passionsleiden Christi verbunden und als Möglichkeit der Verkündigung des Evangeliums gesehen wird (3,1–2; 2,18–25).

23.7 Völkerwanderung zum Zion – Kirche für die Welt. In den ersten Glaubensbekenntnissen hat der für uns Gestorbene und Auferstandene im Mittelpunkt gestanden. Vergebung der Sünden, Rettung im letzten Gericht, ewiges Heil sind in erster Linie dem Einzelnen zugesprochen. Schon der judenchristlich-vorpaulinische Satz Röm 1,3–4 stellt die Regentschaft des Irdischen und erst recht des Auferstandenen über sein Volk ins Zentrum. Die Hymnen preisen Christus als den himmlischen Herrn. In 1 Tim 3,16 und besonders im Revelationsschema wird diese Herrschaft auch irdisch in der Völkermission des Paulus gesehen (s. o. 5). Das kommt im 1 Petrusbrief zu einer bemerkenswerten Fortbildung. Wirklich entscheidend ist nicht, was die Gemeinde theoretisch über die Erhöhung des Christus zur Rechten Gottes weiß oder was sich in einer schon heroisch gewordenen Vergangenheit im Triumphzug des großen Völkerapostels abgespielt hat, sondern was sich in den Nöten der Ehen und im Alltag der Sklaven verwirklicht, mehr und mehr auch in den Gefängnissen und an Hinrichtestätten. *Da* will Jesus Christus seine Herrschaft aufrichten.

In gewisser Weise wird damit auch die prophetische Hoffnung auf die Wallfahrt aller Völker zum Zion der Endzeit (Jes 2,2–3) aufgenommen und neugestaltet. Sie bestimmt noch deutlich Mt 8,11–12 und klingt auch bei Paulus nach (vgl. Röm 15,16 mit Jes 66,20). Auch für ihn bleibt Gottes Handeln an Israel der Wurzelstock, in den hinein die Völker wie wilde Zweige eingepfropft werden. Der Auftrag an sie besteht aber nach Röm 11,11–32 darin, daß jetzt die Heidenchristen die noch nicht an Christus glaubenden Juden locken müssen, bis einst auch diese zur Fülle der Heiden hinzugefügt werden. In Eph 2,11–22 bleibt Israel das ursprünglich Gott zugehörende Volk, aber die beiden infolge des Mauerabbruchs in *„einem* Leib" vereinigten Gruppen der Juden- und Heidenchristen stehen gleichwertig neben einander. Im 1 Petrusbrief zeigt sich die veränderte geschichtliche Situation noch deutlicher. Weder Judenchristen noch Juden spielen eine Rolle. Die Bedrohung geht ja ausschließlich von den Heiden aus, und ihnen muß die Botschaft durch die Bewährung der Gemeinde ausgerichtet werden. Die Gefahr, die für die spätere, nachneutestamentliche Entwicklung droht, ist die, daß Judentum wie Heidentum zu vergangenen Größen werden, denen gegenüber dann das Christentum als „drittes Geschlecht" erscheint. Im 1 Petrusbrief ist das Gegengewicht unübersehbar: die Gemeinde kann sich keinesfalls befriedigt zur Ruhe setzen. Als alle Glieder umfassende Priesterschaft darf und muß sie die Großtaten Gottes ausrufen und weiß dabei, wie sehr sie gerade so in das Erbe Israels (1,1, s. o. 23.1) und in das gnädige Handeln Gottes an ihm hineingerufen worden ist.

24. Der Judas- und der zweite Petrusbrief

24.1 Der Judasbrief. Im Judasbrief wird sichtbar, wie sich die frühe Kirche mit dem Problem des falschen Glaubens auseinandersetzt. In ihrer Mitte leben Menschen, die zwar am Liebesmahl, das vermutlich noch nicht vom Abendmahl unterschieden ist[175], teilnehmen (V. 12), die aber derart anders lehren, daß der Verfasser nur völlige Trennung empfehlen kann, wenn sie sich nicht zurückführen lassen (V. 23). Gewöhnlich denkt man an christliche Gnostiker (s. o. 20.2) oder deren Vorläufer. Die Unterscheidung von „Pneumatikern" und „Psychikern" (V. 19) ist aber schon vorgnostisch bekannt (s. o. 11.5). Zeigt schon das eine Verwandtschaft mit Jak 3,15, so weist die Berufung auf die „Gnade" (V. 4), vielleicht sogar die Androhung der „Verurteilung" (V. 15) auf

Röm 3,8, d.h. auf die auch Jak 2,14–16 verhandelte Problematik von Glauben und Werken[176], so daß „Judas" in gewissem Sinn auch theologisch „der Bruder des Jakobus" wäre. Theologisch wichtig ist, daß wir hier endgültig aus der Apostelzeit heraus (V. 17) in die Periode der Kirchengeschichte eingetreten sind. Die Apostel haben den „allerheiligsten Glauben" (V. 20) „ein für allemal überliefert" (V. 3). Damit hängt auch die Schematisierung der Irrlehrer zusammen, die, wie in der späteren Ketzerbekämpfung der Kirche, als Typen gezeichnet werden, die schon im Judentum zu beobachten waren (und immer wieder auftauchen)[177].

Ende des 1. Jh. n. Chr. steht der alttestamentliche Kanon faktisch fest; hier werden aber jüdische Schriften zitiert, die nicht darin eingeschlossen sind, besonders der äthiopische Henoch (V. 14). Auch V. 9 stammt wahrscheinlich aus einer solchen Schrift; vielleicht aus dem verlorenen Schluß des Testaments Moses. Einerseits werden die Irrlehrer als Visionäre und „Träumer" charakterisiert, die offenbar auch die Grenze zwischen Menschen und Engeln oder gar Gott nicht respektieren (V. 8; vgl. auch 6–7), „hochfahrende" Worte daher reden (V. 16) und alles lästern (V. 10). Anderseits werden sie als Libertinisten gezeichnet, die sexuell fragliche Praktiken üben (V. 4.7.8.16.18.23). Stark betont ist das Gericht mit „ewigem Feuer" und „ewiger Finsternis" (V. 7.13).

Das alles zeigt, ganz abgesehen von einem recht guten griechischen Stil, daß der Autor nicht der Bruder Jesu und des Jakobus sein kann (Mk 6,3). Ist „Judas" gewählt worden, weil der Brief deutlich in judenchristlicher Tradition steht, man aber wußte, daß Jakobus schon 62 n. Chr. das Martyrium erlitt? Noch einmal etwas später, vielleicht sogar erst nach der endgültigen jüdischen Niederlage gegen Rom 135 n. Chr., greift auf den Apostel Petrus der 2 Petrusbrief wieder zurück, weil er in der Welt des Heidenchristentums lebt, das seine Existenz auch Petrus verdankt (1 Kor 9,5; 1 Clem 5, s. o. 23.1)[178]. Möglich wäre natürlich auch, daß ein späterer Judas auch einen Jakobus zum Bruder hatte, da beide Namen häufig sind. Schön ist der Lobpreis Gottes (V. 24–25), der anstelle eines Briefschlußes steht.

24.2 Der 2. Petrusbrief: der Verfasser. 2 Petr 2 übernimmt große Teile des Judasbriefs in einer Art von Einschub. Da der Brief als Testament des Petrus gilt (1,14–15), die Irrlehrer aber erst lang nach dessen Tod auftraten, wird ihr Kommen (anders als in Judas V. 4) erst geweissagt (2,1–3; 3,3). In 2,10–22 freilich, wo der Verfasser stärker seiner Vorlage folgt, spricht er wieder in der Gegenwartsform von ihnen. Schon das zeigt, daß der Judasbrief nicht umgekehrt eine – schwer begreifliche – Kürzung des 2 Petrusbriefs ist. Noch deutlicher tun das die kurzen Hinweise in 2,4 und 11, die erst durch Judas V. 6 und 9 wirklich zu verstehen sind. Daß Zitate und Anspielungen aus nicht anerkannten jüdischen Schriften im 2 Petrusbrief gestrichen worden sind, ist leicht verständlich; nur die heilige Schrift soll gelten. Während Jud 5–11 die Wüstengeneration, den Engelfall (1 Mose 6,1–4), Sodom und Gomorra, Kain, Bileam und Kora als Beispiele göttlicher Strafe nennen, folgen sich 2 Petr 2,4–7.15 Engelfall, Sintflutgeschlecht, Sodom und Gomorra, Bileam in zeitlich richtiger Reihenfolge. Durch Veränderung *eines* Buchstabens im Griechischen wird die Bemerkung, daß die Irrlehrer

„an den Liebesmahlen" teilnehmen (Jud 12) verändert zu „in ihren Lüsten" (2 Petr 2,13), weil offenbar kirchliche Liebesmahle mit ihnen nicht mehr denkbar sind.

Der Brief wird ausdrücklich als zweiter bezeichnet (3,1), die Augenzeugenschaft des Verfassers bei der Verklärung Jesu (oder der Auferstehung?) betont (1,16–18), Paulus „unser lieber Bruder" genannt (3,15). Gegenüber 1 Petr 1,1 steht jetzt in 2 Petr 1,1 statt „Petrus" „Symeon Petrus", statt „Apostel" „Knecht (Röm 1,1; Phil 1,1; Jud 1) und Apostel" und statt der Christenheit in Kleinasien werden jetzt alle Christen überhaupt angeredet. Der Brief will also eindeutig als Brief des Apostels Petrus gelten.

Inhaltlich und stilistisch ist er vom 1 Petrusbrief völlig verschieden. Vor Ende des 2. Jh. ist er unbekannt und auch dann noch fast durchwegs bestritten, in Italien bis um 400, wo man ihn in Syrien noch nicht einmal kennt. Er stammt also sicher von einem Späteren und ist wohl die jüngste Schrift im Neuen Testament. Die Paulusbriefe gelten neben anderen als „heilige Schrift" (3,15–16), wovon der Judasbrief noch nichts sagt, und das Problem ihrer Auslegung stellt sich schon. Offenbar sind also nach dem Urteil des Verfassers Paulusaussagen von den Gegnern mißbraucht worden. Die „heiligen Propheten" sind die des Alten Testaments und stehen neben „euren Aposteln" (3,2; anders noch Eph 3,5). Die erste Generation, die „Väter" sind schon entschlafen (3,4), was zu Petrus, der wahrscheinlich 64 n. Chr. als Märtyrer starb, auch nicht recht paßt (vgl. o. 23.1).

24.3 Apostolische Garantie – göttliche Natur? Der Brief ist nicht leicht zu bewerten, weil seine Tendenz nicht eindeutig ist. Einerseits spricht er zwar nicht mehr vom „allerheiligsten Glauben" (Jud 20), sieht im Glauben aber doch einen Besitz, den man erlangt (1,1). Er ist vor allem „Erkenntnis" (1,3.8; 3,18; vgl. 1,16 wörtlich: „euch zur Kenntnis gebracht"; 3,15). Der Apostel ist nicht mehr primär derjenige, dem die Verkündigung anvertraut ist, d.h. das Verstehen dessen, was in Jesu Leben, Sterben und Auferstehen für Gemeinde und Welt geschehen ist, und zwar so, daß er es in der Form weitergeben kann, die die jeweiligen Hörer oder Leser, ihre Fragen, Möglichkeiten und Versuchungen so trifft, daß ihr Leben dadurch neu werden kann. Er scheint den rechten Glauben dadurch zu sichern, daß er der Garant wunderbarer Ereignisse, z.B. der Verklärung Jesu ist (1,16–18). Noch fraglicher ist, daß die Gemeinde durch solche Erkenntnis „göttlicher Natur" teilhaft wird und so der bösen Welt entflieht (1,4). Freilich weiß 3,16 um das Phänomen der Falschinterpretation des apostolischen Zeugnisses; aber der Verfasser versucht nicht, das richtige Verständnis z.B. aufgrund anderer Paulusaussagen neu zu begründen, sondern stellt nur fest, daß die Gegner „Unwissende" seien, die alles „verdrehen". 1,20 könnte sogar ein Verbot jeder eigenen Deutung sein, die nicht kirchlich abgesichert wäre; wahrscheinlich soll aber nur gesagt sein, daß kein Prophet aus eigener Deutung redet.

Tönt das alles nach hellenistischen Kulten und Wundertätern oder gnostischer Hochschätzung der Erkenntnis, die eine naturhafte göttliche Natur des Menschen freilegt, so sind anderseits doch Erkenntnis und Heil eindeutig an das apostolische Zeugnis gebunden, das Gottes Handeln als geschichtliches, in Jesus Christus vollzogenes bezeugt. Außerdem wählt 1,16 nicht das normale Wort für

„Augenzeugen", sondern ein in hellenistischen Mysterien gebrauchtes, das den „Beobachter" bezeichnet, der in einem Ereignis die Präsenz des Gottes erkennt[179]. Der Apostel ist also nicht nur Augenzeuge von Fakten, sondern ihm ist zugleich die Erkenntnis des *Gottes*handelns in ihnen geschenkt. Darum weiß er auch nicht nur um eine dem Menschen angeborene göttliche Natur, sondern sieht in ihr eindeutig das Gnadengeschenk Gottes, das durch das Evangelium dem Menschen zukommt und ihn auch ethisch von der Welt unterscheidet.

24.4 Die Sicht der Zukunft. Ähnlich verhält es sich mit dem, was über die Zukunft gesagt wird. Der Spott über die ausbleibende Wiederkunft Jesu (3,4) kennzeichnet eine Zeit, in der die unmittelbare Erwartung des jüngsten Tags verblaßt und die Erwartung des zukünftigen Handelns Gottes verschwindet oder nur auf das Heil des Einzelnen beschränkt wird. Das ist gewiß typisch für hellenistisches Zeitverständnis. Man kann sogar fragen, ob die Rede vom „ewigen Reich... Jesu Christi" (1,11) oder vom „Tag", der „in euren Herzen anbrechen" soll (1,19), nicht ein ganz ähnliches Denken auch im 2. Petrusbrief aufzeigt[180]. Vor allem wäre zu fragen, ob dahinter nicht auch die richtige Erkenntnis stehen könnte, daß mit Jesus in der Tat schon etwas von der endgültigen Zukunft Gottes in unsere Gegenwart eingebrochen ist. So jedenfalls sähen es der Epheserbrief (s. o. 18.4 und 6) und vor allem das Johannesevangelium (s. u. 29.7). Es wäre weiter zu fragen, ob die Übernahme der schon bei den Stoikern lebendigen Bilder vom Untergang der Welt und ihrer „Elemente" (s. o. 17.3) im Weltbrand (3,10.12) wirklich hilft, besonders wenn man merkt, daß der Verfasser nicht nur wie Jud 10 von den „vernunftlosen Geschöpfen"[181] spricht, sondern sie noch zusätzlich als „nur zum Gefangenwerden und Umkommen geboren" charakterisiert (2,12), also wohl doch nur am Schicksal des auch in der Stoa als vernunftbegabtes Wesen davon abgehobenen Menschen wirklich interessiert ist.

Und doch muß man anderseits dankbar anerkennen, daß der Verfasser die urchristliche und alttestamentlich-prophetische Hoffnung auf „neue Himmel und eine neue Erde, in denen Gerechtigkeit wohnt" (3,13; Jes 65,17; 66,22) aufrecht hält, zugleich auch, allen gnostischen Tendenzen entgegen, an Schöpfung und Erhaltung der Welt durch Gottes Wort festhält (3,4–5). So bleibt der gerade auch prophetisch in Gottes Zukunft weisende Verheißungscharakter des Gotteswortes festgehalten (1,19–20; 3,13; vgl. 3,2.17). Mag die erwartete Parusie vordergründig Machtdemonstration und Tag des Gerichts über die Bösen sein (1,16; 2,3.9; 3,7), so dient sie doch direkt dem Aufruf zu ethischer Bewährung an die Gemeinde selbst, wobei wiederum in gut hellenistischer Weise „Tugend, Erkenntnis, Enthaltsamkeit, Geduld, Frömmigkeit und Bruderliebe" zwischen das christliche Paar von „Glaube" und „Liebe" eingeschlossen werden (1,5–7). Die Warnung, daß der Tag des Herrn wie ein Dieb kommen wird (1 Thess 5,2), steht daher auch durchaus nicht im Widerspruch zur Aussage, daß für Gott ein Tag wie tausend Jahre ist und er darum noch Zeit zur Umkehr gewährt, ja daß sogar die Frömmigkeit der Gemeinde, wie es auch Rabbinen sagen, das Kommen des Tages beschleunigen kann (3,8–12). Das ist zwar nicht die paulinische

Hoffnung, daß einmal Gott „alles in allem" sein wird (1 Kor 15,28), hält aber zentral-biblische Gesichtspunkte in einer Zeit fest, die dafür kaum mehr offen ist. Darin ähnelt er den Pastoralbriefen (s. o. 20.2).

24.5 Geschichtlichkeit des Evangeliums gegen gnostische Zeitlosigkeit. Wahrscheinlich handelt es sich nicht nur um den spätesten, sondern auch um den fraglichsten Brief im Neuen Testament[182], jedenfalls wenn er außerhalb der besonderen Situation seiner Zeit gesehen wird. Das teilt er weithin mit den in Kap. 18–22 behandelten Schriften. Gegenüber dem kommenden Ansturm der Gnosis (s. o. 20.2) und der Gefahr, daß alttestamentlich-urchristliche Hoffnung, die Geschichte als Weg Gottes auf ein Ziel hin versteht und nicht nur als chaotisches Durcheinander menschlicher Verblendung, einer geschichts- und zeitlosen Philosophie weichen könnte, ist dieser klare Rückruf wesentlich. Daß Glaube und Liebe auch die in der Welt geltenden ethischen Forderungen einschließen, wenn sie sich damit verbinden lassen, ist für das weitere Leben der Jesusgemeinde wesentlich und auch schon Phil 4,8 vorgezeichnet. Von der dreifachen Autorität des Frühkatholizismus am Ende des 2. Jh., Schrift, Dogma und Amt (s. u. 28.6), ist nur die erste unzweideutig als Grundlage festgelegt (1,19–21; 3,16), während das Dogma jedenfalls noch nicht formuliert ist, auch wenn vorausgesetzt wird, daß der Glaube vor allem überlieferte Lehre ist, und das Amt abgesehen von der Autorität der beiden entscheidenden Apostel noch nirgends sichtbar wird. Der Kampf für die Bedeutung der erzählten Geschichte Gottes in der Vergangenheit des Christusereignisses und der im Wort verheißenen Zukunft Gottes hat die Verwurzelung der künftigen Gemeinde in der Schrift möglich gemacht, so sehr vieles in anderer Zeit und Lage anders gesagt werden muß.

Zu den Johannesbriefen s. u. Kap. 30.

V. Die drei ersten Evangelien und die Apostelgeschichte

Glaubensformeln und urchristliche Lieder (s. o. 5) setzen zwar einen Menschen Jesus voraus, können auch seinen Tod oder seine Menschwerdung erwähnen, zielen aber auf die Aussage über Gottes Handeln an ihm und in ihm hin, beschreiben also vor allem die „Dimension", in der sein Leben und Sterben zu sehen ist. Daher sind die sein Leben „umrahmenden" Ereignisse das Entscheidende: sein Leben bei Gott schon von der Schöpfung an, seine Menschwerdung, seine Auferstehung und Erhöhung, sein Wirken in der Völkermission und im letzten Gericht. Glaubensformeln und Lieder antworten auf die Frage, wer Jesus ist; was er für Leben, Sterben und Auferstehen der Gemeinde bedeutet, ist in den Briefen entfaltet worden. Betont ist also, daß Jesus der *Christus* Gottes ist. Daneben sind gleichzeitig und wohl auch in denselben Gemeinden (s. o. 8.3) Worte Jesu, Traditionen über seine Passion, wohl auch über sein Verhältnis zum Täufer und seine Taufe, Berichte von Heilungen und Auseinandersetzungen mündlich überliefert, vielleicht einzeln auch schon schriftlich festgehalten worden (s. o. 6.3). Sicher war das der Fall in Q (s. o. 7.1–3). Betont wurde dabei, daß *Jesus* der Christus Gottes ist. Nach dem Tod des Paulus, etwa gleichzeitig mit der früheren Schicht von nach- und nebenpaulinischen Briefen, ist das erste volle Evangelium geschrieben worden. Das Wort bedeutet damals noch „Heilsverkündigung" und bezeichnet ein Geschehen, nicht ein Buch (s. u. 25.3). Streng genommen kann man also nur vom „Evangelium nach Markus" reden, von der Heilsverkündigung, wie sie im Buch des Markus erscheint.

25. Das Evangelium nach Markus

25.1 Verfasser, Datum. Der Name des Verfassers des ersten uns erhaltenen Evangeliums (s. o. 7.1) erscheint erst in der später zugefügten Überschrift. Die Notiz des Papias[183], Markus sei ein Begleiter des Petrus und sein Übersetzer gewesen, ist schwerlich richtig. Jedenfalls kann er nicht der in Apg 12,12.25; 13,5.13; 15,37 Genannte (derselbe wie in Phm 24?) sein, schon weil er die Geographie Palästinas nicht genauer zu kennen scheint (5,1; 7,31; 8,10/13/22; 10,1; 11,1). Der Name ist aber relativ häufig, so daß ein uns sonst unbekannter Markus der Verfasser sein könnte. Oder seine Nennung geht auf die gleiche Tradition zurück wie die in 1 Petr 5,13 (s. o. 23.1). Das Evangelium ist wahrscheinlich kurz vor der Zerstörung Jerusalems geschrieben oder eher als „Nachkriegserscheinung" kurz danach[184]. 13,2.7.14 weisen auf eine besondere Notzeit Jerusalems und seines Tempels hin. Von Vorzeichen der Tempelzerstörung (ähnlich dem Zerreißen des Tempelvorhangs Mk 15,38) wird auch im Judentum erzählt, und zwar nach dem Eintreten der Katastrophe. Daß diese Ereignisse „noch nicht das Ende" bedeuten (Mk 13,7), ist Markus wichtig, weil es die Gemeinde davor warnt, den Untergang Jerusalems triumphierend als Anzeichen des unmittelbar bevorstehenden siegreichen Wiederkommens Jesu zu sehen. Daß der Verfasser auch für die Zeit in Jerusalem schwerlich direkter Augenzeuge sein kann, zeigt sich schon daran, daß er sehr verschiedene Traditionsstücke aufnimmt und kombiniert[185]. So werden wir am ehesten mit Abfassung kurz nach 70 durch einen uns unbekannten Christen rechnen, der für eine (überwiegend) heidenchristliche Leserschaft schreibt, der er jüdische Bräuche erklären muß (7,3–4; vgl. 5,41; 7,35; 15,34).

25.2 Aufbau. Versucht man, einen Überblick über das Evangelium zu gewinnen[186], erweist sich die Geschichte der letzten Tage in Jerusalem (Kap. 11–12 und 13), des Sterbens Jesu und der Botschaft von seiner Auferstehung (14–15 und 16) als ein besonderer, im Vergleich mit dem Übrigen recht umfangreicher und betonter Teil. Die Einleitung in 1,1–13 beschreibt das im Folgenden Erzählte von vornherein als das endgültige Handeln Gottes. Das einzige ausdrückliche Zitat aus dem Alten Testament in 1,2–3 zeigt, daß in Jesus prophetische Weissagung erfüllt ist. Vom Täufer wird er in 1,4–8 als der endgültige Gesandte Gottes angesagt. Gott selbst anerkennt ihn als seinen Sohn (1,9–11), und Satan wird besiegt, weil Jesus in der Versuchung besteht, in der Adam, der nach damaliger jüdischer Tradition im Paradies noch mit den Tieren lebte und von den Engeln bedient wurde, nicht bestand (1,12–13). Das Wirken Jesu zwischen diesem Anfang und seinem Ende in Jerusalem wird durch das Petrusbekenntnis in zwei Hälften geteilt (8,27–30). Freilich wird dieses von Jesus zwar nicht abgewiesen, aber auch nicht besonders begrüßt (8,30). Tatsächlich haben die Dämonen ihn schon in 3,11 weit besser als Gottes Sohn erkannt als Petrus jetzt mit seinem Christusbekenntnis — erst Mt 16,16 fügt auch den Gottessohntitel zu. Für Markus ist das eigentlich Wesentliche „das Wort", das Jesus „offen heraus sprach" (8,32), nachdem er bisher nur „in vielen Gleichnissen das Wort so sprach, wie sie es hören konnten" (4,33): nämlich die Ansage seines Leidens, seiner Verwerfung, seiner Tötung und seines Auferstehens. Diese noch zweimal wiederholte Ansage gliedert die zweite Hälfte seiner Wirksamkeit vor dem Einzug in Jerusalem, jedesmal gefolgt vom völligen Unverständnis seiner Jünger (8,31–33; 9,31–34; 10,32–37), woran dann Jesu erneuter Ruf zu rechter Jüngerschaft anschließt. Aber auch die erste Hälfte ist dreifach aufgegliedert. Jeder Abschnitt beginnt mit einer summarischen Beschreibung der Tätigkeit Jesu (1,14–15; 3,7–12; 6,6), unmittelbar gefolgt von Berufung, Erwählung und Sendung der Jünger (1,16–20; 3,13–19; 6,7–13), und endet mit der Verwerfung Jesu durch die Pharisäer, seine Mitbürger und die Jünger selbst (3,6; 6,1–6a; 8,16–21). Unmittelbar vor dem Petrusbekenntnis und vor dem Einzug in Jerusalem, also dem Beginn der Passionsgeschichte ist je eine Heilung eines Blinden erzählt (8,22–26; 10,46–52), offenbar symbolisch anzeigend, daß nur Gottes Macht selbst den Menschen die Augen öffnen kann. 10,52 endet darum auch mit dem Satz „. . . und er folgte ihm auf dem Weg nach", der 10,32 aufnimmt: „Sie waren auf dem Weg nach Jerusalem hinauf . . . und die ihm nachfolgten, fürchteten sich."

25.3 Vollmacht und Ohnmacht Jesu. Das eigentliche Problem ist das Verhältnis der Vollmacht Jesu zur Ohnmacht seines Sterbens. Einerseits erweist er sich als Wundertäter, freilich nicht im Sinn eines hellenistischen „göttlichen Menschen", sondern des alttestamentlichen „Gottesmanns"[187]. Anderseits wird gerade in der auf Markus selbst zurückgehenden Anordnung des Stoffs die Verwerfung Jesu, das Unverständnis der Jünger und der Gang ans Kreuz hervorgehoben und beschränken sich die Wundertaten auf die Zeit vor dem Petrusbekenntnis; nachher folgen nur noch die Heilung des Epileptischen, in der aber die Diskussion über das Wesen des Glaubens das Entscheidende ist (9,23-24.28-29), die rein symbolische Blindenheilung in Jericho (s. o. 25.2) und das prophetische Zeichen des verdorrten Feigenbaums (11,20). Schließlich zeigt 15,39, daß die Erkenntnis Jesu als des Sohnes Gottes unter dem Kreuz erfolgt, wo nichts zu sehen ist als das Ende eines Verbrechers, der mit lautem Schrei stirbt; das Zerreißen des Tempelvorhangs wird ja dort nicht sichtbar. Dazu kommt das Problem des Evangeliumsschlusses; denn 16,9-20 sind sicher erst später geschrieben und angehängt worden. Er fehlt in den ältesten Handschriften und setzt schon die matthäischen, lukanischen und johanneischen Ostergeschichten voraus. Vermutlich ist das ursprüngliche Ende verloren gegangen; denn die Verheißung, daß Jesus den Jüngern nach Galiläa vorausgehen werde (14,28), ist nach 16,7 zwar schon erfüllt – was dort in der Zukunftsform verheißen war, ist jetzt in der Gegenwartsform ausgedrückt –, aber daß sie ihn dort „sehen werden", steht noch aus. Damit kann nur die Begegnung mit dem Auferstandenen gemeint sein, da die Auferstehung 8,31; 9,9.31; 10,34 angesagt und in 16,6 gerade verkündet worden ist. Die Wiederkunft läßt dagegen noch Jahrzehnte auf sich warten (13,7-10), so daß auch das Schreiben eines Evangeliums noch ums Jahr 70 herum, wo mindestens Petrus und Jakobus (Apg 12,2) nicht mehr leben, notwendig ist. Außerdem wäre der abrupte Schluß in 16,8 – das letzte Wort im Urtext ist „nämlich" (oder „denn") – schwer zu erklären. Sollte das aber doch das ursprüngliche Ende sein, wäre der Verweis auf den Inhalt der 1 Kor 15,3-5 zitierten Glaubensformel in 16,6-7[188] noch auffälliger: Jesus ist der (nach 10,45 und 14,24 „für viele") „Gekreuzigte", auf dessen Grab hingewiesen wird, der „auferstanden ist" und den „seine Jünger und Petrus sehen werden" (dasselbe Wort, das im Passiv meist mit „er erschien" übersetzt wird). Man könnte dann sogar fragen, ob nicht das ganze Buch bewußt auf diese Osterverkündigung hin entworfen ist; es wäre dann nach 1,1 „Anfang des Evangeliums", nämlich der nach Ostern weiterlaufenden Verkündigung (s. o. 6.2), wie sie 1 Kor 15,3-5 kurz zusammenfaßt[189].

25.4 Abwesenheit Jesu nach Ostern? Markus spricht nie vom Wirken des Auferstandenen in der Gemeinde[190], obwohl Kap. 13 die Zeit zwischen Ostern und Wiederkunft beschreibt. Sie ist die Zeit, in der „der Bräutigam weggenommen ist" (2,19-20) und sich die Knechte auf eine lange Abwesenheit des Herrn im Ausland einstellen müssen, wie die Umgestaltung des Gleichnisses von Lk 12,36 (durch Markus?) es aussagt (Mk 13,34-37, s. o. 3.5). Sollte Markus geradezu gegen die Zwölf polemisieren, die nach 16,8 Jesu Botschaft nie erhalten haben und also blind geblieben sind? Sie würden dann die Gemeinde von Jerusalem repräsentieren und mit ihr die (judenchristliche) Entwicklung der Christusverkündigung, die von dort ausging. Die eine Möglichkeit, Markus zu verstehen, wäre dann die, daß er allen Nachdruck auf das irdische Wirken Jesu legte, z.B. auch die Geschichte von der Erscheinung des Auferstandenen in die Episode von der Verklärung des irdischen Jesus verwandelte. Sogar die Kreuzigung wurde dann schon als alles abschließender Sieg, der letzte Schrei als Triumphruf Jesu interpretiert. Die andere Möglichkeit bestünde darin, Markus hochapokalyptisch nur als Aufruf zum Warten auf die Wiederkunft Jesu zu verstehen, oder zum mindesten in Kap. 13 (Wiederkunft) und 14–16 (Passion) zwei gleichwertige „Gipfel" des Evangeliums zu sehen. Das Versprechen, daß die Jünger Jesus in Galiläa „sehen" sollten (16,7), wäre dann auf die Erscheinung des Wiederkommenden zum Gericht zu beziehen oder gar schon umgedeutet auf sein Wiederkommen in der endzeitlichen, in Galiläa einsetzenden Heidenmission. Solche Auslegung von 16,7 ist aber mindestens für den Evangelisten selbst unmöglich (s. o. 25.3), ob nun eine Ostererscheinung ursprünglich erzählt oder nur auf die Glaubensformel hingewiesen war, in der die Auferstehung glaubensmäßig ausgesagt war. Daß Jesus der wiederkommende Menschensohn-Richter ist, ist Markus wesentlich, jedoch für die ethische Mahnung und wird außerhalb der Übernahme von Kap. 13 und 14,62 aus der Tradition[191] nur einmal und nur in diesem Zusammenhang aufgenommen (8,38–9,1). Gerade Markus hat die überlieferte Vorstellung vom kommenden Menschensohn-Richter betont ergänzt und damit umgestaltet durch die Verkündigung des leidenden Menschensohns (8,31; 9,12.31; 10,33.45; 14,21.41), ob diese nun schon vormarkinisch vorlag oder gar erst durch ihn geschaffen wurde. Aber auch eine Beschränkung auf den irdischen Jesus ist nicht vertretbar; denn nach 8,32 (s. o. 25.2) ist die grundlegende, nicht mehr verhüllt erfolgende Verkündigung gerade die von Passion und Auferstehung. Überhaupt ist Polemik gegen die Zwölf und damit die judenchristliche Gemeinde sehr unwahrscheinlich. Den Zwölfen ist doch das Geheimnis des Gottesreichs (4,11) anvertraut. Ihnen erklärt Jesus alle Gleichnisse (4,34) und nur durch ihre Tradition dann auch den Lesern des Evangeliums. Sie sind Jesu vollmächtige Verkünder geworden (6,7–13) und werden es sein (13,9–13). Als Teilnehmer des letzten Mahls haben sie dieses der Gemeinde überliefert (14,22–25). Gewiß bleiben sie bis zu ihrer Flucht in Getsemani unverständig; aber das gilt für alle Menschen und betont doch nur Gottes Gnade als ausschließlichen Grund allen Erkennens Jesu (s. o. 25.2). Schließlich ist auch nach Markus Jesus nicht nur der Abwesende in der Zeit seiner Gemeinde. Er ist in seinem „Namen" und im „Geist" gegenwärtig, wie das doch auch für die Sicht der Apostelgeschichte gilt (s. u. 28.3). Die 1,8 angesagte Geisttaufe durch Jesus erfolgt nach 13,11.13 in der Verkündigung seines Namens nach Ostern, und 9,37–40 spricht ebenfalls von dieser Zeit, weil ja die Nachfolge gegenüber den Jüngern, nicht gegenüber Jesus zur Diskussion steht. Daß der Kyriostitel für den zur Rechten Gottes Sitzenden vorausgesetzt ist (12,36–37), darf vielleicht nicht zu sehr betont werden, da er nicht ausdrücklich Jesu Herrschaft über die

Gemeinde einschließt, wohl aber die Würde des einst Wiederkommenden (14,62). Hingegen setzen Heilungen und Nachfolgegeschichten doch voraus, daß Gleiches noch immer in der nachösterlichen Gemeinde geschieht (11,22–24; 10,28–30). Man kann also nur formulieren, daß Jesus für Markus der irdisch Wirkende, aber in Kreuz und Auferstehung sein Ziel Erreichende und der einst als Richter Wiederkommende, aber in seinem „Namen" und in der machtvollen Verkündigung seiner Gemeinde schon Wirkende ist.

25.5 *Das Messiasgeheimnis.* Die ganze Schilderung des irdischen Wirkens Jesu bekommt bei Markus eine andere „Dimension" durch das, was man gewöhnlich sein „Messiasgeheimnis" nennt. Darunter versteht man freilich Unterschiedliches: 1. das Verbot, Wunderheilungen weiterzuerzählen, 2. die Betonung der Gleichnissprache als einer nur Eingeweihten verständlichen Rede, 3. das Verbot an die Dämonen, Jesus als Gottessohn auszurufen, 4. das Unverständnis der Jünger. (1.) Das Geheimnisvolle des Wunders, z.B. durch den Rückzug ins Haus mit ganz wenigen oder keinen Zeugen angedeutet, mag zum traditionellen Stil gehören (2 Kön 4,33–35). Wunder sind Markus sicher wichtig. Daß das Propagierungsverbot oft durchbrochen wird, zeigt, wie wenig sich Jesu göttliche Vollmacht verbergen läßt. Aber redaktionell betont Markus das *Lehren* Jesu, das zwanzigmal erwähnt wird und, abgesehen von 6,30, wo es in einer andern sprachlichen Form auf die Jünger bezogen ist, immer von Jesus selbst ausgesagt. Dabei erwähnt Markus Jesu Rückzug vor Wundersucht (1,38) und das Unverständnis bei Freunden und Feinden gegenüber den Wundern (3,6; 6,5–6; 8,8–21). Wunder können also nach ihm nur mißverstanden werden, solange Kreuz und Auferstehung nicht in der Nachfolge verstanden und übernommen sind (8,31–37). – (2.) Das Verständnis der Gleichnisse als einer Geheimsprache ist vormarkinisch. Auch Markus betont das Geheimnis des Gottesreichs, das sich nur dem erschließt, den Jesus selbst belehrt (4,34) und dem Gott selbst die Augen öffnet (8,22–26; 10,46–52). Aber er kann nicht mehr zwischen denen draußen und denen drinnen scheiden, wie es 4,11–12, ein Abschnitt, den er wohl aus der Tradition aufgenommen hat, noch tut und wie es auch den Schriften der jüdischen Mönche vom Toten Meer entspricht. Nach Markus gehören auch die Jünger zu denen, die nicht verstehen (4,13, s.o. 2.5), und am Ende ist es ein Heide, der „sehen" kann, während die Jünger Jesus verlassen haben (15,39; 14,50). Wenn der Leser verstehen darf, wer Jesus ist, dann soll er wissen, daß er das dem Wunder Gottes verdankt. – (3.) Das übernatürliche Wissen der Dämonen ist ebenfalls ein traditioneller Zug. Markus benützt ihn, um das „Mehr" Jesu gegenüber zeitgenössischen, aber auch alttestamentlich-prophetischen Wundertätern dem Leser zu signalisieren (1,24; 3,11); aber wirklichen Glauben an den Sohn Gottes wird nur Gottes eigene Stimme in den Worten Jesu schenken (9,7; vgl. 1,11). – (4.) Die Blindheit der Jünger ist Mittel für die Aussage, daß Glaube und Nachfolge ganz und gar Geschenk Gottes sind, Ereignis seiner Gnade[192].

25.6 *Kreuzestheologie.* Markus wird so verschieden interpretiert, weil er in der Tat auch sehr verschiedene Traditionen verbindet, vor allem Wundererzählungen und eine apokalyptische Zukunftsschau (Kap. 13) mit der Leidensgeschichte verknüpft. Jesu Vollmacht zur Tempelreinigung und zur Verfluchung des Feigenbaums (11,12–28) wird so auch innerhalb der Passionsgeschichte und in Jerusalem lokalisiert berichtet, und der Hinweis auf den Kommenden verbindet sich schon mit der ersten Ankündigung von Passion und Auferstehung und dem daran anschließenden Aufruf zur Nachfolge auf diesem Weg. Ganz abgesehen von der Frage, ob diese verschiedenen Tendenzen ursprünglich auf verschiedene Gemeinden zurückgehen oder in derselben Gemeinde nebeneinander bestanden (s. o. 8), ist solche Zusammenschau auch eine theologisch wesentliche Leistung. Der besondere markinische Akzent besteht dabei darin, daß sich Jesus immer deutlicher als der offenbart, der er ist, wie der Leser seit 1,1 oder mindestens 1,11 weiß, als Sohn Gottes, der nach 1,2–3 das Alte Testament erfüllt (s. o. 25.2). Er tut das aber gerade nicht durch immer höher gesteigerte Wundertaten, die doch höchstens Dämonen zu dieser Überzeugung bringen. Gottes Stimme in der Taufe, die nur Jesus selbst gilt (1,11) und ihn auch gleich in die Wüste und den Kampf mit Satan treibt, wird bei der Verklärung Jesu auch von den Jüngern gehört, die nur auf kurze Zeit seine eigentliche Würde sehen und gleich darauf auf sein Wort verwiesen werden (9,7). Aber die Offenbarung, die zum ersten Mal das menschliche Bekenntnis zum Gottessohn ermöglicht, ist sein Sterben am Kreuz (15,39). Daß dieses am Ende des Evangeliums erzählt werden muß, ist natürlich geschichtlich vorgegeben. Es wird aber schon 3,6 angesagt, in gewissem Sinn auch schon durch die Verhaftung des Täufers in 1,14 als Überschrift über alles im Folgenden Erzählte angedeutet.

25.7 Unterschied zu den Glaubensformeln und Hymnen und zu Paulus. Eine Brücke zu der Vorstellung eines schon immer bei Gott weilenden Sohns, der zur Erde kommt, ist freilich nicht vorgegeben, eigentlich weniger als bei Q (s. o. 7.8). Man wird aber auch nicht behaupten dürfen, Markus habe solche Gedanken bewußt unterdrückt oder auch nur ausgeschlossen. Jesusworte wie 2,17; 10,45 („Ich bin nicht gekommen, Gerechte zu rufen... / mir dienen zu lassen..."); 9,19 („Du ungläubiges Geschlecht, wie lange muß ich bei euch bleiben..."); 13,32 („...weder die Engel im Himmel noch der Sohn, sondern allein der Vater...") oder die Sendung des Sohns im Gleichnis 12,6–8 werden jedenfalls nicht gegen eine solche Deutung abgeschirmt, obwohl sie auch im Mund eines endzeitlichen Propheten möglich wären. Die Kreuzestheologie des Markus ist aber auch sonst sicher nicht identisch mit der paulinischen. Anders als bei Paulus wird die „Epiphanie" der Vollmacht Jesu in seinen Wundertaten durchaus positiv gesehen, obwohl sie noch „geheim" bleibt und sogar in die Irre führen kann ohne die Nachfolge hinter dem Gekreuzigten und Auferstandenen her. Anders als Paulus sieht Markus auch die Gefahr seiner Leser weniger beim Selbstruhm, gegen den die Rechtfertigung des Gottlosen zu verkünden ist, als bei der mangelnden Nachfolge, zu der erneut aufzurufen ist, einerseits mit dem Bild des Weges Jesu, anderseits mit dem Ausblick auf den Wiederkommenden. Jesu ganzes Leben wird bestätigt durch die Auferstehung, wie der leidende Gerechte nach Weish 2,10–20 und 5,1–5 durch seine Erhöhung zu Gott bestätigt wird (s. o. 7.9), und will zur Nachfolge führen. Seine Auferstehung läßt sein endgültiges Kommen am Ende der Zeiten erwarten und begründet so die Dringlichkeit der Nachfolge. Sie steht immer unter dem Zeichen dessen, der einst ans Kreuz ging, um „zu dienen und sein Leben als Lösegeld für viele hinzugeben" (10,45; 14,24), der „nicht die Gerechten, sondern die Sünder zu rufen" kam (2,17).

25.8 Verkündigung als Erzählung. Daß Markus überhaupt ein Evangelium schrieb, also damit ernst machte, daß die Erzählung eine ebenso notwendige Form der Verkündigung des Handelns Gottes darstellt wie die bekenntnismäßige Formulierung und der in die Entscheidung stellende Ruf zum Glauben und zum Leben aus Glauben, ist eine entscheidende theologische Tat. Sie ist vom Alten Testament her vorgegeben. Dort wird neben den Gott lobpreisenden Bekenntnissen und den Geboten, die das darauf gründende Leben beschreiben, die Geschichte Gottes mit Israel erzählend überliefert. Beides kann im gleichen Psalm oder Prophetenbuch neben- und ineinander vermischt erscheinen. Wesentlich war das Unternehmen des Markus, der damit Ansätze erzählender Tradition entschlossen aufnahm, vor allem gegenüber der Gefahr einer reinen Ideologie, d.h. eines Glaubens, der von Sätzen wie denen von der Rechtfertigung des Gottlosen, von der Vergebung der Sünden und von der Notwendigkeit, das Richtige für wahr zu halten, lebte, ohne das alles in Gottes geschichtlichem Handeln in Jesus von Nazaret zu gründen. Man könnte dann Jesus für den ersten Vertreter oder auch für das Symbol dieser richtigen Denkart verstehen, so wie Plato der erste Vertreter platonischer Philosophie war oder wie der Mythos von Attis symbolisch abbildete, was sich in der menschlichen Seele immer wieder abspielt, ohne daß man dabei mehr über Platos Leben wissen oder gar an einen real auf Erden lebenden Attis glauben müßte. Jesus bliebe dann bestenfalls Lehrer und vielleicht auch Vorbild solchen Glaubens. Für Paulus war die Tatsache, daß der Messias den von Gott verfluchten Kreuzestod sterben mußte (Gal 3,13), ein derartiges Ärgernis, daß die Verwurzelung seines Glaubens in dieser schockierenden Geschichte Jesu für ihn zentral blieb und keinen Augenblick in Frage gestellt wurde. Das wurde aber ums Jahr 70 herum anders. Für die heidenchristliche Gemeinde rückte diese Geschichte, die sich in einem fernen Winkel des römischen Reichs abgespielt hatte, immer ferner und drohte zu verblassen. Gerade der Entscheid, sie in erzählender Form aufzunehmen, in der ihre Bedeutung nicht einfach „ideologisch" festgelegt war, sondern immer von neuem erkannt und erglaubt werden mußte, bewahrte die Gemeinde in den folgenden Jahrhunderten davor, einfach eine religiös getönte Ideologie neben anderen zu werden. Das ist noch ganz abgesehen vom Inhaltlichen der überaus wichtige Beitrag des Markus, zum Teil auch schon seiner Vorgänger, zur Gesamtbotschaft des Neuen Testaments[193].

26. Das Evangelium nach Matthäus

26.1 Verfasser, Datum, Ort. Da Matthäus das Markusevangelium voraussetzt (s.o. 7.1), wird man an die Zeit gegen 80 denken. Man hat schon an einen heidenchristlichen Verfasser gedacht oder umgekehrt an einen Juden, der sich noch

zur Synagoge zählt und dort gegen die Ablehnung Jesu kämpft[194]. Gegen beide
Extreme spricht einerseits die Verwurzelung in Israel mit der strengen Haltung
dem Gesetz gegenüber (s. u. 26.7–8), anderseits die scharfe Ablehnung der Juden
(s. u. 26.6). Man wird also an einen Judenchristen denken, genauer wohl an
einen judenchristlichen Schriftgelehrten, wie er 13,52 geschildert wird. Doch
spielt Jakobus, der Bruder Jesu und späterer Leiter der Jerusalemer Gemeinde
keine Rolle, während Petrus der für die Gemeinde entscheidende Tradent der
Lehre Jesu ist. Das läßt eher an Syrien als an das eigentliche Palästina denken, wo
nach dem Weggang des Petrus Jakobus die Führung übernahm (Apg 12,17;
21,18; in Gal 2,9 zuerst genannt im Gegensatz zu 1,18–19). In Antiochia spielt
Petrus auch nach Gal 2,11 eine wichtige Rolle (vgl. o. 9.2). Mt 9,9 heißt der von
Jesus berufene Zöllner Matthäus (Mk 2,14 Levi). Ein Augenzeuge des Lebens
Jesu ist der Verfasser aber nicht, wie schon die Benützung des Markusevangeliums zeigt. Denkbar wäre, daß man die Sammlung von Worten Jesu (Q, s. o. 7.3)
auf einen Matthäus zurückgeführt hätte, was dann die Namensänderung
bewirkt hätte (s. o. 7.1 das Papiaszeugnis und A. 54). Wie weit Papias noch zuverlässige Nachrichten kennt, ist freilich unsicher; er führt auch fantastische
Geschichten an, und auf das ganze Evangelium ist seine Notiz schwerlich zu
beziehen, falls er wenigstens von Jesusworten spricht, die hebräisch von Matthäus zusammengestellt worden seien. Unser Evangelium ist keine Übersetzung, sondern griechisch geschrieben. Einige der alttestamentlichen Zitate
stimmen auch nur nach dem griechischen Übersetzungstext des Alten Testaments (z.B. „Jungfrau" 1,23).

   26.2 Verhältnis zu Markus und Q. Daß Matthäus sein Buch schrieb, zeigt, daß
Markus ihm nicht genügte. Er übernimmt ihn freilich fast vollständig mit gele-
gentlichen Kürzungen. Ohne Ersatz wird nur das Gleichnis von der selbstwach-
senden Saat weggelassen, vielleicht weil es den Menschen völlig passiv darstellt
(Mk 4,26–29), und die Einführung Mk 3,20–21, nach der die Angehörigen Jesu
ihn für verrückt hielten, was natürlich schockiert. Beides fehlt auch bei Lukas;
sollte es schon in den Kopien des Markus gestrichen gewesen sein, die sie benutz-
ten? Ferner sind Mk 1,22–28 und 12,41–44 weggelassen, das erste, weil das
Bekenntnis der Dämonen suspekt war, das zweite weil Mt 24,1 („und Jesus ver-
ließ den Tempel") direkt anschließen sollte als Erfüllung von 23,38–39 („Euer
Haus wird verlassen werden; denn ich sage euch, daß ihr mich von jetzt an nicht
mehr sehen werdet, bis. . ."). Über Markus hinaus fällt zunächst der Rahmen
des Evangeliums auf. Kap. 1–2 schildern Jesu Geburt und früheste Kindheit und
Kap. 28,11–20 die Bewachung des Grabs und die Erscheinung des Auferstandenen vor den Frauen und den elf Jüngern in Galiläa. Das Letzte könnte ursprünglich in Markus gestanden haben. Beides demonstriert das einzigartige, alles endgültig erfüllende Handeln Gottes in Jesus. Darum beginnt das Buch auch mit
einem Stammbaum, der in dreimal vierzehn (= zweimal sieben) Generationen
von Abraham bis David und von David (nochmals gezählt) bis zum letzten
König vor und vom ersten nach dem Exil bis zu Jesus hin verläuft (1,1–17).
Darum endet das Buch auch mit der Verheißung der Gegenwart Jesu in seiner
Gemeinde bis ans Ende der Welt (28,20). Auch stehen vier heidnische Frauen am

Anfang (1,3.5.6) und „alle Heiden" am Ende (28,19). Ferner hat Matthäus Jesus-worte aus Q übernommen und in großen Blöcken eingefügt: in der Bergpredigt (Kap. 5-7), bei der Aussendung (Kap. 10, wo Mk 6,7-13 viel kürzer ist), in den Worten über den Täufer (Kap. 11), in der Gleichnisrede (Kap. 13, das Mk 4 stark ausbaut), in der „Gemeindeordnung" (Kap. 18, im Anschluß an Mk 9,33-50), in der Weherede gegen die Pharisäer (Kap. 23, in Mk 12,37-40 nur kurz angedeutet) und in der Endzeitrede (Kap. 24 [parallel Mk 13] und 25). Sie werden meistens mit der Formel abgeschlossen: „Und es geschah, als Jesus diese Worte beendet hatte..." (7,28; 11,1; 13,53; 19,1, 26,1).

26.3 Ausweis Jesu durch Wort und Tat. Matthäus übernimmt in Kap. 3-4 und dann wieder ab Kap. 12 die Reihenfolge des Markus, freilich so, daß er immer wieder zusätzlichen Stoff einschiebt[195]. In Kap. 5-7 sammelt er Jesusworte, die bei Lukas an verschiedenen Orten auftauchen, zu der großen „Bergpredigt", in Kap. 8-9 Taten Jesu, die bei Markus, einzelne auch nur bei Lukas (Q) an ver-schiedenen Stellen erscheinen. Warum er das tut, ist deutlich. In 9,27-34 erzählt er nämlich je eine Heilung von zwei Blinden und von einem Taubstummen, die sich weder bei Markus noch bei Lukas finden und gewissermaßen eine Verdop-pelung des in 20,29-34 und 12,22-24 Erzählten darstellen. Warum? Nach 11,4 „hören und sehen" die Boten des Täufers, was Jesus diesem ausrichten läßt: „Blinde sehen wieder, Lahme gehen herum, Aussätzige werden gereinigt und Taubstumme hören und Tote auferstehen und den Armen wird die Frohbot-schaft verkündet" (11,5). Mit der Ergänzung in 9,27-34 erreicht Matthäus, daß all diese Wunder schon in den Kapiteln 8-9 erzählt sind. Die Ausrichtung der Frohbotschaft an die Armen geschah schon in der Bergpredigt (Kap. 5-7), die ja mit dem Satz „Selig sind die Armen..." beginnt. Was Jesus also in seinem Wort an den Täufer in Anspruch nimmt, ist alles schon geschehen. Dahinter steht eine wichtige theologische Entscheidung, die sich auch darin zeigt, daß Mat-thäus den Satz von Mk 1,22 „und sie erstaunten über seine Lehre, denn er lehrte sie als einer, der Vollmacht hatte und nicht wie die Schriftgelehrten" ans Ende der Bergpredigt verschoben hat (7,28-29). Das heißt: ihm genügt es nicht mehr, von dem her, was die Jünger nach Ostern erkannten, wie Markus einfach zu ver-kunden, daß sich Gottes Vollmacht schon im Lehren des irdischen Jesus offen-bart habe. Ihm ist wesentlich, *was* der irdische Jesus in solcher Vollmacht gelehrt hat. Am Inhalt seiner Lehre soll sich der Leser sein Urteil über die göttliche Voll-macht Jesu bilden. Ähnlich ist es drum auch bei den Taten Jesu, die Matthäus erzählt, bevor er auf Grund dieser Taten den Anbruch der Endzeit verkündet. Mk 1,23 und 3,11 fehlen: daß überirdische, wenn auch „unreine" Wesen Jesu Geheimnis kennen, ihn als Gottes Sohn enthüllen, genügt Matthäus nicht. Der Leser soll selbst urteilen. Einzig das prophetische Wort der Schrift, das Jesus selbst als erfüllt verkündet, ist ihm Hilfe, diese Taten Jesu als das zu deuten, was sie wirklich sind (11,5). Man soll also nicht nur aufgrund der Botschaft des Evan-gelisten „glauben", daß in Jesus Gott selbst der Welt endgültig begegnet ist, und daß das schon für den Irdischen wie für den Auferstandenen und Erhöhten gilt, ohne daß solches Glauben hinterfragbar wäre. Andernfalls wäre das wiederum ein Rückschritt in die Ideologie (s. o. 25.8). Dem Glauben sind durchaus Kriterien gegeben, die ein Urteil ermöglichen, das ihn begründet, obwohl auch Matthäus weiß, daß Worte und Taten nie unzweideutig sind und ebenso zu Unglauben und Gegnerschaft führen können (12,14, durch 12,15–21 noch theologisch erklärt). Auch wenn es keine Beweise für den Glauben gibt, schenkt Jesus dem Menschen doch begründete Gewißheit in seinen Worten und Taten, die in ihm Leben erwecken.

26.4 Jesu Leben in seiner Jüngerschar. Daß Kap. 10 zwischen den Sammlungen der Worte und Taten Jesu (Kap. 5–7/8–9) einerseits und dem Wort Jesu von der erfüllten Zeit in 11,5, auf das hin diese zielen, anderseits steht, ist ebenfalls theologisch wichtig. Bevor nämlich Jesus das deutende Wort spricht, ist von der Jüngerschar die Rede. Was 9,35 von Jesus gesagt ist: „Er heilte jegliche Krankheit und jegliche Schwäche" wird vier Verse später wörtlich gleich den Jüngern zugesprochen (10,1). Die für Jesus typische Doppelheit von Verkündigung des Gottesreichs und Heilung von Kranken, Auferweckung von Toten, Reinigung von Aussätzigen, Austreibung von Dämonen wird ebenso auf sie übertragen (10,7–8). Nach 9,36–38 sind es nicht nur die Zwölf, sondern die „Erntearbeiter" aller Zeiten, die „die hirtenlosen Schafe" Israels lehren sollen; Mk 6,34 sagte das nur von Jesus selbst aus. Jesus ist also auch der, der weiterlebt in der seinen Jüngern weitergegebenen Vollmacht. So sehr diese Jünger zunächst die sind, die zur Zeit Jesu ausgesandt wurden, worauf der Evangelist jetzt zurückschaut, sind sie doch transparent auf die späteren Gemeindeglieder hin. Das zeigt sich schon in 9,8 wo am Schluß der Geschichte von der Heilung des Gichtbrüchigen die Menge darüber staunt, welche Vollmacht „den Menschen" verliehen sei (nicht nur dem Menschensohn V. 6 = Mk 2,10). Daß damit nicht nur die Vollmacht zu Heilungen gemeint ist, sondern auch die zur Vergebung der Sünden, zeigt sich wohl 18,21–35 (s. u. 26.5) und im Zusatz zum Kelchwort „vergossen für viele zur Vergebung der Sünden" (26,28). Die Jünger nehmen auch an Jesu Leiden teil. Mit 8,18 beginnt die Geschichte vom Seesturm (= Mk 4,35–41). Matthäus fügt aber in V. 19–22 zwei Nachfolgeworte ein und ändert V. 23 so, daß die Jünger jetzt Jesus „nachfolgen" ins Boot und damit in den Sturm hinein. Matthäus sieht darin also das Schifflein der Kirche und ihr Schicksal abgebildet[196]. Darum löst er auch die Ansage von Verfolgung und Leiden zum Zeugnis für die Welt aus der Endzeitrede (Mk 13,9–13) heraus und versetzt sie in die Aussendungsrede Mt 10,17–25, wo er auch schon in V. 7–16 viel aus der Missionsrede von Q (Lk 10,2–12) aufgenommen hat. Das Wort vom Kreuztragen hinter Jesus her, das Mk 8,34–35 erst nach dem Petrusbekenntnis steht, erscheint ebenfalls in Mt 10, 38–39 (und 16,24–25). Schon bei der Taufe durch Johannes erklärt Jesus bei Matthäus, es sei nötig, „daß *wir* alle Gerechtigkeit erfüllen", schließt also seine künftigen Jünger ein (3,15). Mt 26,29.38.40 fügt auch zum Markustext hinzu, daß Jesus „mit" den Jüngern im Gottesreich den Festwein trinken werde und daß sie daher jetzt „mit" ihm wachen sollten.

Die Jünger sind bei Matthäus nicht mehr unverständig und ungläubig; sie sind durchwegs „kleingläubig" (8,26; 14,31; 16,8). Daß sie keinen Glauben hätten (Mk 4,40) und blind und taub wären wie die Draußenstehenden (Mk 8,18), wird gestrichen. In 13,16–17 werden die Jünger sogar im Gegensatz zu den Blinden und Tauben seliggepriesen, weil sie sehen und hören, was selbst Propheten und Gerechte nicht sehen und hören konnten (Lk 10,23–24 Q), während Mk 4,13 sie jenen fast gleichsetzt. So bilden die Jünger auch die kommende Gemeinde ab, die ja nicht blind ist für Jesu Messianität, wohl aber ihren Glauben gegenüber den Anfechtungen des irdischen Lebens nicht genügend durchhalten kann. Schon 14,33, also vor dem Petrusbekenntnis, preisen die Jünger Jesus als den wahrhaftigen Gottessohn. Das ist ihnen nicht verborgen; aber daß er dies in Niedrigkeit ist, dagegen sträubt sich alles in ihnen. Darum wird auch der harte Vorwurf an Petrus, der den Leidensweg nicht verstehen kann, trotz der gerade vorangehenden Seligpreisung nicht gemildert (16,23).

26.5 *Die Sonderstellung des Petrus.* Unter den Jüngern wird Petrus noch stärker hervorgehoben als bei Markus. Die ihm geltende Seligpreisung steht in der Mitte des Evangeliums (16,17). Das schließt nicht aus, daß auch er zu den „Kleingläubigen" gehört, ja zu den nur menschlich Denkenden (14,31; 16,23). Merkwürdigerweise fehlt die Ersterscheinung des Auferstandenen vor ihm (Lk 24,34; 1 Kor 15,5). Erstzeugen sind nach Mt 28,9 (vgl. Joh 20,14–18) die Frauen, und Petrus wird nicht einmal wie Mk 16,7 als Adressat der Engelbotschaft besonders genannt. Wohl aber wird er 15,15; 17,24–27; 18,21 neu eingeführt, immer im Zusammenhang einer für das ethische Verhalten der Gemeinde wichtigen Frage und so, daß er im Namen aller Jünger spricht (vgl. 15,15–16; 18,21/35, auch 16,20.21.24; 19,27; 26,35). Die Struktur der besonderen Seligpreisung des Petrus in 16,17–19 zeigt auch merkwürdige Parallelen zur Seligpreisung aller Jünger Jesu in 5,12–16[197], wo diese in der Kategorie der Propheten gesehen sind (5,12; vgl. 10,41). Auf den Zuspruch „Selig seid ihr" (mit dem in 5,12 die direkte Anrede einsetzt)/„Selig bist du" (16,17) folgt ihre Neubestimmung mit „Ihr seid" / „Du bist" und einem Bildwort („das Salz der Erde" / „der Fels"), die abgeschlossen wird durch eine Verheißung: die Stadt auf dem Berg kann nicht verborgen bleiben / die auf den Fels gegründete Gemeinde nicht vernichtet werden (vgl. auch dieselben Ausdrücke „lösen" und „Himmelreich" in 5,19–20 und 16,19). Außerdem ist die Vollmacht „zu binden und zu lösen" nach 18,18 allen Gemeindegliedern gegeben. Wie bei den Rabbinen ist damit gemeint, daß sie immer wieder in den neu auftauchenden Problemen festlegen, was verbindlich ist, was nicht, z.B. bei den Sabbat- oder Speisegeboten, und damit auch Menschen von Schuld freisprechen oder sie darauf behaften. Dabei mag das erste vor allem Petrus zukommen, das zweite der Gemeinde. Das zeigt die Fortsetzung im Gleichnis vom Knecht, dem eine fantastisch hohe Schuld (s.u. 26.9) erlassen wird, der aber seinen Mitknecht wegen einer im Verhältnis dazu winzigen Summe bedrückt. Die Gegenwart Jesu beim Gebet der Zwei oder Drei (18,19–20) begründet also die Vollmacht zur Vergebung. Auch wenn in 16,19 eher an die bindenden oder lösenden Lehrentscheidungen gedacht ist, ist das mit genau denselben Vokabeln bezeichnet. Was Petrus und christliche Schriftgelehrte tun, unterscheidet sich also nur im Akzent von dem, was allen Gemeindegliedern verheißen ist. Innerhalb der Schar aller Jünger ist Petrus in besonderer Weise Garant der Tradition und Interpretation der Gebote Jesu (28,20). Darum ist 16,18 auch nicht die Stiftung der Kirche, sondern eine in der

Zukunftsform erlassene Verheißung, daß Jesus durch die, vor allem dem Petrus anvertraute, weitergehende Überlieferung seiner Worte an „seiner Gemeinde", dem Gottesvolk bauen werden.

26.6 Israel und Jesusgemeinde. Dieses Gottesvolk ist gerade bei Matthäus Israel. Die Mk 3,8 und 7,31 genannten heidnischen Gebiete werden weggelassen. Jesus bleibt, 15,21 vielleicht ausgenommen, innerhalb der Grenzen Israels. Während Mk 7,27 erklärt, das Brot komme zuerst den Kindern (Israel), dann den Hündlein (Heiden) zu, stellt Jesus in Mt 15,24 fest, er sei nur zu Israel gesandt, und schickt seine Jünger ausdrücklich nur zur Israelmission (10,5–6.23). Jesus ist betont der „Davidssohn". Auch fehlt die Verheißung, daß eine Gebetsstätte für alle Heiden den jüdischen Tempel ersetzen werde (Mk 11,17). Erst in der Endzeitrede wird die weltweite Evangeliumsverkündigung vorausgesagt, und zwar als Vorbedingung des kommenden Endgerichts (Mt 24,14 wie Mk 13,10). Und erst nachdem Israel endgültig Jesus abgelehnt hat (27,25), wird nach Ostern der Weg zu den Heiden frei (28,19). Freilich kann das niemals eine Überheblichkeit der zur Zeit des Matthäus schon stark heidenchristlich geprägten Gemeinde begründen[198]. Wenn nämlich 21,23–22,14 und nochmals 22,15–24,51 den „Prozeß" Gottes gegen Israel mit Befragung des Angeklagten, Schuldsprechung, Strafzumessung und Strafvollzug schildern (wobei im ersten Ablauf die Abschnitte durch wiederholte Stichworte immer miteinander verknüpft sind), dann schließen doch beide Stränge mit der scharfen Warnung an die Gemeinde Jesu, der es genau so ergehen wird, wenn sie nicht Glauben hält (22,11–14; 24,42–51). *Ihr* gilt die je am Ende stehende Drohung vom „Heulen und Zähneknirschen" (22,13; 24,51; auch 13,42). Auch sie kann zu einer Schar von „Heuchlern" werden (24,51). Umgekehrt geht die Einladung an Juden zum Glauben auch nach Jesu Tod weiter (10,23; 17,27a). Man kann sogar fragen, ob 23,29 nicht ähnlich wie Röm 11,25–26 erwartet, daß mindestens beim letzten Kommen Jesu auch Israel ihn erkennen wird. Doch bleibt die Stelle unklar.

26.7 Liebe als „Generalklausel" über dem Gesetz. Matthäus stellt also bewußt die Frage nach der Identität der Gemeinde Jesu. Wie schon die, von Matthäus wohl aus der Tradition übernommenen, Reflexionszitate („Das geschah, damit erfüllt würde, was der Prophet...sagt") zeigen, kann das von ihm nur in der Kategorie der Erfüllung der Israel gegebenen Verheißungen gedacht werden. Gemeinde ist also das von Jesus gesammelte und neugeschaffene, jetzt weltweit ausgedehnte Gottesvolk (s. o. 7.6), in dem bis zum letzten Gericht Böse und Gute zusammenleben (Gleichnisse vom Unkraut und Fischnetz, 13,24–30.36–43.47–50). Jesus ist darum zunächst der, der Gesetz und Propheten nicht etwa auflöst, sondern erfüllt (5,17). Das Gesetz muß gelehrt und gehalten werden (5,18–19). 24,20 setzt sogar voraus, daß man, um den (gegenüber Mk 13,18 neu hinzugefügten) Sabbat nicht zu brechen, ihn nicht einmal bei Lebensgefahr zur Flucht benützen darf. Wo aber die Liebe dadurch gefährdet würde wie bei den für Heiden unmöglichen Speisevorschriften (15,11), ist diese wichtiger. Das Gebot der Nächstenliebe ist also die „Generalklausel", die über allen Einzelgeboten steht, so wie die Verfassung eines Lands über den Ausführungsgesetzen steht. Darum rahmt die goldene Regel, die „das Gesetz und die Propheten ist" (7,12) mit 5,17 zusammen den Kern der Bergpredigt. Darum sind die Irrlehrer, vor denen am Schluß gewarnt wird (7,22–23), diejenigen, die die Liebe erkalten lassen (24,11–12). Darum wird vom Gebot der Nächstenliebe in 22,40 gesagt, an ihm „hänge das ganze Gesetz und die Propheten", und wird es ausdrücklich dem der Gottesliebe gleichgestellt. Es wird auch 19,19 in den von Markus übernommenen Stoff eingefügt wie in 9,13; 12,7 der alttestamentliche Satz, daß Gott Barmherzigkeit wolle, nicht Opfer.

26.8 Jesus die Weisheit Gottes. Von daher sind auch die Antithesen zu verstehen: nicht erst der Mord, schon der Haß, nicht erst der vollendete Ehebruch, schon das Begehren verletzt Gottes guten Willen, weil es den Mitmenschen verletzt (5,21–48). Jesus ist also primär der Lehrer, der die Möglichkeit eines neuen Lebens schenkt und gerade in seinen guten und hilfreichen Geboten immer bei seiner Gemeinde sein wird (28,20). Doch genügt die Kategorie des (Weisheits-)Lehrers (s. o. 7.7) noch nicht. Das zeigen ein paar beachtenswerte Beobachtungen. 11,19 erklärt, die Weisheit Gottes werde gerechtfertigt (bekomme Recht vor Gott und aller Welt) von ihren Werken her, nicht mehr wie ursprünglich und noch in Lk 7,35 von ihren Kindern. 11,2 hat aber von „den Werken des Christus" gesprochen. Er wird also mit der „Weisheit" gleichgesetzt, die nach jüdischer Sicht schon bei der Schöpfung mit Gott zusammengewirkt hat (s. o. 5.6). So wird auch der Satz der Weisheit (Lk 11,49) in Mt 23,34 als Satz Jesu zitiert, und die Aussagen Jesu Mt 11,28–30 werden in Sir 51,23–24 ganz ähnlich als Aussagen der Weisheit überliefert. Jesus ist also die menschgewordene Weisheit Gottes. Matthäus könnte formulieren: „Die Weisheit" oder „das Wort (griechisch: der Logos, der oft mit ihr gleichgesetzt wird) ist Fleisch geworden", freilich in ganz anderem Sinn als in Joh 1,14: in der vollmächtigen Lehre Jesu (s. o. 7.8). Da die Weisheit schon Sir 24,23 (auch Baruch 4,1) mit dem Gesetz Gottes identifiziert wird, ist verständlich, wie Jesus als das menschgewordene Gesetz die Gebote des Alten Testaments in ihrem von Gott gewollten Sinn neu lehren kann. Daß die Gemeinde in dieser Weise das Gesetz wirklich erfüllen kann, liegt an der guten Gabe der Lehre Jesu. Davon lebt sie und wird bis ans Ende der Welt davon leben, daß er gekommen ist[199].

26.9 Gericht und Vergebung. So gilt das Doppelte: Jesus wird auch für seine Gemeinde als Menschensohn-Richter wiederkommen (7,22–23; 13,30.41; 16,27; 25,31), aber das Gericht entscheidet sich am Einsatz der Liebe für die „Geringsten" (25,40.45). Und Jesus selbst ist in erster Linie der, der die ihm Folgenden überreich und unerwartet belohnt (20,8–9), das Volk von den Straßenkreuzungen zum königlichen Hochzeitsfest einlädt (22,9) und gerade für „die Mühseligen und Beladenen" da ist (11,28–30). In ihm ist Gottes Vergebung aller Schuld in unvorstellbarer Weise wahr geworden (18,27: die Schuldsumme beträgt 50 Millionen Denare = Taglöhne!) und wird immer wieder wahr werden (6,12; 26,28; vgl. 18,22). Der Ehrenname der Jünger Jesu lautet „diese Kleinen" (10,42; 18,6.10.14). Letzte werden Erste sein, auch wo sie kaum eigene Leistungen vorweisen können (20,16).

Während über dem Jesus des Markusevangeliums das Messiasgeheimnis liegt, das erst nach Ostern gelüftet wird (Mk 9,9), ist bei Matthäus alles auf den irdischen Jesus konzentriert, der als Lehrer und als der neues Leben ermöglichende Vorgänger (28,20) bei den Entscheidungen der Gemeinde präsent ist (18,20). In ihm ist die schon immer bei Gott und mit Gott wirkende Weisheit Mensch geworden. Von ihr geleitet ist die Gemeinde unterwegs auf die Begegnung mit dem „Menschensohn" im letzten Gericht hin. Sie bleibt dabei die Schar der „Kleinen", die von seiner Vergebung lebt. Was durch Ostern, genau genommen durch Israels Entscheidung gegen Jesus, neu wird, ist die durch den Missionsbefehl ausdrücklich erfolgte Öffnung der Tür zu allen Völkern.

27. Das Evangelium nach Lukas

27.1 Verfasser, Datum, Ort. Auch Lukas kennt Markus und, wohl in einer etwas veränderten Form und vielleicht schon mit seinem Sondergut verbunden, Q (s. o. 7.1 und 4). 21,20–24 schildert in Abänderung des Markustextes deutlich den Fall Jerusalems. Gewöhnlich denkt man an die Achtzigerjahre als Zeit der Abfassung. Ein Lukas ist Phm 24; Kol 4,14 und 2 Tim 4,11 als Paulusbegleiter genannt. Um ihn kann es sich freilich nicht handeln, da einige Angaben in der Apostelgeschichte nicht mit denen in den Paulusbriefen übereinstimmen. Nach Gal 1,17–18; 2,1 war Paulus zwischen seinem ersten Besuch und dem Apostelkonzil nie in Jerusalem (gegen Apg 11,30; 12,25; doch s. o. 9.1). Die Betonung der absoluten Selbständigkeit des Paulus, der das Evangelium von keinem Menschen übernahm oder gelehrt bekam (Gal 1,1.12), verträgt sich auch kaum mit der Rolle des Hananias in Apg 9,10–18. Nach Apg 9,19–26 blieb Paulus nach seiner Berufung „einige Tage" in der Stadt Damaskus, bevor er nach Jerusalem reiste, wo man auch noch nichts von seiner Bekehrung wußte; nach Gal 1,17 war er vor seinem ersten Besuch dort drei Jahre in der Arabia. Außerdem sah Paulus in Jerusalem nicht „die Apostel" (Apg 9,27), sondern nur Petrus (und den Herrenbruder Jakobus, Gal 1,19). Neben Gal 2,6 kann die Bedingung für die Heidenchristen Apg 15,20 nicht im Beisein des Paulus beschlossen worden sein (s. o. 9.1). Was an ärztlichen Angaben zu finden ist, geht nicht über das hinaus, was jeder Gebildete schreiben könnte. Der Verfasser gehört zur Heidenchristenheit und schreibt irgendwo im Römischen Reich. Vielleicht hieß er Lukas und wurde erst später mit dem Paulusbegleiter gleichgesetzt, wie es zuerst bei Irenaeus um 180 bezeugt ist. Oder das Evangelium lief ohne Namen um, was freilich schwer vorstellbar ist, da schon andere existierten, vielleicht aber unter einem anderen Namen, bis es dann aufgrund der Apostelgeschichte mit ihren Wir-Berichten dem Paulusbegleiter Lukas zugeschrieben wurde.

27.2 Lukas als Historiker. Lukas überlegt in seinem Vorwort bewußt, was er tut. Er verweist auf „viele", die schon vor ihm ein Evangelium schrieben. Er schreibt aufgrund des von „Augenzeugen" Überlieferten und erklärt, „von Anfang an allem sorgfältig der Reihe nach nachzugehen und es aufzeichnen zu wollen". Er *will* also Historiker sein. Schon damit fällt eine theologische Entscheidung. Er ist der Meinung, daß Glaube grundlegend in dem verwurzelt ist, was „vor uns" und „außerhalb von uns" geschichtlich geschehen ist, datierbar nach römischen Kaisern und jüdischen Autoritäten (1,5; 2,1–2; 3,1–2; vgl. 3,23). Was Markus implizit geleistet hat (s. o. 25.8), ist hier reflektiert und bewußtgemacht. Glaube ist also nicht nur eine Philosophie, die die richtige Erkenntnis lehrt und damit auch die richtige Haltung gegenüber der Welt und allem, was uns in ihr begegnet. Eine Philosophie kann man übernehmen, ohne zu wissen, woher sie stammt und wer sie als erster gelehrt hat. Glauben kann man offenbar nicht, ohne zu wissen, was im Leben, Sterben und Auferstehen Jesu geschehen ist.

Das ist aber nur die eine Seite. Auch der Profanhistoriker muß ja das vergangene Geschehen von dem her untersuchen, was sich seither an Wirkungen gezeigt hat. Er kann ja unmöglich alles erzählen; er muß die Ereignisse auswählen, die wirklich wichtig waren, was sich aber erst aus der weitergelaufenen Geschichte erkennen läßt. Man kann dabei keine Gesetze aufstellen, wie sich solche Ereignisse auswirken müssen, so daß man es schon im voraus wüßte. Manchmal eint ein Sieg vorher getrennte Gruppen zu einem Volk, manchmal eine Niederlage, die sie zwingt, sich in der Not zusammenzuschließen, um überhaupt zu überleben. Es ist auch nicht einfach der Mensch, der Geschichte macht. Ein Hagelwetter kann den schönsten Plan eines Generals zunichte machen oder ein Nebel eine ganze Armee vor der Vernichtung bewahren. Das alles muß auch der Profanhistoriker sehen und bedenken [200]. Wenn Lukas darin nicht einfach den Zufall spielen sieht, sondern Gottes Willen, dann ist das natürlich seine Glaubensentscheidung, genau so wie es die Rückführung auf bloßen Zufall (oder andere Ursachen) auch wäre. Er weiß daher, daß es nicht genügt, Augenzeuge zu sein; man muß auch zum „Diener am Wort werden" (1,2), nämlich so, daß man dem nachspürt, was Gott mit dem Geschehenen wollte. Das gilt grundlegend schon für die Auswahl dessen, was man als Geschichte Jesu berichtet. Es gilt aber auch für die Überlegung, warum das so Berichtete für die Leser des Evangeliums wichtig werden könnte. Das ist ja nicht einfach für jedermann und zu jeder Zeit dasselbe, eben weil Evangelium nicht eine zeitlos gültige Philosophie ist. Daß Gott der lebendige Gott ist, bedeutet auch, daß es Führung Gottes gibt in der Wirkungsgeschichte des Lebens, Sterbens und Auferstehens Jesu. Darum schreibt Lukas die Apostelgeschichte, in der deutlich wird, daß auch hier weder überall gültige Gesetze noch menschliche Kraft noch reiner Zufall dafür verantwortlich sind, wie das im Evangelium Erzählte sich als Heil der Kirche und der Welt erwiesen hat und weiter erweist.

27.3 Aufbau und Sondergut. Vergleicht man mit Markus, zeigt sich im Großen und Ganzen derselbe Aufbau einer galiläischen Tätigkeit Jesu vor dem Aufenthalt in Jerusalem, den Lukas aber nicht mehr auf eine Woche beschränkt. Freilich fehlen größere Abschnitte, vor allem Mk 6,46–8,27a (Seewandel, Diskussion über Reinheits- und Speisegebote, Begegnung mit der Syrophönizierin, Heilung des Taubstummen, Speisung der Viertausend, Zeichenforderung, Rüge der Jünger im Boot, Heilung des Blinden). Dadurch wird das Petrusbekenntnis in die Nähe von Betsaida verlegt (9,10), wohin die Jünger nach Mk 6,45 ja gefahren sind. Es scheint also, daß dieser Teil in dem Markusexemplar gefehlt hat, das Lukas vorlag; denn nur um zu kürzen oder um im Sinn des Lukas Unpassendes wegzulassen, hat er kaum so viel übergangen. Auch Lukas stellt Kindheitsgeschichten voran, aber andere als Matthäus, und fügt Q-gut ein, wahrscheinlich in der ihm vorliegenden Reihenfolge der Quelle (s. o. 7.3), jedenfalls nicht konzentriert auf bestimmte Abschnitte wie die Bergpredigt in Mt 5–7. Das hängt damit zusammen, daß Lukas primär erzählen, also mit Q-Worten die Geschichte beleuchten, Matthäus hingegen belehren will, also die Geschichte stärker als Rahmen der Worte Jesu auffaßt. Die zweite Hälfte des Wirkens Jesu beschreibt Lukas betont als Weg ins Leiden nach Jerusalem, so daß der Entschluß dazu (9,51) einen stärkeren Neuabschnitt markiert als das Petrusbekenntnis vorher.

Wichtig ist, daß Lukas eine große Anzahl von Geschichten und Gleichnissen Jesu enthält, die wir sonst nirgends finden und die vielleicht schon in einer besonderen Quelle gesammelt (und mit Q verbunden?) ihm vorlagen: die Advents- und Weihnachtsgeschichten (Kap. 1–2), das Bild vom Prediger in Nazaret (4,16–30), die Geschichte vom wunderbaren Fischzug und der Berufung des Petrus (5,1–11), die von der Witwe in Nain (7,11–17) und der Dirne im Haus des Pharisäers (7,36–50), von den Jüngern, die Gottes Feuer auf die Samaritaner herabbeten wollen (9,52–56), von der Heilung der zehn Aussätzigen, von denen nur einer dankt (17,12–19), vom Oberzöllner Zachäus (19,1–10), von Jesu Tränen über Jerusalem (19,41–44) und seinem „blutigen Schweiß" in Getsemani (22,44), von seiner Vorführung vor Herodes (23,6–12) und seiner Zuwendung zum Schächer (23,40–43), von seinem Wandern mit den Emmausjüngern (24,13–35) und seiner Erscheinung vor den Jüngern in Jerusalem (24,36–53); dann die Gleichnisse vom barmherzigen Samaritaner (10,30–37), vom törichten reichen Bauern (12,16–21), vom verlorenen Groschen und Sohn (15,8–32) vom ungerechten Haushalter (16,1–8) und vom armen Lazarus (16,19–31), vom Richter und der Witwe (18,1–8), vom Pharisäer und Zöllner (18,9–14). Auffällig ist auch, wieviele Frauengestalten hier neu erscheinen oder stärker betont sind; neben Zacharias bekommt Maria ihren stark hervorgehobenen Platz, später auch Elisabet (1,5–56), neben dem Propheten Simon die Prophetin Hanna (2,25–38), die Mutter eines verstorbenen Kindes neben dem auch bei Markus genannten Vater (7,11–17; 8,40–56), die Schwestern Maria und Marta neben dem Schriftgelehrten (10,25–42), die Jesus nachfolgenden Frauen neben den Jüngern (8,1–3), die bittende Witwe neben dem auch Matthäus bekannten bittenden Freund (18,1–5; 11,5–8), die „Tochter Abrahams" neben dem „Sohn Abrahams" (13,16; 19,9), die Frau mit der verlorenen Münze neben dem auch Mt 18 genannten Hirten mit dem verlorenen Schaf (15,4–10). Auch die Parteinahme für die Armen und die Warnung vor dem Reichtum sind im Lukas-Sondergut deutlich bemerkbar. Die Jünger verlassen „alles" (5,11.28; 14,33); seliggepriesen sind die „Armen" und „Hungernden" (ohne die Zusätze von Mt 5,3.6) und bedroht die „Reichen" und „Gesättigten" (6,20–21.24–25; 16,14), auch in den Gleichnissen (12,15; 14,13–14; 16,19–31). Almosen werden empfohlen (11,41; 12,33; 19,8). In den aufgeführten Sondergeschichten tritt auch die Liebe Jesu zu

Zöllnern, Dirnen und dem gekreuzigten Verbrecher besonders hervor. In der Passionsgeschichte erzählt Lukas vieles anders, zum Teil übereinstimmend mit Johannes. In der Nacht, in der Petrus Jesus verleugnet, wird dieser nur gefangen gehalten, und es findet nur *ein* Verhör am Morgen statt, dafür aber nachher noch ein weiteres bei Herodes (23,6–12). Daß das alles mitsamt der Kreuzigung Jesu und seinem Tod am gleichen Tag stattgefunden hat, ist nicht unmöglich, aber nicht leicht vorstellbar.

27.4 Das Christusverständnis. Fragt man nach der Bedeutung Jesu, erscheint das dazu Gesagte zunächst merkwürdig unklar. Zwar kennt Lukas nicht nur wie Markus und Matthäus die höfliche Anrede an Jesus „Herr", sondern nennt ihn auch in seinen Geschichten den „Herrn"; aber Apg 2,36 sagt, erst die Erhöhung zur Rechten Gottes habe ihn zum „Herrn" gemacht. Zwar ist Jesus sicher der „Sohn Gottes", obwohl der römische Hauptmann unter dem Kreuz diesen Titel vermeidet und ihn nur einen „Gerechten" nennt (23,47 gegen Mk 15,39); aber nie wird klar, wieso. Nach 1,35 infolge der Jungfrauengeburt, nach 3,22, falls dort nicht nur an Proklamation des Standes Jesu gedacht ist, durch die Begabung mit dem Geist Gottes, nach 3,23.38 durch seine Abstammung von Adam, dem „Sohn Gottes", nach Apg 13,33 durch seine Auferstehung, in der sich das Wort „Du bist mein Sohn, heute habe ich dich gezeugt" erfüllt hat. Nur Lukas bezieht den Titel „Gottesknecht" auf Jesus, aber ob als Bezeichnung des Leidenden (Jes 53; so Apg 3,13.26) oder des königlich-davidischen Herrschers (Ez 34,23–24 und oft; so Apg 4,25–30), ist nicht präzisiert. An zentralen Stellen kann Jesus einfach als ein durch Wunder ausgewiesener „Mann" verkündet werden (Apg 2,22; vgl. 10,38) oder auch als der „Mann", den Gott einst als Richter kommen lassen wird (Apg 17,31; vgl. 10,42). Es ist darum nicht zum Verwundern, daß der Hohepriester Jesus im Verhör fragt, ob er der „Christus" sei, Jesus darauf erklärt, sie würden den „Menschensohn" zur Rechten Gottes sehen, und dann alle erklären, also sei er „Gottes Sohn", was dann Jesus akzeptiert (Lk 22,67–70). Es scheint demnach gleichgültig zu sein, ob man ihn Christus, Menschensohn oder Gottessohn nennt, weil alle diese Titel seine einzigartige Beziehung zu Gott beschreiben.

27.5 Bedeutung des Lebens und Sterbens Jesu für unser Heil. Ebenso unklar bleibt, in welcher Weise Jesus das Heil vermittelt. Zwar finden sich bei Lukas mehr Hinweise auf seine Passion als in den übrigen Evangelien. Er wiederholt nicht nur die drei Leidensankündigungen, die auch Markus kennt, die zweite übrigens so, daß nur noch von der Übergabe des Menschensohns in Menschenhände geredet ist, ohne daß seine Auferstehung erwähnt wird. Auch Mose und Elija weisen bei seiner Verklärung darauf hin (9,11). Jesus selbst spricht von der auf ihn wartenden „Taufe" (12,50), dem Prophetenmartyrium in Jerusalem, das auch ihm zuteilwerden wird (13,33), und von der Notwendigkeit seines Leidens vor dem Endgeschehen (17,25). Noch wichtiger ist die ganze Gestaltung seiner Reise nach Jerusalem als Weg ins Leiden (von 9,51 an). Nur Lukas erzählt das Gleichnis von den Weinbergpächtern so, daß einzig der Sohn getötet wird, sich also in seinem Schicksal noch von den Propheten unterscheidet (20,15). Nur er zitiert Jes 53 als Hinweis auf den leidenden Gerechten: „Er wurde unter die

Gottlosen gerechnet" (22,37). Aber wieder bleibt unklar, wie dieses Sterben zu verstehen ist. Der Satz Mk 10,45, daß der Menschensohn gekommen sei, zu dienen und sein Leben als Lösegeld für viele zu geben, fehlt. An seine Stelle tritt Lk 19,10 das Wort „Der Menschensohn ist gekommen, das Verlorene zu suchen und zu retten" und in 22,27, in einer Art Abschiedsrede an die Jünger das andere: „Ich bin in eurer Mitte als der Dienende". An dieser Stelle ist auch das Mk 10,45 vorangehende Gespräch der Jünger eingefügt, wer der Größte sei, und Jesu Feststellung, daß der Dienende der wahrhaft Große sei, freilich in etwas anderer Form. In beiden Fällen ist also das gesamte Wirken Jesu als dieser Dienst angesehen, nicht nur sein Tod, der allerdings sicher eingeschlossen ist, besonders am letzten Abend vor seiner Kreuzigung. Im Abendmahlswort zum Kelch wird die schon Mk 14,24 stehende Wendung vom „für euch (Mk: für viele) vergossenen Blut" übernommen, obwohl sie nicht in allen Handschriften steht, aber merkwürdig mechanisch angehängt, ohne mit dem Satz wirklich verbunden zu werden. Wörtlich lautet sie: „In meinem Blut, das für euch vergossene". Endlich findet sich Apg 20,28 der Hinweis auf „sein eigenes Blut", mit dem Gott die Gemeinde erkauft hat; in der Formel bezieht sich das auf Gottes Blut, obwohl natürlich das Blut Jesu gemeint ist. Wieder ist also eine geläufige Redewendung mehr oder weniger mechanisch wiederholt.

Das heißt also: Lukas ist nicht besonders interessiert an korrekten Titeln für Jesus oder festen Formulierungen für sein heilvolles Tun, wohl aber daran, die ganze Fülle dessen, was Jesus und sein Tun ausmacht, erzählend zu vermitteln.

27.6 Weder geschichtslose Verkündigung noch bloßes Für-wahr-halten. Die Gefahr einer Entwicklung zur Gnosis hin, in der Gottes Handeln in Schöpfung und Geschichte ebenso unwichtig wurde wie die Geschichte Jesu von Nazaret (s. o. 20.2), bestand zur Zeit des Lukas wohl noch mehr als zu der des Markus (s. o. 25.8). Im Gegensatz dazu betonte die (von einem späteren Gesichtspunkt her gesehen: rechtgläubige) Großkirche die Bindung an das Alte Testament und vor allem an Jesus. Sie formulierte in ihrem Bekenntis, ausdrücklich freilich erst später, was man glauben müsse: Menschwerdung, Kreuzigung, Auferstehung, Wiederkunft Jesu Christi. Damit erwuchs allmählich auch die Gefahr, daß man Glauben mit dem Für-wahr-halten von bestimmten Sätzen verwechselte. Wie weit das zur Zeit des Lukas und dort, wo er lebte, schon sichtbar wurde und ob er davon wußte, wissen wir nicht. Weder Apg 8,9–11 noch 20,29–30 erscheinen Anspielungen auf gnostische Irrlehren, und gegen bloße Rechtgläubigkeit wird nie polemisiert. Aber positiv gesprochen steht sein Evangelium klar gegen die beiden Extreme, die in der Zukunft seiner Kirche drohen. Es erzählt und betont damit die Verankerung in der Geschichte gegen alle gnostische Auflösung. Gott hat gehandelt, längst bevor wir etwas erkannten oder glaubten. Und es erzählt in breiter Fülle, ohne daß sich diese in ein paar zentrale Sätze, z.B. über die Heilsbedeutung des Todes Jesu am Kreuz, zusammenfassen ließe. Gegen alles bloße Für-wahr-halten erzählt er, ohne schon im voraus zu wissen, was davon zum lebendigen Wort Gottes wird, das den Leser überwältigt.

27.7 Jesus das Gleichnis Gottes. Er hat damit neu übernommen, was Jesus mit seinen Gleichnissen ausdrücken wollte (s. o. 2.3–4). Es ging Jesus nicht darum, seinen Hörern eine Belehrung zu vermitteln, die sie als neue Information zusätzlich zu ihrem bisherigen Wissen oder auch dieses korrigierend mit nach Hause nehmen konnten, wie es reine „Orthodoxie" leicht mißversteht. Es geht ihm vielmehr darum, eine Kette von Alltagserfahrungen in ihnen zu wecken, damit Erfahrungen mit dem auf sie zukommenden Reich Gottes lebendig würden. Wie sich ein Gleichnis nie auf einen es deutenden Satz reduzieren läßt, so kann kein noch so richtiger Satz an die Stelle der gesamten lebendigen Fülle des Lebens, Sterbens und Auferstehens Jesu treten. Daß Jesus z.B. Gottes Sohn ist, ist sicher wahr; aber was „Gottes Sohn" heißt, erkennt doch nur der, der sich dieser Fülle von Geschichten über Jesus und Worten Jesu aussetzt. Bloße Rechtgläubigkeit, das „Kerygma", die christliche Lehre ohne die Erzählung der Evangelien genügt also nicht. Umgekehrt ist aber klar, daß ein Gleichnis in sich selbst nichts besagt. Wie man Brot bäckt, wissen ungefähr alle unter Jesu Zuhörern, das braucht er ihnen nicht zu sagen. Darum hängt alles daran, daß *Jesus* das Gleichnis erzählt und die Vollmacht hat, es mit der Formel einzuleiten: „Das Reich Gottes ist gleich einem Sauerteig..." (13,20–21).

Man muß es sogar noch deutlicher sagen: die Geschichte Jesu wird zum „Gleichnis" Gottes, weil er, Jesus, sie *lebt*, also selbst *das* Gleichnis Gottes ist [201]. Nur Lukas tradiert das Gleichnis vom verlorenen Sohn, an dessen Ende der (fast) allmächtige Vater mit seinem älteren Sohn in der Dunkelheit draußen steht, in der Ohnmacht der Liebe, die weiß, daß sie zur Gegenliebe nie zwingen, sondern nur darauf warten kann, und die nichts hat als ein brennendes Herz und ein paar armselige Worte der Einladung. Das ist wahr, weil bald danach der Erzähler dieses Gleichnisses am Kreuz hängt, allmächtig („Ich könnte meinen Vater bitten, und er würde mir gleich mehr als zwölf Legionen Engel schicken", Mt 26,53) und doch ohnmächtig, ohne Hände oder Füße nur einen Zentimeter verrücken zu können, auf Menschen wartend, die sich Gottes Liebe öffnen. Darum kann man keinen anderen Mythos verwenden, der die Verkündigung ebenso gut illustrieren könnte wie der von Jesus Christus, wie es die Gnosis tat. Es geht eben nicht nur um ein neues Selbstverständnis, eine innermenschliche Denkbewegung, die man nur, statt sie in feste Sätze zu fassen, durch irgendeinen Mythos ausdrücken kann. Die Wahrheit der Botschaft Jesu hängt daran, daß sie in ihm, in seinem Leben, Sterben und Auferstehen geschehen ist. Der erzählte irdische Jesus, von seiner Geburt bis zu seinen Begegnungen mit Jüngerinnen und Jüngern nach Ostern, ist eine ebenso notwendige Komponente des Glaubens wie das Kerygma, das die Gegenwart Gottes und seines Reichs in Jesus von Nazaret verkündet.

27.8 Heilsgeschichte? Man nennt Lukas den Theologen der Heilsgeschichte. Das ist richtig, wenn man damit sein Interesse an der Erfüllung des im Alten Testament Verheißenen und an der Vorsehung Gottes bezeichnen will, die den Apostel auf seiner Missionsreise und die Gemeinde in ihrer Anfechtung trägt und führt. Beides ist schon 1 Kor 15,3–5 enthalten: „nach den Schriften" folgen sich Kreuzigung, Begräbnis, Auferweckung und Erscheinungen Jesu, und das setzt sich fort in den Begegnungen mit den über Fünfhundert, dem Jakobus, allen Aposteln und schließlich Paulus (15,6–8). Schon Q-Worte erklären das

Schicksal Jesu als den Abschluß, auf den alle Schicksale der Propheten als ihr Ziel hinlaufen (Lk 11,50–51; 13,34; vielleicht auch 13,33). Bewahrung und Führung der Gemeinde bis zur Parusie verkündet die Endzeitrede in Q wie in Markus. Denkt man aber an einen Gesamtplan, nach dem Gottes Heilsgeschichte abläuft, dann ist er in Mt 1,2–16 zu finden, wo die Geschichte von Abraham bis zu Jesus in dreimal zwei Generationen-Wochen abläuft, dieser also notwendig jetzt kommen mußte. Die lukanische Geschlechtertafel (3,23–38) verläuft tatsächlich auch in einer Folge von elfmal sieben Generationen bis zu Jesus als dem Anfänger der zwölften, messianischen Periode; aber das findet man nur heraus, wenn man nachzählt. Lukas hat das nicht getan, weiß also gar nicht darum oder will es jedenfalls nicht seinen Lesern mitteilen. Einen bestimmten nachösterlichen Ablauf der Geschichte kennt Paulus nach Röm 9–11: Daß Israel das Evangelium abwies, mußte nach Gottes Willen geschehen, damit es zu den Heiden kommen und durch deren Glauben dann wiederum Israel zum Glauben verlocken könne, so daß schließlich die Fülle der Heiden wie das ganze Israel zum Heil eingehen werden. Bei Lukas scheinen demgegenüber alle Voraussagen der Schrift mit der Zerstörung Jerusalems zu Ende gekommen zu sein (Lk 21,22). Gewiß steht Gott über der Geschichte Israels. Das zeigt sich schon daran, daß Paulus sich immer erst zu den Heiden wendet, wenn die Juden abgelehnt haben, und daß auch betont wird, wie drei-, dann fünftausend, schließlich „Zehntausende" (wohl eine runde Zahl) von gesetzestreuen Juden in Jerusalem das Evangelium angenommen haben (Apg 2,41; 4,4; 21,20). Die Gemeinde ist auf dem Grund Israels gebaut. Aber die heilsgeschichtliche Zusammenfassung von der Väterzeit und dem Auszug aus Ägypten bis zu David, dem „Mann nach dem Herzen Gottes, der alles nach Gottes Willen tat", die Paulus in Apg 13,17–22 darbietet, bricht dort ab, um direkt zum Davidssohn Jesus, dem „Retter" überzugehen, der von Johannes vorangekündigt wurde. Die alttestamentlichen Propheten, die sonst Lukas wichtig sind, werden in diesem Geschichtsabriß überhaupt nicht erwähnt. Wo die Geschichte Israels bis zu Jesus hin wirklich durchgezogen wird, nämlich in der Rede des Stephanus (Apg 7), da ist es die Geschichte des Ungehorsams, des Widerstands Israels. Man kann sich fragen, ob nicht in beiden Fällen die vorbildliche oder die warnende Reaktion des Menschen auf Gottes Angebot das eigentlich Wichtige ist, so wie Apg 17,24–30 nur von den Schöpfungstaten Gottes gesprochen wird, um die Reaktion des Menschen, nämlich sein Unverständnis, zu beschreiben.

27.9 „Vorerfahrungen": Auffallend ist jedenfalls, daß das Evangelium nicht mit der „heiligen" in der Schrift verzeichneten Geschichte einsetzt, so sehr der Tempel als Schauplatz daran erinnert, sondern mit den Erfahrungen eines zeitgenössischen älteren Ehepaars, in denen sich freilich die Erfahrungen Abrahams und Saras, Manoachs und seiner Frau, Elkanas und Hannas wiederholen (1,5–25). Auch der Prophet und die Prophetin, die wiederum im Tempel bei der Darbringung Jesu seine Heilsbedeutung verkünden, sind lebendige Menschen, nicht schriftgewordene Texte (2,25–38). Lukas knüpft also an menschliche Erfahrungen mit Gott an, und es liegt eine gewisse geschichtliche Zufälligkeit darin, daß von vielen kinderlosen Ehepaaren gerade dieses die endgültige, alles erfüllende Erfahrung der Maria abbildet. Die Einzigartigkeit des Christusereignisses besteht also nicht darin, daß völlig Analogieloses geschieht, daß der Christus wie ein Meteor aus blauem Himmel niederfährt. Was in Kap. 1 von der Ankündigung an Maria erzählt wird (1,26-38), läuft weithin dem parallel, was auch von Zacharias und Elisabet berichtet wird, die wiederum erleben, was alttestamentliche Ehepaare schon erlebt haben. Die Besonderheit dessen, was Maria geschieht, ist anders zu fassen. Gerade weil die beiden Ankündigungen strukturell und oft bis in den Wortlaut hinein parallel verlaufen, sind die Unterschiede umso gewichtiger. Die erste Geschichte setzt mit der Schilderung der priesterlichen Herkunft und Berufsstellung, der großen Frömmigkeit und Gesetzesgerechtigkeit dieses Ehepaars ein und erwähnt dann ihre Not, die Kinderlosigkeit (1,5-7). Dann erzählt sie, wie Zacharias in den Tempel geht, das tut, was ein Priester in der Regel nur einmal in seinem Leben tun darf, und dabei dem Engel begegnet (1,8-11). Die zweite Geschichte beginnt mit dem Engel, und Maria kommt überhaupt nur als Ziel seiner Sendung in den Text (1,26-27). Sie ist ein zwölf- bis vierzehnjähriges Mädchen – das ist das normale Alter für Verlobung und Hochzeit – in einem unbekannten kleinen Städtchen, dessen Name nicht einmal unter den vielen von Josephus genannten galiläischen Orten zu finden ist. Von Frömmigkeit oder Gesetzesgerechtigkeit ist nichts gesagt, und Davididin wird sie auch erst durch ihren künftigen Mann. In keiner Weise ist sie aus den Tausenden von Mädchen ihres Alters herausgehoben. Was ihr widerfährt, ist in unübertreffbarer Radikalität reine Gnade, unbegründete, ganz und allein auf Gott zurückzuführende Erwählung: „Heil dir, vom Heil Umfangene, der Herr ist mit dir!“ (1,28). Selbst die Jungfrauengeburt ist gewiß eine Steigerung gegenüber dem Elisabet Widerfahrenden, aber damals nicht analogielos, da man von vielen Großen in Griechenland und im hellenistischen Weltreich, von Plato bis zu Alexander dem Großen, annahm, sie seien ohne Zutun eines Manns geboren worden, wenn auch meist nicht von einer Jungfrau[202]. Die Einzigartigkeit Jesu liegt also darin, daß in ihm die Gnade Gottes alles Bisherige überbietend und so erfüllend, ohne irgendwelche menschliche Leistung und Größe, ja nicht einmal die Aktivität des zeugenden Manns voraussetzend, sich den geschaffen hat, in dem sie allen Menschen begegnen will. Damit bekommen alle die „Vor-Erfahrungen“ menschlichen Leidens und göttlicher Hilfe von Abraham und Sara bis zu Zacharias und Elisabet ihre Erfüllung und ihren Sinn.

27.10 „Nacherfahrungen“. Die Zeit nach Ostern ist dementsprechend die Zeit der „Nach-Erfahrungen“. Am deutlichsten wird das beim Tod des Stephanus, der wie Jesus für seine Feinde betet und seinen Geist in die Hand des Herrn befiehlt (Apg 7,59-60). Nur ist der „Herr“ jetzt Jesus, der als Menschensohn ihm schon erschienen ist, so daß er mit dem Blick in himmlische Herrlichkeit sterben darf (7,55). Parallelität und grundlegender Unterschied sind damit deutlich. Das gilt ebenso für die Reise des Paulus nach Jerusalem, die dem Weg Jesu dorthin gleicht (19,21; 20,22; 21,4.10-15). Auch er wird „ausgeliefert“ wie Jesus (21,11; vgl. Lk 18,32; 24,7), wie auch das Blut des Stephanus „vergossen“ wird wie das Jesu (Apg 22,20; vgl. Lk 22,20; 11,50). Schon die Jünger haben Jesus in all seinen Versuchungen begleitet (Lk 22,28) und haben darin gelernt, daß seine

Gemeinde überhaupt „durch viel Trübsal hindurch ins Reich Gottes eingehen" wird (Apg 14,22). Es ist darum fraglich, ob man Jesu Leben als „die Mitte der Zeit", umrahmt vom Alten Testament und der Kirchengeschichte, mit der Schöpfung am Anfang und der Wiederkunft Jesu am Ende, ansehen darf[203]. Besser grenzt man wohl nur die Zeit der Erfüllung von der der Verheißung ab, wobei natürlich Tod, Auferstehung und Himmelfahrt Jesu eine wichtige Zäsur innerhalb der Erfüllungszeit darstellen. Ob Lukas aber überhaupt eine mit dem Alten Testament vergleichbare Zeit der Kirche erwartet, ist unsicher. Lk 21,32 übernimmt er den Satz „Dieses Geschlecht wird nicht vergehen, bis das alles geschehe", nämlich die Wiederkunft Jesu mit all ihren Begleiterscheinungen. In Lk 12,45 ist es der *böse* Knecht, der meint: „mein Herr kommt noch lange nicht". In 19,12 betont Lukas redaktionell, daß der Herr „zurückkommen" wird, ohne freilich zu sagen, wie schnell. In 21,25 hat er die Wendung „in jenen Tagen nach jener Trübsal" (Mk 13,24) weggelassen, so daß die kosmischen Zeichen der Wiederkunft direkt an die Zerstörung Jerusalems und „die Zeiten der Heiden" anschließen. Nach Apg 2,17–21 haben die von Lukas redaktionell zugefügten „letzten Tage" schon begonnen, und die Zeichen des Geistes gehen bruchlos in die kosmischen Endzeichen über. Die Israelmission ist abgeschlossen (Apg 28,28) und die Völkermission vielleicht auch; jedenfalls denkt Paulus in seinem „Testament" nur an die Bewahrung der Gemeinde (Apg 20,28–32).

27.11 Kontinuität mit jüdischer Frömmigkeit. Daß alttestamentlich-jüdische Frömmigkeit bei Lukas ungebrochen in christliche Frömmigkeit übergehe, läßt sich nicht sagen, auch wenn z.B. das Bekenntnis des Paulus zu seinem Pharisäerstand und dem „Gott der Väter" (Apg 23,6–8; 24,14–21) in diese Richtung weist (s. o. 20.4 mit A. 150). Gewiß beginnt und endet das Evangelium im Tempel; doch ist dieser unterdessen zum Ort der Lehre Jesu geworden (Lk 19,47; 21,37–38, lukanische Zusätze) und wird zum Ort werden, von dem aus die Gemeinde ihre Weltmission beginnt (Apg 2,46; 5,42; 22,17). Seine Zeit ist damit abgelaufen, wie die tempelkritische Rede des Stephanus zeigt[204], die zur Verfolgung und damit zur Mission unter Samaritanern und Heiden führt (Apg 7,47–50; 8,1–4; 11,19–21). Wichtiger ist noch, daß jüdische Frömmigkeit nur dort schon im Adventslicht steht, wo Menschen mit leeren Händen als Wartende ganz auf das ausgerichtet sind, was Gott an Neuem schenken wird, wie Zacharias und Elisabet, Maria, Simeon und Hanna (Lk 1–2). Genau wie Paulus weiß Lukas, daß Gott sich denen verschließt, die sich selbst rechtfertigen wollen, also auf ihre Frömmigkeit und Gesetzesgerechtigkeit vertrauen (Lk 10,29; 16,15; 18,9; 20,20). Nur hat er das ausgedehnt auf alles, worauf der Mensch sein Vertrauen setzt und mit dem er bestehen zu können meint, vor allem auf Reichtum und Besitz (16,14 neben 15; 12,16–21; 16,19–31).

28. Die Apostelgeschichte

28.1 Verfasser, Datum, Quellen. Sicher stammt die Apostelgeschichte von demselben Verfasser wie das Evangelium. Der Stil ist derselbe. Nach 1,2 reicht das Evangelium bis zur Himmelfahrt (Lk 24,51, die Weglassung in wenigen Handschriften ist spätere Harmonisierung). Diese wird aber in Apg 1,9–11 nochmals erzählt, und zwar auf den vierzigsten Tag nach Ostern datiert. Lk 3,20 berichtet aber auch die Verhaftung des Täufers voraus; so mag Lk 24,51 die Himmelfahrt vorwegnehmen, obwohl damit der Eindruck erweckt wird, sie sei am Ostersonntagabend erfolgt. Oder hat sich Lukas vorgestellt, daß der Auferstandene immer wieder vom Himmel her gekommen und am vierzigsten Tag endgültig weggegangen sei? Daß ein ursprünglich einheitliches Werk erst nachträglich in zwei Bücher aufgeteilt und Schlußabschnitt wie Vorwort neu gebildet worden wären, ist unwahrscheinlich, weil schwer vorstellbar ist, daß ein Redaktor den Widerspruch erst gebildet hätte. Außerdem lassen kleine, aber eindeutige Stiländerungen vermuten, daß der Verfasser den zweiten Teil seines Werks erst nach Ablauf einiger Zeit in Angriff nahm[205].

Schwierig ist die Frage der Quellen. 16,10–17 (Troas–Philippi); 20,5–15 (Philippi–Milet); 21,1–18 (Milet–Jerusalem); 27,1–28,16 (Caesarea–Rom) sind im Wir-Stil geschrieben. Das könnte auf einen knappen Reisebericht, bis Jerusalem kaum mehr als eine Stationenliste, zurückgehen, der vielleicht sogar von einem Paulusbegleiter stammt. Freilich zeigt sich schon in manchen Handschriften, daß auch nachträglich noch ein „wir" eingefügt wurde (11,28; 16,8.13; 21,29; 27,19); das könnte drum auch schon von Anfang an geschehen sein[206]. Doch unterscheiden sich im Reisebericht in 27,9–11.21–26.31.33–38 die Abschnitte, in denen Paulus Subjekt ist, deutlich von den mit „wir" und „sie" erzählten Berichten; jene widersprechen auch gelegentlich diesen: V. 11 entscheiden Kapitän und Reeder gegen Paulus, V. 12 die Mehrheit; V. 20 ist ein Sturm geschildert, der keine Hoffnung mehr läßt, V. 21 hält Paulus stehend eine Rede; nach V. 3b.43 ist Paulus Gefangener, sonst erscheint er frei und gibt sogar dem Hauptmann Weisungen[207]. Manches spricht auch für eine antiochenische Quelle: das Aposteldekret (15,20) wird nach 21,25 Paulus mitgeteilt, als ob er nicht dabei gewesen wäre (s. o. 9.1); die Aufzählung der Apostel ist leicht verändert (1,13; vgl. Lk 6,14–16); Namenlisten erscheinen. Doch kann eine solche vorläufig nicht näher abgegrenzt werden. Die Reden des Petrus und Paulus hingegen entsprechen weithin einem Schema, bei dem nur die Hörerschaft (Juden– Gottesfürchtige–Heiden) gewisse Unterschiede bedingt, nicht aber die Person des Redners[208]. Merkwürdig ist schließlich, daß wir in einer Reihe von Handschriften einen recht verschiedenen Text vorfinden, der auch etwa 1/30, also fast um ein Kapitel, länger ist. Ob Lukas[209] oder sonst jemand eine Art „zweiter Auflage" verfaßt hat, läßt sich nicht mehr sagen. Die Apostelgeschichte schließt vor dem Martyrium des Paulus (im Jahr 64?), auf das 1 Clem 5 (um 96. n. Chr.) wohl mit dem des Petrus zusammen anspielt. Das ist schwerlich darauf zurückzuführen, daß sie vor diesem Datum und damit vor dem Evangelium geschrieben wurde; denn 20,25 setzt faktisch den Tod des Apostels voraus. Wahrscheinlich schließt sie so, weil das relativ positive Bild der römischen Autoritäten gegenüber der Mission des Paulus nicht getrübt werden sollte. Die Entlastung der Römer, die sich zwar nicht für den Glauben gewinnen lassen, aber mit wenigen Ausnahmen (z.B. 24,26) Paulus korrekt behandeln und, damit verbunden, die Belastung der Juden werden spürbar. Darin ist die Apostelgeschichte auch Apologie des Christentums, die die historischen Farben verändert.

28.2 Die Apostelgeschichte eine „Taktlosigkeit"? Die Überschrift „Taten der Apostel" (so wörtlich), was noch einseitiger ist als die übliche Wiedergabe „Apostelgeschichte", ist erst später hinzugefügt worden. Wenn man das Buch so versteht, ist F. Overbecks Dictum verständlich, es sei „eine Taktlosigkeit von welthistorischen Dimensionen", „neben das Evangelium eine Apostelgeschichte zu setzen"[210]. Tatsächlich wird aber *Gottes* Handeln mit seiner nachösterlichen Gemeinde in geschichtlichem Zusammenhang beschrieben, und eben dies ist theologisch gesehen etwas Wesentliches. Das Evangelium ist nicht nur Verkündigung in der Form geschichtlicher Erzählung, es schafft seinerseits auch wiederum Geschichte (s. o. 27.2). Dabei ist auch diese Nachgeschichte nicht in ein bestimmtes System zu fassen. Auf merkwürdigen Umwegen kommt das Evangelium nach Europa und schließlich nach Rom. Frömmigkeit, die nach Gottes Willen fragt (13,1–3) kann ebenso entscheidend weiterführen wie menschliche Laster (24,24–27; vgl. 26,32), reine Mißverständnisse (21,28–29) oder der direkte, unerwartete Eingriff Gottes (16,6–10). Gott mag in seiner Freiheit dem Menschen je und je etwas von seinen Zielen aufdecken, und der Mensch mag hinterher den ihn immer überraschenden Weg dazu als Gottes Führung verstehen; aber jedenfalls ist das kein Schema, das er zum voraus oder hinterher als weiterhin gültiges konstruieren könnte. Es handelt sich zwar um Erfahrungen mit Gott, die dem gleichen, was grundlegend in Jesus Christus geschehen ist (s. o. 27.10); aber solche „Nach-Erfahrung" bleibt Zeugnis und Zeichen für die absolute Freiheit Gottes, die sich nie in menschliche Verfügung gibt.

28.3 Gegenwart Jesu nach Ostern? Man darf freilich den Beginn des Buchs „Das erste Buch schrieb ich über... alles, was Jesus anfing zu tun und zu lehren..." (1,1) nicht einfach so ergänzen, daß die Apostelgeschichte beschreibt, was er fortfuhr zu tun und zu lehren. Die Umschreibung mit „anfing zu..." kommt öfters vor, ohne daß über eine Fortsetzung reflektiert wäre. Jesus erscheint auch in der Apostelgeschichte kaum als Subjekt abgesehen von den Erscheinungen des Auferstandenen vor den Elfen und vor Paulus, in Visionen und Träumen (7,56; 9,10; 18,9; 23,11) und an der einen Stelle 16,14, wonach „der Herr (wohl Jesus) ihr (der Lydia) Herz öffnete". Sonst ist es der heilige Geist, gelegentlich der „Geist Jesu" (16,7), der Engel, der Name oder die Hand des Herrn, die wirken. Der Unterschied zum irdischen Dienst Jesu im Evangelium ist also durchaus gewahrt; aber was die Jünger nach Lk 17,5 erbeten haben: „Herr, mehre uns den Glauben" hat sich in der Apostelgeschichte erfüllt. Damit ist unterstrichen, daß Gottes Offenbarung in Jesus Christus nur dort sichtbar wird und sich zum menschlichen Glauben gestaltet, wo Gott selbst es schenkt.

28.4 Kirchenverständnis. Erzählend verkündet Lukas auch, wie die verschiedenen Ortsgemeinden, die sich auch verschiedenen Boten Jesu verdanken, durch Gottes Handeln eine, freilich immer wieder auch gefährdete Einheit bilden. Die Konzeption einer weltweiten Jesusgemeinde liegt im Ansatz vor wie schon in den Briefen an Kolosser und Epheser (s. o. 17.7, 18.6). Dabei ist aber noch nicht an einen durchorganisierten Aufbau gedacht. Von der Kollekte, die am ehesten eine einheitliche Organisation ausdrücken und sichern könnte, erzählt Lukas nicht, obwohl er sie kennt (24,17). Sie wird nach Apg 15 auch nicht wie nach Gal 2,10 als Bedingung der weltweiten Mission genannt. An ihre Stelle tritt eine freiwillige, durch charismatische Propheten vorgeschlagene und rein karitativ verstandene Spende (11,27-30; 12,25). Dabei erscheinen zum ersten Mal christliche Presbyter (11,30), wie sie für die Ordnung der jüdischen Gemeinde typisch sind (Lk 7,3; Apg 4,5 usw.), ohne daß ihre Funktion genannt oder ihre Einführung auch nur erwähnt würde. Auch daß Paulus und Barnabas, die ja nach Lukas nicht zu den zwölf Aposteln gehören, Presbyter in den neugegründeten Gemeinden wählen, wird 14,23 nebenbei erzählt (s. o. 11.4). Daß Paulus verschiedentlich Mitarbeiter als seine Boten in die Gemeinden schickt, vor allem nach Korinth, erfahren wir aus den Paulusbriefen, nicht aus der Apostelgeschichte. Die Apostelbriefe des Paulus, die ein Zeichen einer gewissen Autorität über die Gemeinden darstellen, fehlen ganz; Lukas kennt sie nicht oder benützt sie jedenfalls nicht. Paulus selbst empfängt zwar eine Handauflegung, aber von einem gewöhnlichen Gemeindeglied (9,17)[211]. Ausgesendet wird er mit Barnabas zusammen unter Handauflegung der antiochenischen „Propheten und Lehrer" (13,1-3). Von apostolischer Sukzession, also von der Ansicht, nur die ununterbrochene Weitergabe der Amtsvollmacht durch Ordination von den ersten Aposteln bis heute bevollmächtige einen Amtsträger zu seinem Dienst, ist noch nichts zu finden. Eher ist die einmalige Stellung des Apostels betont, der die Kontinuität zum irdischen Wirken Jesu, seiner Kreuzigung und seiner Auferstehung garantiert, also das was später die Funktion der Schrift des Neuen Testaments ist. Vielleicht beschränkt Lukas den Kreis der Apostel bewußt auf Augenzeugen des irdischen Jesus (1,21-22) und läßt die Zeit der Offenbarung Gottes in Jesus Christus mit der Himmelfahrt enden, um einem Wildwuchs prophetischer Offenbarungen zu wehren (anders Eph 2,20). Das könnte auch der Grund sein, daß er vom Wirken der Propheten in der Urgemeinde von Jerusalem nichts berichtet (s. o. 3.2). Auch ist einer der Zwölf, nämlich Petrus, der Begründer der Heidenmission (11,18; 15,7), weder Paulus noch die vertriebenen Hellenisten von 11,19-20. Das ist schwerlich historisch, obwohl Petrus sich gewiß nicht gegen die Heidenmission gesperrt hat (Gal 2,6-9.14-16) und es auch neben und vor Paulus Heidenmissionare gegeben hat (z.B. in Rom).

Sicher ist also die Sonderstellung der zwölf Apostel (ohne Paulus) als Grundlage der weltweiten Gemeinde Jesu betont, nicht aber eine Weitergabe dieser Vollmacht an ein bestimmtes Amt. Paulus wird in unerwarteter Freiheit Gottes berufen, und wegweisende Visionen oder Gottesworte empfängt er wie einst Petrus, aber auch wie alle möglichen Propheten.

28.5 Wasser- und Geisttaufe. Auch ein einheitliches, schon festgeformtes Glaubensbekenntnis fehlt noch. 8,37 wird es erst nachträglich eingeschoben, und an Pfingsten wird Umkehr gefordert, nicht das Glauben an eine bestimmte Formel (s. o. 27.4-5). Allerdings erfolgt der Eintritt in die Gemeinde immer durch die Taufe. Diese setzt selbstverständlich voraus, daß der Täufling vorher erfährt, wer der „Herr" oder „Christus" ist, unter dessen Namen er gestellt wird (2,36; 8,5.35 usf.). Dabei kann gelegentlich nur von einem erklärt werden, daß er (aufgrund eines besonderen Erlebnisses) zum Glauben gekommen sei, und doch von der Taufe seines ganzen Hauses berichtet werden (16,31–33). Die Taufe ist auch kein Ritus, den die Gemeinde „verwaltet" und der durch seinen korrekten Vollzug das Heil sichert. Lukas kennt keinen Taufbefehl. Wohl aber wiederholt er in 1,5 und 11,16 das Täuferwort von der Geisttaufe, die die Wassertaufe des Johannes ablösen wird, als Jesuswort, und zwar gerade zur Begründung der Wassertaufe, die also nach lukanischem Verständnis die Geisttaufe in sich schließt (2,38; 10,47). Dabei scheint Lukas gar nicht daran interessiert zu sein, ob der Geist gleichzeitig mit der Wassertaufe geschenkt wird (2,38 und überall, wo von der Geistbegabung gar nicht erzählt wird) oder ausnahmsweise einmal vor- (10,44–48) oder auch nachher (8,15–16). Daß er in 1,5 und 11,16 das Wort vom Taufen „mit Feuer" (Lk 3,16) wegläßt, zeigt, daß er wohl im Pfingstgeschehen die erste Erfüllung dieser Verheißung sieht, nicht aber die Feuerflammen dabei (2,5) mit dieser Feuertaufe gleichsetzt. Daß auch die schon getauften Johannes-jünger nochmals mit Wasser getauft werden, um direkt daran anschließend den Geist durch die Handauflegung des Paulus zu empfangen (19,5–6), zeigt, wie Lukas Wasser- und Geisttaufe eng zusammenschließt. Die Sonderstellung der Apostel zeigt sich darin, daß sie allein nicht mit Wasser getauft werden oder daß das jedenfalls nirgends berichtet wird (anders Paulus 9,18!).

28.6 Schrift-Amt-Dogma? Gewiß betont Lukas die unabdingliche Bindung an das im Evangelium berichtete Jesusgeschehen; es ist dadurch ausgewiesen, daß es durch „die Schriften" vorausbezeugt ist; oft wird nur allgemein darauf verwiesen, ohne daß bestimmte Stellen angegeben werden (Lk 18,31; 21,22; 24,25–27.32.44–46; Apg 3,18.21.24; 10,43; 13,27.29; 17,2; 18,28; 24,14; 26,22.27; 28,23), vgl. schon 1 Kor 15,3–5. Aber die dreifache Autorität des Frühkatholizis-mus Schrift – Amt – Glaubensbekenntis (Dogma) ist jedenfalls noch nicht erreicht (s. o. 20.3 und 24.5).

VI. Der johanneische Kreis

29. Das Evangelium nach Johannes

29.1 Quellen? Bei diesem „Schmerzenskind der neutestamentlichen Wissenschaft"[212] ist ungefähr alles umstritten. Das Problem liegt darin, was man als übernommene Tradition, was als Werk des Evangelisten, was als noch spätere Redaktion ansieht, und ob man nicht auf jeder Stufe nochmals mit verschiedenen Händen oder Entwürfen rechnen muß. Auch wer sich darauf beschränkt, das Evangelium in seiner jetzigen Gestalt zu interpretieren, muß fragen, ob seine Botschaft vor allem in den großen Reden liegt, für die die Erzählungen als Illustration dienen, oder ob die Wunderberichte das Entscheidende sind und die Reden sie nur auslegen. Daß eine „Zeichenquelle" vorlag, ist höchstwahrscheinlich[213]. Das Wunder in Kana wird nämlich als erstes, die Heilung des Königlichen als zweites Zeichen gezählt (2,11; 4,54), obwohl Jesus nach 2,23; 3,2 unterdessen viele Zeichen in Jerusalem tat. Auch stilistisch unterscheiden sich diese Abschnitte von den übrigen. Wahrscheinlich gehörte auch die Speisung der Fünftausend mit dem anschließenden Seewandel Jesu und der Zeichenforderung (6,1–31) dazu, die in Einzelheiten anders erzählt werden als in den übrigen Evangelien, aber in gleicher Reihenfolge. Auch der Grundstock anderer Wundererzählungen mag auf diese Quelle zurückgehen, so daß 20,30–31 vielleicht deren Schluß bildete (s. o. 7.2). Der Satz, daß diese Zeichen hier niedergeschrieben seien, damit die Leser zum Glauben kämen, könnte also stärker der Überzeugung des Verfassers dieser Quelle entsprechen als der des Evangelisten. Daß dieser ihn aber übernommen hat, zeigt, daß er ihm nicht widerspräche. Ob es sonst Quellen gab, z.B. für die Reden, ist sehr fraglich[214]. Für die Passionsgeschichte ist eine eigenständige, in einigem mit Lukas übereinstimmende Tradition anzunehmen (s. o. 7.2), ob nur mündlich oder eher schriftlich schon fixiert.

29.2 Unterschiede zu den übrigen Evangelien. Vermutlich hat der Verfasser die übrigen Evangelien nicht gekannt, da er mit ihnen verglichen doch ganz andere Geschichten referiert, oder höchstens einiges aus dem Sondergut, das auch Lukas verwendet hat. Außer der Leidensgeschichte (vgl. auch o. 4.4) und dem schon genannten Komplex der Speisung erscheinen nur Tempelreinigung und Salbung einigermaße ähnlich, freilich anders eingeordnet als bei den ersten drei Evangelien. Außerdem findet sich überall das, in Joh 6,69 aber anders lautende, Petrusbekenntnis („Du bist der Heilige Gottes"; vgl. Mk 1,24) in der Mitte des Wirkens Jesu. Nur hier ist übrigens gesagt, daß Jesus *zwölf* Jünger hatte, abgesehen von der traditionellen Wendung 20,24. Ganz anders sind die Nachrichten vom vermehrten Wirken Jesu in Jerusalem. Tatsächlich spielen nur die wohl zur

Zeichenquelle gehörenden Abschnitte 2,1–12; 4,43–54; 6,1–7,10 deutlich in Galiläa. Auch werden drei Passafeste erwähnt (2.13.23; 6,4; 11,55; 12,1; 18,28), während man in den andern Evangelien den Eindruck einer nur einjährigen Wirksamkeit Jesu bekommt. Keine einzige Heilung entspricht einer bei den andern erwähnten, und Dämonenaustreibungen fehlen völlig. Hinter der Heilung des Königlichen (4,46–54) steht zwar dieselbe Tradition wie hinter der des Knechts in Kafarnaum (Lk 7,1–10 Q); aber gerade das zeigt, wie verschieden diese entfaltet ist. Anders ist auch die Datierung des Todes Jesu. Er wird ebenfalls an einem Freitag erlitten; dieser ist aber der Vortag, nicht das Passafest selbst, wobei Johannes geschichtlich wahrscheinlicher ist. Besonders auffallend ist, daß außer dem kurzen Vergleich mit der Folge von Not und Freude bei einer gebärenden Frau in 16,21 kein einziges Gleichnis überliefert wird; denn die langen Bildreden sind etwas anderes (s. u. 29.5). Überhaupt treten an die Stelle der kurzen, ganz auf die Situation zugespitzten Worte Jesu lange Reden und Dialoge, auch eine drei Kapitel lange Abschiedsrede an seine Jünger.

29.3 Verfasser. Daß der Verfasser der Jünger Johannes sei, wird erst Ende des 2. Jh. bezeugt. Im Evangelium wird „der Jünger, den Jesus liebhatte" (13,23) und der nach 21,24 „dies schrieb", nie mit Namen genannt. Wenn „ein anderer Jünger..., ein Bekannter des Hohenpriesters" (18,15) derselbe ist, läßt das eher auf einen Jerusalemer schließen, der nicht zum Kreis der Zwölf gehörte. Daß nur die Zwölf beim letzten Mahl saßen, sagt Johannes ja nie. Das könnte auch die Konzentration des Evangeliums auf Jerusalem erklären, auch wenn dieser Jünger nur der Anfang einer weiterlaufenden Tradition gewesen wäre. An Johannes dachte man, weil in 1,40–41 von den ersten vier nach Mk 1,16–20 berufenen Jüngern Andreas und Petrus genannt sind, in 21,2 auch die Zebedaiden, von denen aber nach Apg 12,2 Jakobus früh starb. Da 1,41 außerdem formuliert, Andreas habe „zuerst" seinen Bruder zu Jesus gewiesen, nahm man an, daß der andere (ungenannte!) Jünger (1,35.37) Johannes (event. Jakobus) war, so daß also Johannes entweder als erster oder dann von seinem Bruder geholt zu Jesus kam. Der Verfasser ist mit den Bräuchen (2,6.13; 6,4; 7,2–3.8.22.37.51; 10,22; 18,28; 19,31.42) und Messiaserwartungen (1,25.41.49; 4,25; 6,14; 7,26–27.40–42,52) des palästinischen Judentums vertraut. Freilich erwecken 11,51 und 18,13 den Anschein, der Hohepriester sei nur für ein Jahr gewählt; vielleicht ist das aber nicht gemeint. Dennoch ist das Evangelium nicht von einem Augenzeugen geschrieben. Wie ließe sich erklären, daß die Auferweckung des Lazarus, das wunderbarste aller Wunder Jesu, den übrigen Evangelisten unbekannt geblieben wäre, wenn es sich in solcher Öffentlichkeit und mit solcher Wirkung abgespielt hätte (11,45–54; 12,9–11)? Möglich ist, daß die Gemeinde, aus der das Buch stammt, ihre Tradition auf den 13,23 usw. genannten Jünger zurückführte. In 21,24 unterscheidet sich das „wir" derer, die mit diesen Versen das Evangelium abschließen, von dem Jünger, der „das (worauf bezogen?) bezeugt und geschrieben hat". 21,23 setzt dabei voraus, daß dieser schon gestorben ist[215].

Nun ist Kap. 21 ein Nachtrag nach dem Abschluß in 20,30–31, vermutlich von anderer Hand[216]. Am Schluß von Kap. 5 befindet sich Jesus in Jerusalem; 6,1 fährt fort: „Dann ging Jesus ans andere Ufer des Sees von Tiberias", als wäre

Jesus noch wie in 4,46–54 irgendwo am Westufer in Galiläa, von wo er 7,10 wieder nach Jerusalem hinaufzieht. Auffällig, wenn auch nicht unerklärlich ist auch der Rückgriff auf die Sabbatheilung von 5,1–11 in 7,23, als wäre sie eben erst geschehen. Stünde Kap. 6 vor Kap. 5, wäre alles viel klarer. In 14,31 scheint die Rede Jesu an die Jünger abgeschlossen: „Steht auf, wir wollen gehen!“, setzt sich aber noch zwei Kapitel lang fort. Wären diese zwischen 13,35 und 36 eingeordnet, wäre auch hier der Zusammenhang klarer. Wie immer man das bewertet, jedenfalls ist das Evangelium nicht in *einem* Zug fertiggestellt, sondern ergänzt oder aus einzelnen Stücken zusammengeordnet worden[217].

29.4 Verschiedene Schichten? Datum. Haben die „wir“ von 21,24 nicht nur geordnet, sondern auch ergänzt? Nachdem 5,24–25 erklärt haben, wer das Wort Jesu höre und glaube, sei schon vom Tod ins Leben hinübergegangen und komme in kein Gericht mehr, darum komme die Stunde und sei schon da, in der die Toten die Stimme Jesu hörten und lebten, wird in V. 28 erklärt, die Stunde komme (ohne „und ist schon da“), daß alle in den *Gräbern* seine Stimme hörten (was in V. 24 positiv als „glauben“ verstanden ist) und zum Gericht auferstehen würden. Ähnlich sieht in 6,39.40.44.54 (vgl. 12,48) die Formel „und ich werde ihn auferwecken am letzten Tag“ wie angehängt aus. Schließlich wird in 6,51–58 das Lebensbrot, von dem Jesus sagt: „Wer zu mir kommt, wird nicht mehr hungern, und wer an mich glaubt, nie mehr dürsten“, in krasser Weise auf das „Kauen“ des Leibes Jesu und das „Trinken“ seines Bluts im Abendmahl[218] bezogen. Ist das eine spätere, stärker mit der kirchlichen Lehre übereinstimmende Ergänzung? Oder ließe es sich mit der Übernahme traditioneller Sätze, z.B. aus der Liturgie der Gemeinde, erklären? In 3,3.5 ist das sehr wahrscheinlich; denn Johannes spricht sonst nie von „Gottes Reich“, hat das also aus der Tradition aufgenommen. Nun erinnert V. 5 („Wenn jemand nicht aus Wasser und Geist geboren wird, kann er nicht ins Reich Gottes eingehen“) sehr an Mt 18,3, könnte also aus der Taufliturgie stammen. V. 3 („Wenn jemand nicht von oben geboren wird, kann er das Reich Gottes nicht sehen“) wäre dann die stärker johanneisierte Form, die weder das Wasser erwähnt noch ein (künftiges) Eingehen ins Gottesreich, sondern das schon jetzt gültige „Sehen“. So könnte auch 6,51–58 aus der Abendmahlsliturgie stammen[219].

Mit einiger Sicherheit läßt sich nur sagen, daß der Evangelist ein außergewöhnlicher, uns sonst unbekannter Theologe war, der Quellen zur Verfügung hatte und vermutlich einen Kreis von Jüngern oder Schülern um sich scharte, die sein Werk herausgaben oder mindestens ergänzten und auch als Verfasser der drei Briefe in Frage kommen (s. u. 30.1). Er kann schwerlich später als etwa 100 n. Chr. geschrieben haben, da Papyrusfragmente, die in Ägypten gefunden wurden, beweisen, daß sein Evangelium bald nach 100 dort bekannt war[220]. Vielleicht ist er wesentlich früher anzusetzen.

29.5 Die „Ich bin“-Reden. Es ist schon deutlich, daß hier eine ganze andere Art von Evangelium vorliegt als bei den ersten drei. Hier ist das Geheimnis, wer Jesus ist, von allem Anfang an gelöst, und außerdem expliziert Jesus in den langen Bildreden immer nur, wer er ist und was sein Kommen bedeutet. In den andern Evangelien wird in den Taten und Worten Jesu zwar das Wirken des Gottesreiches sichtbar; doch ist vor Ostern nicht zu erkennen, wie sich das mit Jesu Verhältnis zu Gott verknüpft. Freilich verkünden einerseits die alttestamentlichen Zitate in Mk 1,2–3 und die Vorgeschichten in Mt 1–2 und Lk 1–2 von Anfang an, daß hier von dem die Rede ist, in dem sich alle Verheißungen Gottes erfüllen. Anderseits deutet die Vielfalt der Bezeichnungen Jesu bei Johannes (Logos, Gottessohn, Menschensohn, Gotteslamm, Messias, der Heilige Gottes) das Geheimnis seiner Person an, für die keiner dieser Titel der einzig richtige wäre. Das gilt selbst für das höchste Prädikat, das Jesus hier zugewiesen wird: „Gott". Es wird nicht im Sinn einer Glaubensformel, sondern als spontaner Ausruf anbetend ausgesprochen, wahrscheinlich auch im Prolog, aber dort in geheimnisvoller Verbindung mit seinem Sohnescharakter (20,28; 1,18). Gewiß erfolgt die Selbstvorstellung Jesu in den „Ich bin"-Reden. Ihre Aussage ist weder Gleichnis noch Allegorie, sondern direkte Identifikation. Streng genommen sagen sie nicht, was Jesus ist, sondern wo allein Gemeinschaft („Weinstock", s. u. 29.6), Speise („Brot") und Trank („Wasser"), Erkenntnis („Licht") und Führung („Hirt"), ja die Fülle des Lebens („Auferstehung und Leben") zu finden ist. „Ich" ist nicht Subjekt, sondern Prädikat, das besagt, wer denn das alles ist, was der Mensch sucht und wonach er sich sehnt. Darum ist er der „wahre" Weinstock, der „rechte" Hirt, das Brot „des Lebens". Was wir so nennen, ist das immer nur in abgeblaßtem, uneigentlichem Sinn. Es gibt also überhaupt keine irdische Wirklichkeit, die den Gottessohn beschreiben, keine irdischen Bezeichnungen, die ihn definieren könnten. Sie können höchstens in ganz vorläufiger Weise in die Richtung weisen, in der die Begegnung mit ihm zu erfahren ist.

Damit sind wir in einer merkwürdig anderen Gestalt wieder bei dem, was in Jesu Verkündigung entscheidend war: Es gibt keine irdische Wirklichkeit, die Gottes Wirklichkeit definieren könnte. Kein irdisches Bild reicht an Gott heran. Aber Gott *wird* Wirklichkeit, wo Jesus dem Menschen begegnet. Darum sprach Jesus in Gleichnissen, und ihre Wahrheit bestand darin, daß *er* sie in Vollmacht erzählte (s. o. 2.3). In der Gemeinde nach Ostern war er nicht mehr der Erzähler; darum *mußte* die Gemeinde sie „christologisieren", d.h. ausdrücklich klarmachen, daß das Gleichnis, das Jesus erzählte, darum zum Ereignis wird, weil Gottes Reich in Jesu Wirken und Verkünden wirklich eingebrochen ist (s. o. 2.5). Genau das geschieht auch in den johanneischen Bildreden, in denen er verkündet: „*Ich* bin . . ."

29.6 Das Kirchenverständnis. Zugleich ist damit gesagt, daß Jesus immer mit seinen Jüngern zusammen das ist, was er ist, ohne daß damit das eindeutige Gefälle von ihm, der von sich sagen kann „*Ich* bin der wahre Weinstock" (15,1), zu den völlig von ihm abhängigen Jüngern, den einzelnen „Zweigen", aufgehoben wäre. Der Weinstock ist schon im Alten Testament ständiges Bild für Israel. In einer damaligen jüdischen Schrift wird von ihm gesagt, seine (also Israels) Wurzeln reichten bis in die Unterwelt und seine Zweige bis in den Himmel[221]. Joh 1,51 wird „der Menschensohn" als der neue Jakob (= Israel: 1 Mose 28,12; 35,10) vorgestellt. Was das Volk Israel sehr unvollkommen und immer wieder durch Gegenteiliges durchbrochen dargestellt hat, das ist in Jesus Wirklichkeit geworden: die volle Antwort auf Gottes Gnade im vertrauenden und gehorsamen Offensein des Menschen für Gott und damit das Einssein mit dem Vater (10,30). Als der wahre Jakob-Israel bleibt Jesus nicht allein, sondern schließt all seine Jünger, sofern und solange sie bei ihm bleiben, als seine Zweige in sich. Das Bild entspricht zunächst völlig dem paulinischen vom Leib und seinen Gliedern (s. o. 11.4); aber abgesehen davon, daß es auf Jakob-Israel bezogen ist, also auf das Gottesvolk, nicht auf Adam (hebräisch = „Menschheit") wie bei Paulus, liegt Joh 15,1 daran, Jesus als den Einzigen hinzustellen, in dem der von Gott gemeinte „Weinstock" wirklich zu finden ist. Ähnliches gilt für den Hirten und seine Herde (10,11–18) oder für das Weizenkorn und seine daraus wachsende Frucht, die Ähre (12,24). Damit hängt zusammen, daß bei Paulus die gegenseitigen Dienste, die die Glieder einander leisten, betont werden, bei Johannes die Christusunmittelbarkeit aller „Zweige". Kein Zweig dient dem andern, kein Schaf dem Mit-Schaf und kein Weizenkorn an der Ähre dem nachbarlichen. Wohl aber sind sie darin eins, daß sie alle vom wahren Weinstock leben, vom rechten Hirten geweidet und von der selben Ähre getragen und genährt werden (s. u. 30.4). Gerade darin sind sie dann auch Zeugnis für die Welt (17,18.21). So ist Jesus der, in dem alles zu finden ist, was der Mensch sucht und erstrebt: neben der Gemeinschaft Festlichkeit und Führung und Fruchtbarkeit, aber auch Speis und Trank, Erkenntnis und Lebensfülle. Das alles ist nur in Jesus so zu finden, daß es nicht nach einigen Stunden oder Jahren doch wieder dahinschwindet. Darum kann Jesus von nichts anderem Zeugnis ablegen als von seiner Bedeutung für die Welt. Damit ist in sehr reflektierter Weise genau das wieder ausgedrückt, was in Jesu ganzem Wirken, in Wort und Tat und Erleben wahr geworden ist.

29.7 *„Erhöhung" ans Kreuz.* Schon 3,14 wird die Kreuzigung Jesu vorausgesagt, freilich als „Erhöhung" des „Menschensohns". Nach 6,62 ist das „Aufsteigen" des „Menschensohns" dorthin, wo er vorher war, das noch größere Ärgernis, bezeichnet also wohl ebenfalls das, was sich in der Kreuzigung abspielt. In 12,32–34 ist gesagt, daß der am Kreuz erhöhte „Menschensohn" (auch V. 23) alle Menschen zu sich ziehen werde, und daß eben dies seine „Verherrlichung" sei, vor der die Jesus bangt (V. 27–28). Es ist also gerade der Gang ans Kreuz, der ihn so mit Gott eint, daß Vater und Sohn eins werden (10,30). In gewisser Weise ist damit Kreuz, Auferstehung und Himmelfahrt als ein einziges Geschehen gesehen (s. o. 21.3)[222], wie ja auch das letzte, jetzt schon dem „Menschensohn" übergebene Gericht (5,27) nach 3,18 und 5,24 im Akt des Glaubens oder Unglaubens gegenüber dem ans Kreuz Erhöhten (3,14–15) vollzogen wird. Dennoch werden Kreuzigung und Auferstehung, von der nach 20,17 sogar die Himmelfahrt (am Ostersonntag) noch unterschieden zu sein scheint, *erzählt*, also als ein Nacheinander dargestellt. Geschichtliches Denken, das in Vergangenheit-Gegenwart-Zukunft denkt, ist also nicht einfach verlassen. Darum ist auch die Kategorie der Zukunft, auch über den Tod (wenn freilich abgesehen vom Nachtrag in 21,22 auch nicht ausdrücklich über Weltende und Wiederkunft) hinaus, festgehalten, selbst wenn man Stellen wie sie in 29.4 genannt sind, als spätere

Zusätze ausschließt[223]: 11,25–26; 12,25; 17,24; vielleicht auch 12,50; 14,23. Die „Stunde" ist auch nach 5,25 nicht nur da, sie „kommt" auch noch.

29.8 Heutige Interpretationen. Muß man in Johannes den sehen, der in gnostischer Sprache gegen die Gnosis (s. o. 20.2) betont, daß das Heil paradoxerweise in dem zu finden ist, der „Fleisch geworden ist", als Mensch durch sein Leben wandert und am Kreuz stirbt, so jedoch den Menschen einlädt, sich nicht aus seinen eigenen Möglichkeiten zu verstehen und auf sie zu trauen, sondern sich ganz Gott zu öffnen in immer neu zu fällender Entscheidung?[224] Aber spricht Johannes, der so krasse Wunderberichte übernommen hat und mit dem Satz „Selig die, die nicht sehen und glauben" (20,29) vielleicht doch nur seine Leser meint, die nach V.30–31 eben durch die Berichte von den Zeichen Jesu, die sie nicht selbst gesehen haben, überwunden werden sollen, derart unanschaulich, abstrakt vom Glauben, als wäre dieser eine *nur* im Paradox verankerte Entscheidung des Menschen? Soll man umgekehrt in ihm den naiven Gnostiker sehen, der einen über die Erde schreitenden Gott beschreibt, der auch in seiner Passion unerschüttert, vom Leiden unberührt bleibt; denn der Ausruf in 12,27 „Meine Seele ist erschüttert" wird ja sofort korrigiert: „Was soll ich sagen? ‚Vater, rette mich aus dieser Stunde'? Aber dazu bin ich ja in diese Stunde gekommen: ‚Vater, verherrliche Deinen Namen'"[225]. Doch 9,22 und vor allem 16,1–4 zeigen, daß die Gemeinde verfolgt wird – anders als bei den Synoptikern nur durch Juden – und dabei den Synagogenausschluß, der sie jeglichen Schutzes durch die Gemeinschaft beraubt, und sogar Hinrichtungen erlebt hat. Eine solche Leserschaft macht sich keine Illusionen, was die Kreuzigung Jesu bedeutet hat, auch wenn nichts vom Leiden Jesu angedeutet ist. Kann man diese Situation historisch nur im Ostjordanland (etwa auf den jetzigen Golanhöhen) lokalisieren, weil dort allein Juden solche Macht zustand, dann bewirkte vielleicht diese Nachbarschaft zu Galiläa, daß die Menschlichkeit des Lebens Jesu bekannt und für beide Parteien selbstverständliche Voraussetzung war. Das könnte erklären, warum die Christengemeinde nur die von den Juden bezweifelte Göttlichkeit Jesu betonte[226]. Auch wenn die johanneische Gemeinde unterdessen in andere Gebiete (Kleinasien?) ausgewandert sein mag, prägt die Verfolgungssituation immerhin noch den Zusatz zur Heilungsgeschichte in 9,13–39 und die Abschiedsreden in Kap. 15–16. Soll man in Jesus vor allem den von Gott gesandten prophetischen Boten erkennen?[227] Aber die zentralen „Ich bin"-Aussagen lassen sich doch nicht nur erklären mit der Selbstvorstellung eines Gesandten, der auf seinen Auftraggeber verweist. Vielleicht beschreibt der Vorschlag einer „Einwohnungschristologie", in der Jesus gewissermaßen an die Stelle des Tempels tritt, die johanneische Sicht gut[228]. Auf dem Hintergrund des anscheinend alles vernichtenden Schicksals der Tempelzerstörung muß ja gefragt werden, wo denn jetzt Gott noch Wohnung nehmen kann in Israel. Das könnte erklären, warum Johannes die Tempelreinigung und Jesu Wort von der Auflösung des alten und dem Aufbau des neuen Tempels in Jesu Auferstehungsleib an den Anfang des Evangeliums verschoben hat (2,13–22). Das allein genügt freilich nicht; es kommt zum mindesten die johanneische Radikalisierung dazu, die alles Irdische als Finsternis, nur die obere Welt Gottes als Licht ansieht.

29.9 Der Paraklet. Wie immer man auslegt, jedenfalls ist das Johannesevangelium dasjenige, das am konsequentesten das Leben des irdischen Jesus schon von der nachösterlichen Zeit der Gemeinde her sieht. Nicht mehr der irdische Jesus ruft seine Jünger zu sich, sondern der Zeuge, der schon die Bedeutung Jesu als des Heilbringers kennt und ihn als „das Lamm Gottes, das der Welt Sünde trägt" (1,29), verkündet, zuerst der Täufer, dann der jeweils für Jesus gewonnene Jünger (1,35–51). Jesus hat als der Irdische Abschied genommen von den Jüngern und das ist gut und notwendig so (16,7); denn manches von dem, was Jesus ihnen sagte, werden sie erst nachher verstehen (2,23; 12,16). Er erklärt ihnen, in welcher Weise er von nun an bei ihnen ist: „im Parakleten" („Beistand")[229], dem „Geist der Wahrheit" (14,16–17), der sie „an alles erinnert, was ich euch gesagt habe" (14,26) und mit den Jüngern zusammen „Zeugnis über mich ablegt" (15,26–27). Eben dies geschieht im vierten Evangelium, das solches Zeugnis ablegt. In ihm spricht Jesus selbst (16,13–14), und in dieser Verkündigung vollzieht sich tatsächlich das weltweite Gericht. Jetzt wird sichtbar, was Sünde ist. Erst dadurch, daß Jesus und in ihm Gott selbst in die Welt gekommen ist, gibt es Sünde im eigentlichen Sinn (15,22). Sie besteht darin, daß die Welt immer noch meint, „sehend" zu sein, und nicht merkt, wie nötig sie den Hirten hätte, der auch für sie das Leben einsetzt (9,40–10,21). „Nicht an Jesus glauben", wie 16,9 Sünde im tiefsten Sinn definiert, bedeutet also nicht einfach die Verweigerung eines Glaubensbekenntnisses, sondern jene Haltung, die mit ihrer eigenen Weisheit bestehen zu können meint. Gottes „Gerechtigkeit" zeigt sich hingegen darin, daß er zu Jesus steht und ihm in der Rückkehr in die Welt Gottes sein Recht widerfahren läßt (16,10). Wie in 1 Tim 3,16 (s. o. 5.12) wird das als Jesu „Rechtfertigung" bezeichnet.

29.10 „Es ist vollbracht": Dualismus und Weltmission. Schließlich wird in der Verkündigung des Evangeliums die endgültige Niederlage des „Fürsten dieser Welt" ausgerufen, also all der Mächte, die die Welt zu regieren scheinen und an die diese glaubt (16,11). Damit ist die durch alles hindurchgehende Scheidung von Licht und Finsternis, Wahrheit und Lüge, oberer und unterer Welt, Gott und Teufel (3,11; 8,23.42–44 usw.) und der Menschen, die entweder aus diesem oder aus jenem stammen, anscheinend für immer zementiert. Doch ist das Ausdruck für die Erfahrung des Glaubenden, daß alles, was ihm gegeben ist, reines Geschenk der Gnade ist. Das fordert ihn nicht nur zum „Bleiben" in Jesus und damit in der Liebe (15,5–17 usw.) auf, sondern auch zum Zeugnis in der Welt und für die Welt (17,18.21). Nur so ist der Ton dieses Evangeliums recht zu verstehen. Bei Markus und Matthäus drückt das einzige Wort des Gekreuzigten die hier durchlittene Not aus: „Mein Gott, mein Gott, warum hast Du mich verlassen?" (Mk 15,34). Bei Lukas wird die Zuwendung Jesu zu seinen Folterern, zum mitgekreuzigten Verbrecher und zu seinem Vater im Himmel sichtbar (23,34.43.46). Der johanneische Jesus bestimmt noch am Kreuz souverän über Mutter und Jünger, spricht von seinem „Dürsten" nur, um die Schrift zu erfüllen, und sein letztes Wort ist der Siegesruf „Es ist vollbracht", der gerade durch dieses Evangelium einer verfolgten und verängsteten Gemeinde (16,1–3.33) hindurch klingt (19,26.28.30).

30. Die Johannesbriefe

30.1 Verfasser. Wie die Petrusbriefe, der Jakobus- und der Judasbrief werden sie nach ihrem Verfasser benannt, weil der erste Brief überhaupt keinen Briefcharakter trägt, sondern an einen größeren Kreis von Lesern gerichtet ist, der in keiner Weise näher bezeichnet wird, der zweite an „die Herrin", was Bild für eine (nicht genannte) Gemeinde ist[230], der dritte an einen uns unbekannten Gaius. Inhaltlich und stilistisch sind sie nah verwandt mit dem im vierten Evangelium Verkündeten. Der Verfasser nennt sich im zweiten und dritten Brief „der Presbyter". Das wird wie bei Papias (ca. 130–140 n. Chr.) einen Mann aus der ersten Generation der Gemeinde bezeichnen, weil keinerlei Hinweis auf ein Presbyteramt vorliegt (s. o. 29.3 mit A. 215 und u. 30.4). Papias kennt auch neben dem Zebedaiden Johannes noch einen Presbyter Johannes[231]. Die drei Briefe stehen sich nahe und könnten vom gleichen Verfasser stammen; es ließe sich aber auch an zwei verschiedene Angehörige einer johanneischen „Schule"[232] denken. Daß der Evangelist sie oder mindestens einen von ihnen geschrieben hat, ist unwahrscheinlich. Da sie vermutlich nach dem Evangelium geschrieben sind und dieses kennen[233], kann man nur fragen, ob nicht ein Redaktor, der Kap. 21 und eventuell andere Zusätze zum Evangelium hinzugefügt hat, auch als Verfasser bei den Johannesbriefen in Frage kommt. Gegenüber dem Ganzen des Evangeliums ist jedenfalls schon die Sprache monotoner, ohne Anklänge an das Semitische, auch in der Wortwahl manchmal anders, so sehr sie mit jener verwandt bleibt. Entscheidend sind aber die inhaltlichen Unterschiede, die sich schwerlich nur mit der anderen Situation des Kampfs gegen eine Irrlehre erklären lassen.

30.2 Eigenart in der Ablehnung von Irrlehrern. Die drei Briefe lassen sich als „johanneische Pastoralbriefe" charakterisieren[234]. Damit ist ausgedrückt, daß der erste Brief gegenüber dem Evangelium „kirchlicher" wirkt. Das zeigt sich schon im Verständnis der Zeit. Während das Evangelium fast nur die schon jetzt erfahrene Erfüllung des Heils in Christus betont (s. o. 29.4), wird 1 Joh 2,28; 3,2 die noch ausstehende letzte „Erscheinung" Jesu, die „Parusie" ausdrücklich genannt. Anders als in der Gegenwart werden wir dann „ihn sehen, wie er ist". Auch das Auftauchen der Irrlehrer ist ein Zeichen für die „letzte Stunde" (2,18). Allem „Fortschritt" entgegen muß das „Bleiben in der Lehre" eingeschärft werden (2 Joh 9). Das Bekenntnis zu Jesus als dem Christus (5,1) und so dem Gottessohn (1,3; 4,15; 5,5), ja dem „wahren Gott" (so ist wohl 5,20 gemeint) muß festgehalten werden. Es genügt aber nicht, es nur zu wiederholen; es muß auch interpretiert werden. Es steht nämlich in Frage, ob Christus wirklich „im Fleisch von Gott her gekommen ist" (4,2; 2 Joh 7). Was grundlegend zur Abfassung von Evangelien überhaupt geführt hat (s. o. 25.8), tritt in einer neuen Gestalt angesichts des besonderen Charakters des Johannesevangeliums wiederum als Problem auf. Ist der Satz vom fleischgewordenen Wort (Joh 1,14) nicht vielleicht doch nur so zu verstehen, daß Gottes Weisheit in der Lehre Jesu, die in der kirchlichen Verkündigung weiterlebt, Gestalt angenommen hat (s. o. 26.8)? Könnte also nicht die durch den Parakleten gegenwärtige Lehre des

Offenbarers genügen? Das scheint sich bei den Irrlehrern sogar schon zu der Vorstellung verdichtet zu haben, die bei einem späteren Gnostiker Kerinth bezeugt ist[235], daß nämlich der himmlische Christus (also die göttliche Vollmacht) sich bei der Jordantaufe mit dem Menschen Jesus verbunden, ihn aber vor der Kreuzigung wieder verlassen hat. Dagegen scheint sich die Aussage zu wehren, daß Jesus „nicht nur im Wasser, sondern auch im Blut" gekommen sei und daß eben dies auch vom Geist (in den Sakramenten?) bezeugt werde (5,6–8; vgl. auch Joh 19,34)[236]. Da die Gnosis (s. o. 20.2) nicht uniform ist, sondern sich allmählich aus verschiedenen Quellen geformt hat, ist durchaus möglich, daß sich eine Theologie, die nur an der durch Jesus gelehrten und lebensmäßig dargestellten „Weisheit" interessiert war, etwa wie Kerinth ausgedrückt hat, wenn vielleicht auch in weniger mythischen Bildern. Die Gefahr ist auch hier die Abwertung des geschichtlichen Jesus von Nazaret, freilich nicht so, daß alles sich auf das „Kerygma", die Botschaft von Kreuz und Auferstehung konzentriert, sondern so, daß die im Weisheitslehrer Jesus und seiner Verkündigung erscheinende „Herrlichkeit" als Gegenwart der „Weisheit Gottes" allein wichtig bleibt (s. o. 7.7). Jedenfalls sieht der Brief darin die Lehre des „Antichrists" (s. o. 19.1), der „in der letzten Stunde" kommen soll, wobei sich diese mythische Gestalt als eine Mehrzahl von Irrlehrern („Antichristen") präsentiert (2,18.22; 4,3; 2 Joh 7). Diese sind von der Gemeinde ausgegangen (2,19); es handelt sich also noch um einen innerkirchlichen Konflikt, in dem die Johannesbriefe die Verankerung des Glaubens in der Geschichte des „im Fleisch Gekommenen" und real Gestorbenen betonen. Es ist sein „Blut", das von allen Sünden reinigt und das Sühnopfer für sie darstellt (1,7; 2,2.12).

30.3 Der Dualismus: Gemeinde und Welt. Die johanneische Sicht, in der Jesus Christus alles ist und in der Licht und Finsternis, obere und untere Welt scharf geschieden sind (s. o. 29.10), ist auch hier festgehalten. Darum muß man sich von den Irrlehrern eindeutig trennen (2 Joh 10–11) und darf der Glaubende die vergehende Welt nicht lieben (1 Joh 2,15–17), so sehr Jesus Sühnopfer für die ganze Welt ist (2,2). Gott und Welt, Kinder Gottes und Kinder des Teufels sind eindeutig geschieden (3,10; 4,4–6; 5,4.19). Völlig anders als bei Paulus, der allen alles werden will, um sie für Christus zu gewinnen (1 Kor 9,19–22), der also bewußt mit seiner Botschaft in die Welt hinaus zieht, um sie in der Sprache dieser Welt zu verkünden, wirkt die johanneische Gemeinde, mehr oder weniger in sich abgeschlossen, als Modell eines neuen Lebens (s. o. 29.6). Darum wird der Aufruf Jesu zur Bruderliebe (Joh 15,12–17) so betont übernommen: Gottes Gebote halten heißt den Bruder lieben: 1 Joh 2,3; 3,11–18.22–23; 4,7–8.20–21; 2 Joh 5–6. Dabei bleibt solche Liebe unmißverständlich Geschenk Gottes und ist nie einfach menschliche Leistung. Weil Gott Liebe ist (1 Joh 4,8.16), bedeutet „Liebe" grundsätzlich *seine* Zuwendung zum Menschen (4,10), die unter uns zur Bruderliebe wird und werden muß (4,11). Die „Geburt von oben", wie Joh 3,3, oder die „Wiedergeburt", wie es Tit 3,5 formuliert, ist nach 1 Joh 4,7–10 eben diese Erfahrung der Liebe Gottes, die zur Bruderliebe wird: „Jeder, der liebt, ist von Gott gezeugt". Noch nüchterner spricht 2,29 von „jedem, der die Gerechtigkeit tut", und 3,10 verbindet beides. 3,9 und 5,18 erklären sogar, daß der aus Gott

Gezeugte keine Sünde mehr tue. Das gilt wohl grundsätzlich, obwohl 1,18–2,2 wiederum sehr nüchtern darum weiß, daß dennoch Sünde geschieht, ja daß der lügt, der behauptet, er habe keine Sünde. Daher ist jetzt nicht mehr wie im Evangelium der heilige Geist der „Beistand", sondern Jesus, der als „Sühnopfer" beim Vater für uns wirkt. Wo unser Herz uns verklagt, da ist Gott größer und schenkt uns Zuversicht am Tag des Gerichts (3,20; 4,17–18). So ist der Gefahr einer selbstgenügsamen Sicherheit, die sich auf die ein für allemal gültige Erwählung verläßt und sich nicht mehr von der, im Bekenntnis immer noch festgehaltenen, Liebe Gottes bewegen läßt, ebenso gewehrt wie einer skrupulösen Ängstlichkeit, die in dauernder Ungewißheit lebt.

30.4 Das Kirchenverständnis. In den Johannesbriefen tritt auch eine eigenartige Sicht der Gemeinde hervor. Etwa zur gleichen Zeit wie die Pastoralbriefe (s. o. 20.3), jedenfalls nicht sehr viel früher, entfaltet sich das Gemeindeverständnis, wie wir es in Jerusalem und bei Paulus finden, in gerade den Pastoralbriefen entgegengesetzter Richtung. Schon das Johannesevangelium (s. o. 29.6) kennt kein Amt außer dem des Judas (13,29), des Hohenpriesters, dessen Amtsautorität stark betont ist (11,51), und des Pilatus, von dem dasselbe gilt (19,10–11). Nur im Nachtragskapitel wird Petrus als dem, der Jesus dreimal verleugnet hat und dreimal erklärt, daß er ihn liebhabe, der Auftrag zum Weiden der Schafe Jesu gegeben (21,15–17), aber sogleich auch durch die Stellung des andern Jüngers, den Jesus liebhatte, ausbalanciert (21,20–23). 1 Joh 2,20.27 hebt grundsätzlich hervor: „Ihr seid alle wissend (oder: wißt alles)... und habt nicht nötig, daß jemand euch lehre; sondern wie seine Salbung (der heilige Geist) euch über alles lehrt, so ist es wahr und keine Lüge". Dieses fast unglaubliche Zutrauen zur Leitung des Geistes ist allerdings verbunden mit dem Zutrauen, daß dieser nichts anderes verkünden werde, als was „von Anfang an", also in der apostolischen Überlieferung, gelehrt worden ist (2,24; 1,1–3).

Leider bleibt die Situation des dritten Johannesbriefs unklar. Vieles spricht dafür, daß der Verfasser eine stark charismatische Gruppe, vielleicht eine Schar von Wanderpredigern (s. o. 3.1 und 9), vertritt und sich gegen Diotrephes als den Amtsträger einer sich immer mehr institutionalisierenden Kirche wehrt, der seine Boten abweist[237]. Doch sind auch andere Lösungen möglich. Jedoch, wie immer die konkrete Lage hier gewesen sein mag, sicher meldet sich in den johanneischen Schriften ein Gemeindeverständnis an, das die Christusunmittelbarkeit jedes einzelnen Gemeindeglieds und das volle Zutrauen zum Lehren und Handeln des Geistes vertritt.

30.5 Alternative im Kirchenverständnis. Am Ende des Neuen Testaments sind also für die Entfaltung der kommenden Kirche beide Ansätze (und einige Mittelpositionen) vorhanden: die Betonung der rechtmäßigen Tradition, Lehre und Institution, freilich gesichert durch die Voraussetzung, daß der prophetische Geist vor der Ordination den einzusetzenden Amtsträger bezeichnet, und die Betonung des freien Zugangs jedes Einzelnen zum erhöhten Christus und der absoluten Freiheit des Geistes, freilich gesichert durch die Voraussetzung, daß dieser nichts anderes lehre, als was „von Anfang an" gilt.

VII. Das Prophetische Buch

31. Die Johannesoffenbarung

31.1 *Verfasser, Datum, Ort.* Der Verfasser nennt sich 1,1.4.9; 22,8 „Johannes" und bezeichnet sich als „Knecht Gottes" und „euer Bruder und Teilhaber. . ."; seine Worte sind „Prophetie" und seine Brüder „die Propheten" (1,3; 22,7.9.18). Die Namen der zwölf Apostel sind auf den Grundsteinen des himmlischen Jerusalems eingegraben (21,14), ohne daß der Verfasser je andeutet, selbst dazu zu gehören. Er ist sicher nicht der, der das vierte Evangelium geschrieben hat. Der Stil ist bis in unbedeutende Kleinigkeiten hinein anders, selbst wenn man den starken Anklang an semitische Formen als bewußt archaisch-heilige Sprache erklären wollte. Wichtigste johanneische Gedanken und Begriffe fehlen, etwa der Gegensatz von Licht und Finsternis, Liebe und Haß, Gott und Welt, oder das „Sein aus Gott" und „Bleiben in Gott / Christus" usf. Während das Johannesevangelium fast ausschließlich von der Gegenwart des Heils und kaum je von seiner Zukunft redet oder höchstens so, daß das schon Gegenwärtige „bleibt" oder sich vollendet, ist gerade die noch ausstehende Zukunft Gottes Thema der Offenbarung[238]. Ist für das Evangelium die Menschwerdung des Logos Gottes die Mitte, so für die Offenbarung seine gegenwärtige und vor allem zukünftige Herrscherstellung als Erhöhter und Wiederkommender. Beide reden von Christus als dem „Lamm" wie ja auch Jes 53,7 (= Apg 8,32) und 1 Petr 1,19 (vgl. 1 Kor 5,7); aber die Offenbarung benützt dafür ein anderes Wort[239], das auch den Widder bezeichnen kann. Es gibt sicher Ähnlichkeiten mit dem Johannesevangelium, etwa die Bezeichnung des Christus als Logos (Joh 1,1–14 freilich nur im Prolog, s. o. 5.13; Offb 19,13), die Sicht des Glaubens als eines „Bewahrens" (der Worte Jesu) und die Wichtigkeit des „Zeugnis ablegens". Doch finden sich solche Ähnlichkeiten auch bei Paulus und besonders im Hebräerbrief. Anfang des 4. Jh. schlägt Euseb den Presbyter Johannes (s. o. 30.1) als Verfasser vor[240]. Das ist möglich, obwohl der Presbytertitel in der Offenbarung nur den vierundzwanzig himmlischen Ältesten zukommt (4,4.10).

Die Zeit muß die der ersten großen Verfolgung sein, in der das Christsein als solches auch in Griechenland und Kleinasien strafbar wurde, also etwa die Zeit Domitians in den Neunzigerjahren. Die Zahl 666 (13,18) geht auf Zahlenspiele zurück. Da griechische (wie hebräische) Buchstaben auch Zahlzeichen sind, kann man sie z.B. zusammenzählen und als Verschlüsselung eines Namens verwenden: „Ich liebe die, deren Zahl 545 ist. . ."[241]. Auch christliche Gnostiker haben damit beweisen wollen, daß Christus und Heiliger Geist eins sind, weil Alpha und Omega (Offb 1,8) 801 ergibt, dieselbe Zahl wie die Summe der Buchstaben von „*peristera*" (Taube, Lk 3,22 usf.)[242]. Mit hebräischen Buchstaben geschrieben ergibt „Kaiser Nero" 666[243], mit griechischen „M. Nerva", der Nachfolger Domitians, der nur Sommer 97 bis Frühjahr 98 regierte (Offb 17,10?)[244]. Doch gibt es so viele andere Möglichkeiten, daß man nach der Warnung des Berengaudus besser das Rechnen läßt, weil sonst noch der eigene Name herauskommen könnte[245]. Das volle Martyrium ist allerdings Ausnahme (2,13), dennoch wären „Nero", von dem die Sage ging, daß er als noch schrecklicherer Tyrann wiederkommen werde, oder „Nerva" am Ende der grossen Verfolgung naheliegende Möglichkeiten.

Die Adressaten befinden sich in Kleinasien (Kap. 2–3), wobei die sieben Gemeinden freilich symbolhaft schon die weltweite Kirche repräsentieren, deren Schicksal ja im Folgenden geschildert wird. Der Verfasser befindet sich auf der Kleinasien vorgelagerten Insel Patmos (1,9). Merkwürdigerweise ist, anders als im ersten Petrus- und in den Pastoralbriefen, etwas später bei Ignatius, kaum etwas von paulinischem Einfluß zu spüren. Die Gesetzesfrage z.B. spielt überhaupt keine Rolle mehr. In den kleinasiatischen Gemeinden scheinen also sehr verschiedene Einflüsse gewirkt zu haben, besonders wenn man auch Johannesevangelium und -briefe hier anzusiedeln hätte. Vielleicht läßt sich das mindestens zum Teil damit erklären, daß Wanderpropheten (s. u. 31.2) und seßhafte Gemeinden sich anders entwickelten.

31.2 Prophetischer Charakter. Das Buch ist innerhalb des neutestamentlichen Kanons so wichtig, weil es die Schrift eines Propheten ist. Propheten haben in der frühesten Gemeinde eine wichtige Rolle gespielt[246]: Mt 5,11–12; 7,22; 23,34; 24,11–12 (s. o. 26.5); Apg 2,17–18; 11,27–28; 13,1; 15,32; 19,6; 21,9–10 (s. o. 3.2 und 8); Röm 12,6; 1 Kor 12,28; 14,1; 1 Thess 5,20 (s. o. 10.4); Eph 2,20; 4,11 (s. o. 18,3); 1 Tim 1,18 (s. o. 20.3); 3 Joh (s. o. 30.4). Naturgemäß ist von ihnen kaum Schriftliches überliefert. Der Prophet spricht Gottes Botschaft immer wieder neu in eine konkrete Situation hinein, so daß es zu Entscheidungen kommt (1 Kor 14,24–25). Das ist wesentlicher als die Voraussage der Zukunft (was auch für die Offenbarung gilt!), obwohl dabei natürlich eine bestimmte Beurteilung des auf die Gemeinde Zukommenden mitspielt und auch eigentliche Weissagungen vorkommen (Apg 11,28; 20,23; 21,11). Von diesen in den Gemeinden ansässigen Propheten sind die eigentlichen Wanderpropheten zu unterscheiden, die Jesu Ruf in die Nachfolge auch nach Ostern wörtlich auffassen, Haus und Familie verlassen und besitzlos mit ihrer Botschaft von Gemeinde zu Gemeinde ziehen (Mt 10,41, s. o. 3.1). Vor allem schildert die Didache (eine syrische Kirchenordnung der Neunzigerjahre?), wie sich diese von den Gemeinden verpflegen lassen, sich aber auch manchmal in ihr niederlassen (10,7; 11,4–12)[247]. Solche Wanderpropheten haben vermutlich auch Paulus vorgeworfen, daß er (selbstverdientes!) Geld auf seine Missionsreisen (in noch nicht christliche Gebiete, Röm 15,20!) mitgenommen habe (1. Kor 9,3–18). Sie sind bis ins 3. Jh. hinein bezeugt und bilden eine der Wurzeln der im 4. Jh aufbrechenden Mönchsbewegung[248].

31.3 Der Sinn der Bilderwelt. Das Fremdartige, aber auch das theologisch Wichtige, ist die überbordende Fülle der merkwürdigsten Bilder. In seltsamer

Weise wird damit etwas aufgenommen, was schon hinter Jesu Gleichnisrede (s. o. 2.3), den johanneischen Bildreden (s. o. 29.5), der lukanischen Konzentration auf das Erzählen (s. o. 27.7), aber auch in den paulinischen Aussagen darüber, daß man Gott nur so erkennen kann, daß man von ihm erkannt *wird* (1 Kor 8,2; 13,12), sichtbar wird. Gott ist nicht beschreibbar, im strengen Sinn also auch nicht lehrbar, wohl aber in seiner Begegnung mit dem Menschen wahrnehmbar. Das ist völlig anders als in der griechischen Konzeption des Logos, die davon ausgeht, daß der Makrokosmos, das Weltall, dem Mikrokosmos, dem Menschen, analog strukturiert und vom gleichen Geist, dem Logos, durchwaltet ist. Dann wäre Gott in der einsehbaren Regelmäßigkeit der Gesetze des Universums zu finden, also gerade vom Verstand her erfaßbar. Der Grieche preist Gott, wenn er in den merkwürdigsten Tiergestalten die gleichen, feststehenden und unveränderlichen Gesetze des Blutkreislaufs wieder entdeckt, die auch für ihn gelten. Der Verfasser von Hiob 38–41 hingegen wird von der Fülle und Bewegung des Lebens gepackt und staunt gerade über das Unerwartete und Unbegreifliche, über das Nilpferd, das „Gras frißt wie ein Rind", „Knochen wie Eisenröhren" besitzt und seinen Schwanz „steif wie eine Zeder" emporstreckt (40,10–13). Darin erkennt er die unfaßbare Schöpfermacht Gottes, seines Herrn. Etwas davon zeigt sich in der Bilderwelt der Offenbarung. Wenn vor Gottes Thron vier Wesen weilen, die „ringsherum und auf der Innenseite voller Augen sind" (4,8), kann man das nicht zeichnen, weil es unvorstellbar ist; aber es besagt, daß wer sich Gottes Thron naht, von vorn und hinten, von links und rechts von unzähligen Augen angeschaut ist. Das ist sehr viel eindrücklicher und wahrer, weil der Wirklichkeit Gottes angemessener, als wenn wir abstrakt erklären: „Gott ist allwissend". In solchen Bildern prägt sich die Wahrheit aus, daß wir Gott nie bemeistern können, auch nicht gedanklich, also nie mit ihm „fertigwerden", und daß wir ihm nur so begegnen können, daß wir von ihm gesehen und erkannt werden. Nur wo er uns im Ganzen unseres Lebens berührt und bewegt, wie immer wir dann darauf reagieren, geschieht Erkenntnis Gottes. Darum ist das Alte Testament bis in die spätere, mit den nach dem Exil geschriebenen Kapiteln Jes 24–27 und vor allem Daniel einsetzende Apokalyptik hinein an der Geschichte interessiert, nicht an gleichbleibenden Naturgesetzen.

31.4 Schilderung einer geschichtlichen Entwicklung? Im Unterschied zu den alttestamentlichen Propheten, bei denen gelegentlich das Gotteswort durch Bilder akzentuiert wird, treten bei jüdischen Apokalyptikern die Bilder in den Vordergrund und werden durch das Gotteswort gedeutet. Träume und Visionen werden immer wichtiger. Das gilt auch für die Offenbarung des Johannes. Auch er will so etwas wie die Geschichte des Handelns Gottes bis zur Vollendung hin schildern. Die je sieben Siegel- (6,1), Posaunen- (8,2.6) und Schalen- (15,7) Visionen wiederholen kaum dreimal dieselbe Periode, sondern sind eher so zu denken, daß sich aus der je siebenten Plage eine neue Reihe entfaltet. Nun darf man aber kaum zeit-, kirchen- oder endgeschichtlich eine Entwicklung konstruieren, in der die Bilder der Offenbarung direkt mit kommenden (oder schon geschehenen) Ereignissen innerhalb unserer Weltgeschichte oder im kurz vor dem letzten Tag anbrechenden tausendjährigen Reich identifiziert werden könnten, wie das z.B. für Dan 11 zutrifft. Es fragt sich sogar, wie weit der Seher überhaupt an ein zeitlich noch faßbares Nacheinander denkt und nicht eher von einer Bilderfülle überwältigt wird, die das Wesen des Kommens Gottes und des Widerstands der Mächte und der ihnen verfallenen Menschen schildert[249].

31.5 Das Verhältnis zur jüdischen Apokalyptik. Übereinstimmung mit und Differenz zu den Apokalyptikern des Judentums sind gleichermaßen wichtig. Übereinstimmend ist das Wissen um den nicht verfügbaren Gott, dessen entscheidendes Handeln noch in der Zukunft liegt, freilich so, daß es auf den Leser zukommt, weil es Entfaltung und Erfüllung des schon erfahrenen und in der Gegenwart erfahrbaren Handelns ist. Es muß in Bildern umschrieben werden, die nur dann falsch werden, wenn sie losgelöst vom Geschehen der Sprache, bei dem der Sprechende und der Hörende beteiligt sind, zu objektiven Schilderungen einer voraussagbaren und daher verfügbaren Zukunftsgeschichte werden. Übereinstimmend ist auch die Dimension, in der gedacht und gesprochen wird: die Welt, die weit über das Seelenheil des Einzelnen hinausreicht, ferner das Wissen um das Gegenüber Gottes, dessen Handeln sich nicht auflösen läßt in die Stimme des eigenen Innersten und die Reaktion darauf, schließlich die Erkenntnis, daß Gott sich in seinem Handeln erweist, Gott also lebendiger Gott ist und bleibt.

Aber auch die Differenzen sind sichtbar. Während für den jüdischen Apokalyptiker alles Heil in der Zukunft liegt, die Gegenwart weithin als von Gott und seinem Geist verlassen empfunden wird, kommt Johannes von der schon erfolgten Erfüllung des Heils in Jesus Christus her. Das Lamm, das noch die Wunde des Opferschnitts trägt, hat schon den Thron eingenommen (5,6). Daher schreiben die jüdischen Apokalyptiker alle im Namen einer Heilsgestalt der Vergangenheit (Adam, Henoch, Daniel usw.); Johannes aber zeichnet mit eigenem Namen und schildert sogar seine Berufungsgeschichte (1,9–20). Er weiß, daß schon die Gegenwart Zeit Gottes ist, wenn auch noch nicht die vollendete Welt. Sie wird nicht enthusiastisch übersprungen. Ihre Leiden werden ernstgenommen. In Kap. 13 wird hinter den beiden Bestien, wie immer man im Einzelnen auslegt, die Staatsmacht sichtbar, die die Gemeinde hart verfolgt. Anders als in Röm 13 (s. o. 16.1), in den Pastoralbriefen (s. o. 20.4) und im ersten Petrusbrief (s. o. 23.6) ist jetzt die Situation so geworden, daß auch der Widerstand dagegen möglich und notwendig ist, so sehr noch immer das Leiden der Gemeinde in der Hoffnung auf Gottes Zukunft ihre eigentliche Antwort bildet. Ein Enthusiasmus, der meint, im Glauben schon alles zu haben, so daß die Not der Gemeinde und der Welt nicht mehr zur Kenntnis genommen werden muß, ist unmöglich. Ebenso wenig aber kann die Gemeinde in Träume über die herrliche Zukunft flüchten. Das wird sehr deutlich in den vorangestellten Sendschreiben, die betonte Gegenwartsverheißung und -mahnung sind (Kap. 2–3) und das heutige „Werk" der Leser durchaus wichtig nehmen.

VIII. Rückblick

32. Das Werden des Neuen Testaments

32.1 Weder Kanon noch älteste Tradition als Garantie der Wahrheit. In einem längeren Prozeß sind die heute im Neuen Testament enthaltenen Schriften für kanonisch erklärt worden, wobei einzelne (Hebr, Judas, 2 Petr, 2/3 Joh) noch bis ins 5. Jh., die Offenbarung bis ins 10. umstritten waren. Umgekehrt erschienen gelegentlich der Barnabasbrief oder der Hirte des Hermas im Kanon[250]. Der Rand des Kanons ist also noch lange unscharf geblieben, und man könnte fragen, ob nicht das Thomasevangelium oder der erste Clemensbrief eher dazu gehörte als der Judasbrief. Das ändert aber nichts daran, daß es sich im großen und ganzen um die Schriften handelt, die sich durchgesetzt haben, d.h. in denen die Gemeinde das Wort ihres Gottes immer wieder vernahm, die Botschaft, von der sie lebte.

Das ist theologisch gegenüber zwei extremen Standpunkten abzugrenzen: 1. Das bedeutet nicht, daß das „Endprodukt", der Kanon als solcher eine Garantie darstellt, die der Kirche zur Verfügung stände. Sie muß sich ja immer wieder entscheiden, ob sie z.B. die Pastoralbriefe von Paulus her, das Johannesevangelium von den ersten drei her kritisch lesen will oder umgekehrt. Sie muß beurteilen, wo sie in ihrer jeweiligen Situation die Akzente setzen muß. Sie wird sich immer wieder fragen müssen, wie weit die späteren Schriften erhellende und weiterführende Entfaltung sind, wie weit sie wesentliche Aussagen früherer Schriften nicht mehr enthalten, vielleicht aber bewußt voraussetzen, also nur mit ihnen zusammen gelesen werden können. – 2. Das bedeutet umgekehrt nicht, daß immer das älteste noch erreichbare Zeugnis entscheidend ist. Gewiß kann und soll man von den jetzigen Evangelien her nach der vorevangelistischen Tradition zurückfragen, z.B. nach Q, oder von den Paulusbriefen nach den darin zitierten Glaubensformeln und Hymnen. Aber es ist keineswegs gesagt, daß die entfaltete Botschaft des Markus oder des Römerbriefs das, was in Jesus Christus geschehen ist, nicht deutlicher und klarer verstanden hat als die zugrundeliegende Tradition.

32.2 Kanon auf Vergangenheit, Gegenwart und Zukunft ausgerichtet. Die Kirche, in der der neutestamentliche Kanon entstanden und anerkannt worden ist, hat gewußt, daß die Botschaft, von der sie lebt, eindeutig verankert ist in der Geschichte Jesu von Nazaret. Erste Glaubensformeln und Hymnen haben Menschwerdung oder Geburt, Kreuzigung und Auferstehung mit den Erscheinungen vor den Jüngern schon auf mündlicher Stufe als wesentliche Ereignisse signalisiert. Erste Sammlungen haben Worte und Taten Jesu in sein Leben hineingestellt. So hat die Kirche die *Evangelien* als Zeugnisse in den Kanon aufgenommen, die auf das Damals zurückweisen, auf die *Vergangenheit*, die aber immer noch lebt. Sie hat zugleich gewußt, daß Gott ein lebendiger Gott ist, also ein Gott, der die Menschen, ihre Nöte, Fragen, Gefahren und ihre Möglichkeiten, Gaben und Dienste ernstnimmt. Darum läßt sich das Evangelium nicht auf eine endgültige Information über geschichtliche Tatsachen reduzieren, selbst wenn man erklärte, daß diese natürlich weiterwirken wie alle relevanten Geschichtsereignisse. Es läßt sich ebenso wenig auf eine ein für allemal fixierte Lehre Jesu reduzieren, selbst wenn man erklärte, daß diese natürlich immer wieder auf die neuen Probleme angewendet werden müsse. Jesus hat ein Leben gelebt, das sich mit seinem völlig unerwarteten und unberechenbaren Ausgang jeder endgültigen Bewältigung entzieht, und er hat in Gleichnissen gesprochen, die sich nicht in zusammenfassende, ihren Sinn endgültig festlegende Sätze auflösen lassen. Darum hat die Kirche die *Briefe* der Apostel und Apostelschüler, die immer wieder neu in die jeweilige Situation hineinsprechen, als Zeugnis der *Gegenwarts*bedeutung des Evangeliums in den Kanon aufgenommen. Sie hat bei alledem nicht vergessen, daß sich das Evangelium auch nicht auflösen läßt in ein jeweils erfolgendes Hören und Bewegtwerden, das, angestoßen von Wort, Wirksamkeit und Geschick Jesu, den Menschen je in seiner Zeit und Situation neuschafft. Gott wirkt nicht nur in einzelnen Seelen und nur indirekt durch sie. Jesu Worte und Gleichnisse von Gottes Herrschaft und dem Menschensohn sprechen auch von dem Gott, der sein Reich baut, und von kommender Vollendung. Apokalypsen wie Mk 13, die Maranata-Rufe der frühesten Gottesdienste und Briefabschnitte wie 1 Kor 15 bezeugen diese, oft glühende, Erwartung des letzten Eingreifens Gottes. Darum hat die Kirche auch die *Offenbarung des Johannes* als in die *Zukunft* weisendes Zeugnis für Gottes vollendendes Handeln in den Kanon aufgenommen, weil Gottes Handeln Geschichte schafft, nicht nur einzelne Menschen je in ihrer Gegenwart trifft und bewegt. Selbstverständlich ist diese Aufteilung des Kanons nur hinsichtlich einer gewissen Akzentsetzung richtig. In den Evangelien wie in den Briefen wie in der Offenbarung ist immer wieder vom lebendigen Jesus Christus die Rede, der stets Vergangenheit, Gegenwart und Zukunft umspannt und als „das Alpha und das Omega der Erste und der Letzte, der Anfang und das Ende" ist (Offb 22,13).

32.3 Die relative Autorität des Kanons. Das umschließt ein Doppeltes: 1. Die Gemeinde hat sich von ihrem Anfang her weiterentwickelt. Dabei sind alle Zeugnisse des Neuen Testaments in einem bestimmten Stadium dieser Wanderschaft verfaßt worden, gegenüber bestimmten Gefahren, mit bestimmten Erinnerungen und Hoffnungen. Die gesellschaftliche Situation des Schreibers und der angesprochenen Leserschaft ist immer an der Formulierung mitbeteiligt. Darum muß sich auch die Botschaft entfalten. Man kann dabei unterscheiden zwischen Dokumenten, die sehr stark von ihrer Lage und von der Front, gegen die sie kämpfen, geprägt sind, wie m.E. der Jakobusbrief, und anderen, die zentraler die überall und allezeit gültige Botschaft zu formulieren versuchen, wie m.E. der Römerbrief; aber grundsätzlich ändert sich nichts daran, daß immer wieder der heute lebendige und zur heutigen Gemeinde sprechende Christus gehört werden muß. – 2. Dennoch hat die Kirche ihn nicht einfach in immer wieder erfolgenden Prophetensprüchen gehört, sondern hat ihre ganze Verkündigung dem Maßstab der neutestamentlichen Schriften unterstellt. So sehr die Botschaft immer neu formuliert werden muß, so sehr ist auch diese Neuformulierung immer zu messen an den Grunderfahrungen der Kirche mit Jesus, wie sie in vor- und nachösterlichen Zeugnissen im Neuen Testament gesammelt sind. Bis heute mögen Neuformulierungen die Botschaft mindestens für eine bestimmte Zeit und Lage klarer formulieren als die ersten Aussagen der neutestamentlichen Zeit, sogar als die Worte Jesu selbst, aber sie sind stets kritisch zu befragen, ob sie grundsätzlich bei dem bleiben, was jene bezeugen. So sehr Gott ein lebendiger Gott bleibt, der uns stets wieder neu begegnet, so sehr bleibt er auch sich selbst treu und wird weder heute noch morgen das Gegenteil dessen sein, was er gestern war. Daher bewahrt die Verankerung im Leben, Sterben und Auferstehen Jesu, wie es auch in den Erstformulierungen der nachösterlichen Verkündigung bezeugt ist und sich in der endgültigen Schöpfertat Gottes, der neuen Erde unter einem neuen Himmel, vollenden wird, das Neue Testament davor, seine geschichtlichen Konturen zu verlieren und auf ein innermenschliches psychisches Geschehen reduziert zu werden.

32.4 Abgrenzung gegen „Frühkatholizismus". Mit dem ersten ist die Grenze gegen ein „frühkatholisches" Verständnis bezeichnet, nach dem die jeweilige Kirche amtlich festzustellen hat, was der nur als Grundlage verstandene Kanon jetzt bedeutet. Aber das Argument, die Annahme des neutestamentlichen Kanons fordere dann auch diejenige der etwa gleichzeitig festgelegten amtlichen Struktur der Kirche durch Bischof – Presbyter – Diakonen und garantiere so die für immer gültige Ordnung[251], ist so doch nicht zu halten. Denn einmal ist der Kanon nicht einfach sakrosankt, sondern lebendige, auch immer wieder kritisch zu hörende Stimme, innerhalb deren Vielfalt auch Akzente zu setzen sind. Dann aber hat die Kirche Ende des 2. Jh. ja gerade nicht die damalige Literatur für kanonisch erklärt, sondern Zeugnisse des 1. Jh., von denen nur wenige noch in den Beginn des 2. Jh. hineinreichen mögen. Sie hat sich also durchaus kritisch gegen gleichzeitige Schriften auf die schon ein Jahrhundert zurückliegenden Zeugnisse gestützt, mit dem Willen, sich von ihnen fragen und umgestalten zu lassen. Sie hat weder den ersten Clemensbrief noch die Ignatianen für kanonisch erklärt, in denen ihre Ordnung weithin beschrieben und als vorbildlich erklärt wurde. Sie hat dafür z.B. auch die Johannesbriefe und die Evangelien, die kaum etwas von solcher Ordnung wissen, und die Nachrichten vom Wirken frühchristlicher Propheten aufgenommen. Das ist umso bemerkenswerter, als gerade in der Zeit kurz vor und nach 200 eine Welle charismatischer und prophetischer Kirchlichkeit mit entsprechender Verkündigung und Heiltätigkeit sich durch die Montanisten weiterum ausgebreitet hat und für die Großkirche gefährlich wurde. Trotzdem hat die Kirche nur in der ganzen Fülle der neutestamentlichen Schriften Gottes heilschaffende Kraft erfahren und sich von ihnen auch kritisch bestimmen lassen. Sie hat darum betont keine Sammlung möglichst uniformer Aussagen angestrebt, sondern die ganze Vielfalt der Botschaft als für ihre Zukunft wesentlich angesehen. Sie hat also mit dem immer wieder möglichen Aufbrechen von Alternativen (s. o. 30.5) gerechnet, so sehr sich gerade gegenüber den Montanisten gezeigt hat, daß die Kirche auf die Länge nicht ohne eine gewisse Ordnung leben kann.

32.5 Abgrenzung gegen Gnosis. Mit dem zweiten ist aber auch die Grenze gegenüber einem „gnostischen" Verständnis bezeichnet, für das nur die Worte des immer noch lebendigen Christus (geistes) und die immer noch geschehenden Wundertaten[252] eine Autorität darstellen, nicht mehr der in die Geschichte eingebettete Jesus Christus – modern ausgedrückt: nur die im Geiste Jesu heute verkündete Heilslehre und verwirklichte Lebenshaltung, die nur lose mit dem im Neuen Testament bezeugten Jesus von Nazaret und dem den Jüngern erschienenen Auferstandenen verknüpft zu werden braucht. Offenheit und Begrenzung gehören also im Neuen Testament wie im Leben der Kirche zusammen. Nur wo das Wort in aller Offenheit für neue Fragen und Antworten und für neue Gefahren von Vorurteilen wirklich in die jeweilige Gegenwart hinein spricht, ist es das lebendige Wort Gottes. Aber auch nur wo es in klarer Begrenzung von dem her, was in Jesus Christus geschehen ist, falsche Fragen und Antworten und Vorurteile abweist, ist es dies.

32.6 Kanon (und Dogma) als „Leitplanken". Vielleicht läßt es sich im Bild so sagen: Entlang einer Autostraße gibt es Leitplanken und weiße Randlinien. Sie setzen sich Kilometer um Kilometer fort, sind also nicht einfach dieselben, denen man am Anfang schon begegnet, bilden aber trotz allen Kurven doch eine kontinuierliche Linie. Ihre Funktion ist die, den Autofahrer vor einem lebensgefährlichen Ausbrechen auf die Gegenfahrbahn oder in den Abgrund hinunter zu bewahren. Wer freilich, um ganz sicher zu sein, bei den ersten drei Metern stehen bleiben wollte, um die Leitplanken oder -linien ja nicht zu durchbrechen, käme überhaupt nirgends hin, und wer diese mit der Fahrbahn selbst verwechselte und auf ihnen fahren wollte, wäre wahrscheinlich sehr rasch verloren. Er muß zwischen ihnen im Freiraum der Straße in Freiheit entscheiden, wie er fahren will, ob er jemandem folgen und bremsen oder nach links ausbiegen, beschleunigen und überholen will usf. So müssen bestimmte neutestamentliche und kirchliche Aussagen immer wieder, auch in zwar kontinuierlicher, aber doch wechselnder Gestalt, die Grenzen markieren, die nicht überschritten werden dürfen. Was Glaube ist, ist aber nicht mit ihnen zu verwechseln. Weder das Klebenbleiben an ihnen noch das Fahren auf ihnen ist möglich und heilsam; der Glaube muß sich seinen je eigenen Weg im Freiraum zwischen ihnen (der weit größer ist auch als eine vierbahnige Autostraße) suchen. So begrenzt das Neue Testament mit seiner unbedingten Bindung an Jesus von Nazaret und seine Auferstehung, seinem Ernstnehmen der nachösterlichen Botschaft und seiner klaren Ausrichtung auf Gottes endgültige Schöpfertat die Bahn und verleiht gerade damit der Gemeinde aller Zeiten und Länder die Freiheit zu ihrem je eigenen Unterwegssein.

Anmerkungen

1 Vgl. P. Stuhlmacher, Vom Verstehen des Neuen Testaments, 1979 (GNT 6) 206.
2 Z.B. W.G. Kümmel, Einleitung in das Neue Testament, Heidelberg [21]1983; H.M. Schenke / K.M. Fischer, Einleitung in die Schriften des Neuen Testaments I/II, Berlin 1978/1979; E. Lohse, Die Entstehung des NT, Stuttgart [4]1983.
3 Ann. 15,44.
4 Claud. 25,4.
5 Ant. 18,63 f. und 20,200.
6 Bill. I 1023 (5b).
7 Ausführlicher: H. Conzelmann, Geschichte des Urchristentums, 1969 (GNT 5) 17–19.
8 F. Herrenbrück, Wer waren die Zöllner?: ZNW 72 (1981) 178–194. Weiteres: Conzelmann (A. 7) 127–138; zur sozialen Stellung des Handwerkers: H. G. Kippenberger / G. A. Weevers, Textbuch zur neutestamentlichen Zeitgeschichte, 1979 (GNT 8) 84 f.; E. Lohse, Umwelt des Neuen Testaments, 1971 (GNT 1) 106–109.
9 G. Theissen, Gewaltverzicht und Feindesliebe, in: Studien zur Soziologie des Urchristentums, 1983 (WUNT 19) 160–197, bes. 183–188; ders., Wanderradikalismus, ebd. 79–105 (= ZThK 70 [1973] 245–271), und ders., Urchristliche Wundergeschichten, 1974 (StNT 8) 274–276.
10 Etwas veränderte und erweiterte Wiedergabe des englischen Vorabdrucks: The Testimony to Jesus in the Early Christian Community, 1. Roots of the Tradition, in: Horizons in Biblical Theology 7/1 (1985) 77–85.
11 H. Gese, Psalm 22 und das Neue Testament: ZThK 65 (1968) 1–22, bes. 11 f., 17 f.
12 Theissen, Wundergeschichten (A. 9) 57–83.
13 Ebd. 84, 133–143, 279. Im hellenistischen Bereich scheint es in jener Zeit zwar einzelne Wunderberichte (vor allem von Kultstätten) zu geben, aber keine Sammlungen: P. J. Achtemeier, The Origin and Function of the Pre-Marcan Miracle Catena: JBL 91 (1972) 200–202.
14 Chr. Dietzfelbinger, Vom Sinn der Sabbatheilungen Jesu: EvTh 38 (1978) 281–298, bes. 294–298.
15 J. D. Crossan, In Parables 1973, 13. Literatur zu den Gleichnissen: E. Schweizer, Art. „Jesus Christus": TRE XVI (1987) 715–717.
16 H. Weder, Die Gleichnisse Jesu als Metaphern, 1978 (FRLANT 120) 95–98.
17 U. Luz, in: Chr. Link / U. Luz / L. Vischer, Sie aber hielten fest an der Gemeinschaft, Zürich-Basel 1988, 49–59.
18 Schweizer (A. 15) 720 f. An Stellen wie Ps 89,27 ist „Vater" noch deutlich Bild (wie „Fels").
19 W. Stenger, Sozialgeschichtliche Wende und historischer Jesus: Kairos 28 (1986), 11–22 (14 f.); W. H. Kelber, The Oral and the Written Gospel, Philadelphia 1983, 29. Vgl. schon Theissen, Wanderradikalismus (A. 9) 79–105.
20 W. Stenger, Die Seligpreisung der Geschmähten: Kairos 28 (1986) 56 f., Theissen, Gewaltverzicht (A. 9) 183–195.
21 G. Klein, Art. „Eschatologie": TRE X 274 f.; I.D.G. Dunn, Unity and Diversity in the New Testament, London 1977, 176–178.

22 Did 10,6; vermutlich auch 1 Kor 16,22, falls der Brief im Gottesdienst vor der Abendmahlsfeier gelesen wurde (G. Bornkamm, Das Ende des Gesetzes, München 1952,
123–132; dagegen Dunn [A. 21] 55; G. Delling: KuD 10 [1964] 76). Angesichts der Häufig-
keit der Aussagen über das Kommen Gottes und der Seltenheit der Bitte darum in AT und
Judentum (D. E. Aune, The Apocalypse of John and Graeco-Roman Revelatory Magic:
NTS 33 [1987] 492; anders aber im Hellenismus!) muß man trotz Offb 22,20 doch auch
„Der Herr kommt (oder gar: ist gekommen?)" als mögliche ursprüngliche Bedeutung
ernstnehmen.

23 E. Käsemann, Exegetische Versuche und Besinnungen II, Göttingen 1964, 69–82.

24 Kelber (A. 19) 30.

25 R. H. Gundry, Hellenization of Dominical Tradition and Christianization of Jewish Tradition in the Eschatology of 1–2 Thessalonians: NTS 33 (1987) 170.

26 Ebd. und R. Bauckham, Synoptic Parousia Parables and the Apocalypse: NTS 23
(1976/77) 165–169; ders., Synoptic Parousia Parables Again: NTS 29 (1983) 129 f.

27 Josephus Ant. 17, 299–303 und 339: Archelaus bewirbt sich in Rom um die Königswürde
und tötet nachher seine Gegner.

28 G. Kretschmar, Ein Beitrag zur Frage nach dem Ursprung frühchristlicher Askese:
ZThK 61 (1964) 27–41.

29 Kelber (A. 19) 193.

30 Stenger (A. 19) 17.

31 Kelber (A. 19) 195.

32 E. Schweizer, Zu Apg. 1,16–22: ders., Neotestamentica, Zürich 1963, 416 f.

33 Kelber (A. 19) 187–199.

34 Vgl. E. Schweizer, Art. „Jesus Christus": TRE XVI (1987) 677–685.

35 Oder „Christus Jesus" oder „den (oder: unseren) Herrn Jesus", immer mit Relativprono-
men oder Partizip ausgedrückt.

36 R. A. Horsley, The Background of the Confessional Formula in 1 Kor 8,6: ZNW 69
(1978) 130–135; R. Kerst, 1 Kor 8,6 – ein vorpaulinisches Taufbekenntnis?: ZNW 66
(1975) 130–139.

37 Philo Cher 125; Leg Gai 115; Decal 64; vgl. Hermas 26 (= mand 1), 1.

38 Einzig in der stoischen Erwartung einer Erneuerung des Kosmos nach dem Weltbrand findet sich gelegentlich ein zielgerichtetes „auf . . . hin" (E. Schweizer, Der Brief an die Kolosser, ²1980 [EKK XII] A. 144 und 145).

39 H. W. Bartsch, Zur vorpaulinischen Bekenntnisformel im Eingang des Römerbriefes:
ThZ 23 (1967) 329–339; vgl. E. Käsemann, An die Römer, 1973 (HNT 8a) 9f.

40 E. Schweizer, Zum religionsgeschichtlichen Hintergrund der „Sendungsformel"
Gal 4,4 f.; Röm 8,3 f.; Joh 3,16 f.; 1 Joh 4,9, in: ders., Beiträge zur Theologie des Neuen
Testaments, Zürich 1970, 83–95.

41 N. A. Dahl, Formgeschichtliche Beobachtungen zur Christusverkündigung in der
Gemeindepredigt, in: Neutestamentliche Studien für R. Bultmann, 1954 (BZNW 21) 4 f.
M. Wolter, Verborgene Weisheit und Heil für die Heiden: ZThK 84 (1987) 297–319 zeigt
die Verwurzelung im Verständnis göttlicher Offenbarung in der jüdischen Weisheitsliteratur und Apokalyptik. Von da aus schildert Paulus in 1 Kor 2,6–10 die Erkenntnis des Heils
im Kreuz Jesu als Gottes Geschenk, im Gegenüber zur Weisheit der Welt. Aus der gleichen
Wurzel schöpfen Stellen wie 2 Tim 1,9 f.; 1 Petr 1,20; Ign Mg 6,1; Herm 89 (= s 9,12), 2 f.,
um zu sagen, daß Gott schon von Ewigkeit her seinen Heilsplan mit Jesus festgelegt habe.
Im Revelationsschema liegt aber das Interesse anders. Hier ist die Zeitwende zwischen der
vorchristlichen Blindheit aller Völker für Gottes Liebe und ihrem jetzigen Anteil am Heil
aufgrund der Verkündigung des Paulus an sie die entscheidende Aussage.

42 Zur Unterscheidung von den „Homologien": W.H. Gloer, Homologies und Hymns: PRSt 11 (1984) 115–132.

43 G. Delling, Zum gottesdienstlichen Stil der Johannes-Apokalypse: NT 3 (1959) 107–137; F. Hahn, Liturgische Elemente in den Rahmenstücken der Johannesoffenbarung, in: Kirchengemeinschaft — Anspruch und Wirklichkeit (FS G. Kretschmar), Stuttgart 1986, 43–57.

44 J. Heriban, Retto PHRONEIN e KENOSIS, Rom 1983, versteht nach ThLZ 111 (1986) 748–750 schon V. 6 vom Inkarnierten, was sich wohl nicht halten läßt.

45 Dagegen O. Hofius, Der Christushymnus Phil 2,6–11, 1976 (WUNT 17) 33 f., 41–55, 67–74. Die Einschränkung auf Engel, lebende und tote Menschen ist jedenfalls für das Verständnis des Paulus nicht anzunehmen, vgl. „alles" in 3,21, den Sieg über alle Feinde, auch den Tod selbst, und die Herrschaft über „alles" in 1 Kor 15,25–28.

46 Zum religionsgeschichtlichen Hintergrund s. u. 17.3–5 und zu Joh 1,1–18 s. u. 5.13.

47 Diese Unterscheidung bei N. Walter, Geschichte und Mythos in der urchristlichen Präexistenzchristologie, in: H.H. Schmid (ed.), Mythos und Rationalität, Gütersloh 1988, 224–234. Die Parallelen zum Johannesprolog in der Weisheitsliteratur und bei Philo hat schon C.H. Dodd, The Interpretation of the Fourth Gospel, Cambridge 1953, 274–277 zusammengestellt. Vgl. jetzt auch G. Schimanowski, Weisheit und Messias, 1985 (WUNT 2/17), bes. 153–194, Überblick 204 f. Gegen ihn meldet Walter in A. 9 zurecht sein Bedenken dagegen an, daß schon vor der christlichen Präexistenzvorstellung Weisheitsprädikate auf den Messias übertragen wurden. Aeth Hen 48,6 wäre die einzige jüdische Stelle, die von einer verborgenen Existenz des wohl mit dem Messias gleichgesetzten Menschensohns schon vor der Schöpfung spricht. Aber abgesehen von der Frage, wie weit äthiopische Übersetzung und Original übereinstimmen (s. u. 9.4 mit A. 78), ist das Alter von äth Hen Kap. 37–71, die in den in Qumran gefundenen Fragmenten fehlen, ganz unsicher. „Konkurrenzaussagen" zu judenchristlichen Behauptungen wären also denkbar, auch wo keinerlei direkter Einfluß besteht.

48 K. Koch, Was ist Formgeschichte? [3]1974, 111: Änderungen in der mündlichen Weitergabe sind vorwiegend unabsichtlich und fließend, ein Zusatz zu einer Schrift ist ein bewußter Akt; E. Güttgemanns, Offene Fragen zur Formgeschichte des Evangeliums, 1970 (BEvTh 54) 86–91: „Bruch" (87), „formgeschichtliche Veränderung", „Umformung in strukturell-funktionaler Hinsicht" (88); Kelber (A. 19); L.H. Silbermann (ed.), Orality, Aurality and Biblical Narrative: Semeia 39 (1987), bes. 27–45, 107–133; F. Hahn, Zur Verschriftlichung mündlicher Tradition in der Bibel: ZRGW 39 (1987) 307–318.

49 WA 10,1,1: 17,7–12 bei G. Ebeling, Dogmatik des christlichen Glaubens III, Tübingen 1979, 260 f.

50 Kelber (A. 19) 33.

51 Th.J. Weeden, Traditions in Conflict 1971; vgl. ders., The Heresy That Necessitated Mark's Gospel: ZNW 59 (1968) 145–158; Kelber (A.19) 210, doch schon in: ders., Mark 14,32–42: Gethsemane: ZNW 63 (1972) 166–187.

52 H. v. Campenhausen, Die Begründung kirchlicher Entscheidungen beim Apostel Paulus, SHAW 1957/2, 32–34. Paulus nimmt ganz verschiedene Glaubensbekenntnisse auf und nie zweimal dasselbe (Luz [A. 17] 98).

53 Schon E. Lohmeyer, Das Evangelium des Markus, 1937, (KEK 1/2) 10; ferner H. Weder, „Evangelium Jesu Christi" (Mk 1,1) und „Evangelium Gottes" (Mk 1,14), in: U. Luz/ H. Weder (ed.), Die Mitte des Neuen Testamentes, Göttingen 1983 (FS E. Schweizer) 400 f.

54 130/140 n. Chr., überliefert bei Euseb, KG III 39,16 (um 313 n. Chr.); dabei ist Matthäus *nach* Markus erwähnt! Sollten nicht die Worte Jesu, sondern die über Jesus gemeint sein (so U.H. Körtner, Papias von Hierapolis 1983 [FRLANT 133] 159–163), dann wäre sogar

an ein eigentliches Evangelium zu denken, das freilich gattungsmäßig von den uns erhaltenen verschieden und nicht die hebräische Urform unseres Evangeliums gewesen wäre (s. u.
26.1). Könnte man aber das Zitat auf unser griechisches Evangelium beziehen und überset-
zen: „Matthäus nun hat in hebräischem Stil die Worte über den Herrn in literarische Form
gebracht. Es stellte sie ein jeder so dar, wie er dazu in der Lage war." (J. Gnilka, Das Mat-
thäusevangelium II 1988 [HThK] 517 f.)?

55 G. Sellin, Das Leben des Gottessohnes: Kairos 25 (1983) 237–253.

56 J. Gnilka, Das Evangelium nach Markus, 1978 (EKK II/1) 20.

57 R. Pesch, Das Markusevangelium, 1977 (HThK II/2) 1–27: vor 37 n. Chr. (21) schon aramäisch geschrieben und dann für die Hellenisten ins Griechische übersetzt (ebd. 21–26).
Er rechnet auch mit einer vormarkinischen Sammlung von Wundergeschichten (ebd. II/1
[1974] 277–281).

58 Die Proklamation Jesu als Gottessohn wird in Lk 4,3/Mt 4,3(Q) vorausgesetzt. Es muß
also auch in Q von der Gottesstimme bei der Taufe erzählt worden sein, obwohl in der
Taufperikope selbst nur das Wort für das „Sich öffnen" der Himmel und die Formulierung „auf ihn" (statt wörtlich „in ihn", Mk 1,10) gegen Markus übereinstimmen, was für
Rekonstruktion einer Q-Version natürlich nicht genügt.

59 J. Robinson, *LOGOI SOPHŌN*. Zur Gattung der Spruchquelle Q, in: Zeit und
Geschichte (FS R. Bultmann), Tübingen 1964, 77–96 = H. Koester / J. Robinson,
Entwicklungslinien durch die Welt des frühen Christentums, Tübingen 1971, 67–106.
Skeptisch ist W. Schmithals, Einleitung in die drei ersten Evangelien, Berlin 1985: Jesu
eigene Verkündigung wäre höchstens noch in einer Vorstufe von Q (Q[1]) aufzuspüren, die
noch ganz unchristologisch war (399–402), aber die führte ein sehr begrenztes Eigenleben
und ist kaum rekonstruierbar (404); Q setzt Markus schon voraus, und der Evangelist ist
vielleicht der Endredaktor von Q (403).

60 Nach S. Schulz, Q, Zürich 1972, 404 ist Lk 10,1 redaktionell.

61 Ursprünglich zu Q gehörend: ebd. 332 und die dort Genannten, vgl. 335.

62 Vgl. die bei I. H. Marshall, Commentary on Luke, 1978 (The New International Greek
Testament Commentary, Grand Rapids, 3), 410 Genannten.

63 Vgl. ebd. 434.

64 Darauf habe ich in ThZ 41 (1985) = 258–263 (Die Christologie von Phil 2,6–11 und Q)
kurz hingewiesen.

65 Englischer Vorabdruck in Horizons (A. 10) 86–98; 2. The Great Question: Tradition of
Jesus and/or Confession of Christ?

66 H. E. Tödt, Der Menschensohn in der synoptischen Überlieferung, [2]1963, 244; vgl.
H. Köster, One Jesus and Four Gospels: HThR 61 (1968) 210 f.; J. Robinson, Kerygma und
Geschichte im Neuen Testament, in Köster/Robinson (A. 59) 20–66; Schulz (A. 59) 28–32;
E. Schillebeeckx, Jesus, Freiburg 1975, 355–388; K. M. Fischer, Das Urchristentum, Berlin
1985, 55 f.

67 G. Theissen, Legitimation und Lebensunterhalt, in: ders., Studien (A. 9) 201–230, bes.
214–226 (= NTS 21 [1975] 205–214) und dazu R. Scroggs, The Sociological Interpretation
of the New Testament: NTS 26 (1980) 174 f.

68 Vgl. auch Papias (Euseb KG III 39,15), das Apokryphon des Johannes und, auf das Apostel-
wort bezogen, Judas 17.

69 Euseb KG III 39,4.

70 Belege bei U. Wilckens, Der Brief an die Römer I, 1978 (EKK VI/1), 35 mit A. 88.

71 Orosius, Historiae adv. paganos VII 6,15 f.; vgl. Schenke-Fischer (A. 2) I 134 f.; Kümmel
A. 2) § 13.

72 So Schenke-Fischer (A. 2) I 55 f., vgl. 60.

73 G. Lüdemann, Paulus der Heidenapostel I, 1980 (FRLANT 123) 263–272; das Apostel-konzil könnte dann sogar mit Apg 18,22 (ca. 51 n. Chr.) gleichgesetzt werden (165; ähnlich schon J.M. Suggs, Paul's Macedonian Ministry: NT 4 [1960] 60–68 und R. Jewitt, Paulu-schronologie, München 1982 [englisch: Philadelphia 1979] 141; vgl. auch U. Schnelle, Der erste Thessalonicherbrief und die Entstehung der paulinischen Anthropologie: NTS 32 [1986] 208 f.). Dann wäre die Berufung Herbst 37 anzusetzen (Jewitt 58–63, 156 f.). Kri-tisch dagegen T. Holtz, Der erste Brief an die Thessalonicher, 1986 (EKK XIII) 20–23. Aus-führliche Darstellung der verschiedenen Meinungen und Kritik bei G. Sellin, Hauptpro-bleme des 1. Korintherbriefes: ANRW 25.4 (1987), 2986–2990. Er nimmt an, daß der Besuch in Jerusalem und Antiochien (Apg 18,22) nur lukanische Eintragung ist, so daß man streng genommen nicht von drei Reisen sprechen kann, sondern nur von einer am Anfang im südlichen Kleinasien und einer anschließenden ausgedehnten Tätigkeit in Kleinasien und Europa.

74 Da es kaum Lederzelte gab, ist die Vorstellung des Paulus als „Lederarbeiter" wohl falsch. Zeltmacher waren mittelständische Handwerker (P. Lampe, Paulus-Zeltmacher: BZ 31 [1987] 256–261).

75 Der antike Briefschreiber denkt immer vom Empfänger her: „Ich habe geschrieben" braucht sich darum nicht auf Vorangehendes zu beziehen, sondern ist gleich „ich schreibe".

76 W. Speyer, Die literarische Fälschung im Altertum, 1971 (HKAW I/2) 137 f., 140, 143, 145, 237, vgl. Register; für das Judentum: M. Hengel, Anonymität, Pseudepigraphie und „lite-rarische Fälschung" in der jüdisch-hellenistischen Literatur, in: Pseudepigrapha I, Genf 1972, 231–329; ferner N. Brox (ed.), Pseudepigraphie in der heidnischen und jüdischen Antike, 1977 (WdF 484).

77 N. Walter, Der Thoraausleger Aristobulos, 1964 (TU 86) 150–166.

78 E. Schweizer, Menschensohn und eschatologischer Mensch im Judentum, in: ders., Neues Testament und Christologie im Werden, Göttingen 1982, 113.

79 W.O. Walker, The Burden of Proof in Identifying Interpolations in the Pauline Letters: NTS 33 (1987) 610–618. W. Schmithals, Die Briefe des Paulus in ihrer ursprünglichen Form, Zürich 1984, rechnet mit dreizehn Briefen nach Korinth (19 f.,) fünf nach Thessalo-nich (111, mit Ergänzungen des Redaktors), ferner drei nach Philippi (99), zwei nach Rom (125) und einem (Röm 16) nach Ephesus (158).

80 N. Brox, Falsche Verfasserangaben, 1975 (SBS 79), bes. 45–48, 57–67. Im übrigen ist für alle Briefe und neuere Literatur dazu ANRW 25.4 (1987) zu vergleichen.

81 Überblick: O. Merk, Paulusforschung 1936–1985: ThR 53 (1988) 1–81.

82 G. Bornkamm, Paulus, 1969 (UB 119) 236 und 238 (= E. Bloch).

83 Angriffig formuliert schon 1966 von K. Stendahl (Paul among Jews and Gentiles, Philadel-phia 1976, besonders 12–17, 78–96); dann E.P. Sanders, Paul, the Law and the Jewish Peo-ple, Philadelphia 1983, zusammenfassend 207–210; dazu M.D. Hooker, in: Paul and Pauli-nism (FS C.K. Barrett), London 1982, 47–56; J.D.G. Dunn, The New Perspective on Paul: BJRL 65 (1983) 95–122; E. Schweizer: ThLZ 109 (1984) 666–668; ausgewogen: P. Stuhl-macher, Paulus und Luther, in: Glaube und Eschatologie (FS W.G. Kümmel), Tübingen 1985, 285–302.

84 L.E. Keck, Paul and His Letters, Philadelphia 1979, 46.

85 W.G. Kümmel, Jesus und Paulus: ThBl 19 (1940) 209–231, bes. 221 f.; E. Jüngel, Paulus und Jesus, 1962; J. Blank, Paulus und Jesus, 1968 (STANT 18); H. Weder, Das Kreuz Jesu bei Paulus, 1981 (FRLANT 125) 34–44, bes. 38–40; H. Braun, Jesus, Stuttgart 1984, 259–270, und allgemein: From Jesus to Paul (FS F. W. Beare, Waterloo/Ont. 1985).

86 So etwa Schenke-Fischer (A. 2) I, 65–71, der aber eine völlig andere Reihenfolge der einzelnen Abschnitte annimmt.

87 1,6 spricht von „Nachahmung des Herrn", setzt also mindestens das Wissen um Jesu freudiges Vertrauen auf Gott auch im Leiden voraus.

88 Darauf macht auch Lüdemann (A.73) 263 f. aufmerksam.

89 Zur Diskussion darüber Holtz (A.73) 97, bes. A.431; W. Trilling, Die Briefe des Paulus an die Thessalonicher: ANRW 25.4 (1987), 3391.

90 Überblick über alle bisherigen Versuche und eigener Vorschlag bei G. Sellin (A.73) 2964–2982. Kap. 13 sollte man nicht aus dem Zusammenhang von Kap. 12–14 ausscheiden, da auch in Röm 12,9a der Aufruf zur „Liebe" den Abschnitt über die Gnadengaben (V. 3–8) abschließt und zu dem über das Verhalten in der Gemeinde (und in der Welt) überleitet (V. 9b–21), vgl. E. Schweizer, in: Charisma und Agape (1 Ko 12–14), 1983 (Ben., monogr. Reihe 7) 43. Die Einheitlichkeit begründet A. Strobel, der erste Brief an die Korinther, 1989 (ZBK) 12 (außer der Glosse 14,33b–35 [ebd. 223 f]).

91 G. Theissen, Soziale Integration und sakramentales Handeln: NT 24 (1974) 179–205 (zu 1 Kor 11) = Studien (A. 9) 290–317; vgl. ders., Christologie und Sozialerfahrung (zu 1 Kor 12) = Studien (A. 9) 326–330. Daß es in Kleinstädten wie z.B. in Galatien anders aussah, betont G. Schöllgen, Was wissen wir über die Sozialstruktur der paulinischen Gemeinden?: NTS 34 (1988) 73. Daß ein Tempel der Liebesgöttin mit tausend Dirnen dort existiert habe, scheint freilich ein Mißverständnis zu sein; die Prostitution war offenbar auch in Korinth eine rein profane Angelegenheit (Sellin [A.73] 2995).

92 Ob ein römischer Brauch hinter der Anweisung steckt, den Kopf zu bedecken, überlegt R.E. Oster, When Men Wore Veils to Worship: NTS 34 (1988) 481–505. Daß Männer und Frauen gleichermaßen ermahnt werden, vertritt J. Murphy-O'Connor, 1 Cor 11:2–16 Once Again: CBQ 50 (1988) 265–274. Zu 14,33b–35 s. A. 90.

93 Campenhausen (A.52).

94 G. Sellin, Das „Geheimnis" der Weisheit und das Rätsel der „Christuspartei" (zu 1 Kor 1–4): ZNW 73 (1982) 80 f.; ders. (A.73) 3026; s.o. 5.7 mit A.41. Anders F. Bovon, Connaissance et expérience de Dieu selon le N.T., in: J.M. van Congh (ed.), La Mystique, Paris 1988, 69.

95 Sellin (A.73) 3015.

96 Weil „Leib Christi" für Paulus immer die Gemeinde beschreibt, spricht er dort, wo er von der Verbundenheit des Einzelnen mit Christus redet, nicht davon, sondern von dem „ein Geist sein mit dem Herrn" (V. 17).

97 Vgl. A. 92 und St.C. Barton, Paul's Sense of Place: an Anthropological Approach to Community Formation in Corinth: NTS 32 (1986) 234–243 mit A. 3. 12, 12–13 machen dabei deutlich, daß es um den universalen Leib Christi, die Gesamtkirche, geht, die aber in der Ortsgemeinde gelebt wird; vgl. auch 1,13; Gal 3, 28.

98 Leg All III 246 f.

99 Sellin (A. 52) 3025 mit Literatur, ferner s.o. 5.2.

100 Darauf bezieht sich 12,18 („Titus hat euch nicht übervorteilt"), während 7,14 bei Einheitlichkeit des Briefs ebenfalls die Empfehlung anläßlich des ersten Besuchs, bei einer Aufteilung, die Kap. 10–13 vor 1–9 ansetzt, diejenige von 12,18 bezeichnet.

101 So G. Dautzenberg, Der zweite Korintherbrief als Briefsammlung: ANRW 25.4 (1987) 3050, A. 21.

102 Zu 6,14–7,1 vgl. J. Murphy-O'Connor: Philo and 2 Cor 6,14–7,1: RB 95 (1988) 55–69. Rein zufällige Zusammenstellung wie z.B. die sinnlose Anreihung von Barn 5,7 ff. an Pol Phil 9,2 in einigen griechischen Handschriften (Die apostolischen Väter, SQS II 1/1, 1924, XL) kommt hier ja nicht in Frage.

103 Sellin (A.73) 2981 und W.Schenk, Der Philipperbrief in der neueren Forschung (1945–1985): ANRW 25.4 (1987) 3284f.

104 Dautzenberg (A.101) 3051f. verweist auf die Warnung von Irrlehrern Apg 20,29f.; 1 Tim 4, 1–3; 2 Tim 4,6–9, die Notwendigkeit kraftvoller Führung (Apg 28,28.31) und harter Mahnungen (Hebr 12,21; Offb 2–3), was immer wieder das Eingreifen des Apostels nötig macht (1 Tim 3,14f.; 4,13).

105 2,14–6,13 wird oft einem besonderen „Zwischenbrief" zugeordnet; aber 7,5 wiederholt ja 2,13 und läßt sich nicht direkt daran anschließen; auch der Wechsel von „Ich hatte keine Ruhe in *meinem Geist*" (2,13) zu „*Unser Fleisch* hatte keine Ruhe" (7,5) ist kaum begreiflich, wenn beides direkt hintereinander gestanden hätte. Man müßte also mindestens annehmen, daß der Redaktor 7,5 von sich aus neu gebildet hätte.

106 Z.B. C.J.Hemer, Observations on Pauline Christology, in: Pauline Studies (FS F.F.Bruce), 1980, 12f. 15f.

107 J.L.Martyn, Apocalyptic Antinomies in Paul's Letter to the Galatians: NTS 31 (1985) 410–424; ders., Paul and His Jewish-Christian Interpreters: USQR 42 (1988) 1–15. Er bereitet auch den Kommentar in AncB zu Gal vor.

108 So H.D.Betz, Galatians, Philadelphia 1979; dazu R.G.Hall, The Rhetorical Outline for Galatians — A Reconsideration: JBL 106 (1987) 277–287: exordium 1, 1–5, proposition 1,6–9, proof: A. narration 1,10–2,21, B. further headings 3,1–6,10, epilogue 6,11–18, wobei Hall das Schema der Ratsrede (deliberative) annimmt, nicht das der Gerichtsrede wie Betz.

109 W.Harnisch, Einübung des neuen Seins: ZThK 84 (1987) 286f. Vgl. J.G.Barclay, Obeying the Truth, Edinburgh 1988 (angezeigt).

110 Es ist die einzige Stelle bei Paulus, die die Gemeinde Jesu aus Juden und Heiden so nennt, falls nicht an eine judenchristliche Sondergemeinde (Hausgemeinde) zu denken ist (G.Schrenk, Was bedeutet „Israel Gottes"?: Judaica 5 [1949] 81–94). Vgl. aber 1 Kor 10,18.

111 Vgl. z.B. W.Schenk, Die Philipperbriefe des Paulus, Stuttgart 1984, bes. 334–338; Forschungsbericht: ders. (A.103) 3280–3284 und B.Mengel, Studien zum Philipperbrief 1982 (WUNT 2/8) 297–316 (mit Überblick über die Forschung).

112 Vielleicht (trotz der Erwähnung seiner „Trübsal" in 4,14) noch vor der Gefangennahme des Paulus. 4,21–23 wird gelegentlich zum zweiten Brief gezogen.

113 So z.B. Schenk (A.111) 291–298; ders. (A.103) 3296–3298.

114 Mengel (A.111) 293f. 314–316, der längeren Unterbruch vor 2,25 und nochmals vor 3,2 annimmt. Daß 3,2 nichts von neuen Nachrichten erwähnt, ist allerdings bei dieser Lösung schwierig.

115 D.F.Watson, A Rhetorical Analysis of Philippians and Its Implications for the Unity Question: NT 30 (1988) 57–88.

116 So W.Schenk, Der Brief des Paulus an Philemon in der neueren Forschung (1949–1987): ANRW 25.4 (1987) 3483; für Ephesus: P.Stuhlmacher, Der Brief an Philemon, ²1981 (EKK XVIII), 21.

117 Vielleicht gab es in Rom nur neben einander lebende Hausgemeinden, s.u. 16.2 (W.Schmithals, Der Römerbrief als historisches Problem, 1975 [StNT 9] 69, aufgenommen bei Wilckens [A.70] 43, A.111). Zu den Hausgemeinden im allgemeinen vgl. Stuhlmacher (A.116) 70–75 (dort alle Belege); vgl. auch Theissen (A.91), bes. Studien (A.9) 302–309, und ders., Soziale Schichtung in der korinthischen Gemeinde: ZNW 65 (1974), 232–272 = Studien (A.9) 231–271, bes. 245–249, 257, 267–271; dazu Scroggs (A.67) bes. 170.

118 Zum ganzen Brief vgl. jetzt auch D.M.Derrett, The Functions of the Epistle to Philemon: ZNW 79 (1988) 63–91.

119 Wilckens (A.70) 35–39.

120 Schenke–Fischer (A.2) I 135f.
121 So Wilckens (A.95) 39–41.
122 M.Hengel, Jakobus der Herrenbruder — der erste „Papst"?, in: Glaube und Eschatologie (FS W.G.Kümmel, Tübingen 1985) 71–104; W.Pratscher, Der Herrenbruder Jakobus und die Jakobustradition, 1987 (FRLANT 139); 93–100.
123 H.Hübner, Art. „Galaterbrief": TRE XII 9–11.
124 Wilckens (A.70) 30–33.
125 Sanders (A.83) 65–91, besonders 75.
126 Ebd. 93–122, vgl. auch Wilckens (A.70) passim, konzentriert schon EKK.V 1 (1969) 72–77. Zur Frage der Gerechtigkeit Gottes und der Bedeutung des Gesetzes vgl. auch I. Baldermann, Einführung in die Bibel, 1988 (UTB 1486) 60–73, 212–215, der das Wichtigste sehr schön in allgemein verständlicher Form zusammenfaßt.
127 Vgl. J.Jervell, Der Brief nach Jerusalem: StTh 25 (1971) 61–73.
128 Man wird an die Rolle denken, die der Römerbrief bei Augustin, dann in Luthers Vorlesungen darüber und wiederum nach dem ersten Weltkrieg in K.Barths Auslegung gespielt hat. J.Blank hat mich auch auf einige Sätze bei A.Camus, Der Fall, Frankfurt/Main 1965 aufmerksam gemacht: „Ich selbst würde die Religion eher als eine große Weißwäscherei betrachten — was sie übrigens einmal gewesen ist, doch nur kurze Zeit, genau drei Jahre lang, und damals hieß sie nicht Religion (S. 105)... Sie haben ihn (Jesus) in der geheimsten Kammer ihres Herzens auf einen Richterstuhl gehißt, und nun schlagen sie drein; vor allem richten sie, richten in seinem Namen. Er sagte voll Milde zur Ehebrecherin: So verdamme ich dich auch nicht! Das stört sie nicht, sie verdammen, sie sprechen niemand los. Da hast du dein Teil im Namen des Herrn! Des Herrn? So viel verlangte er gar nicht, mein Freund. Er wollte, daß man ihn liebe, nicht mehr. Gewiß gibt es Leute, die ihn lieben, sogar unter Christen. Aber ihre Zahl ist klein (S. 108 f.)... Wer einem Gesetz anhängt, fürchtet das Gericht nicht, denn es stellt ihn in eine Ordnung, an die er glaubt (S. 110)... Aber sie glauben immer nur an die Sünde, nie an die Gnade" (S. 126). Auch da lebt der Römerbrief in ganz neuer Form wieder auf.
129 W.Bujard, Stilanalytische Untersuchungen zum Kolosserbrief als Beitrag zur Methodik von Sprachvergleichen, 1973 (StUNT 11).
130 E.Schweizer, Christus und Geist im Kolosserbrief, in: Christ und Spirit in the New Testament (FS C.F.D.Moule), Cambridge 1973, 297–313 = Schweizer (A.78) 179–193.
131 So die meisten, z.B. P.Pokorný, Der Brief des Paulus an die Kolosser, 1987 (ThHK 10/1) 9–15.
132 Belege für beides: Schweizer (A.38) 19, A.1 und 2.
133 Z.B. P.Benoit, L'hymne christologique de Col 1,15–20, in: Christianity, Judaism and Other Greco-Roman Cults (FS M.Smith), Leiden 1975, 254; E.P.Sanders, Literary Dependence in Colossians: JBL 85 (1966) 45.
134 So zur Diskussion gestellt: E.Schweizer (A.38) 26f.; ausführlicher ders., Der Kolosserbrief — weder paulinisch noch nachpaulinisch?, in: ders. (A.78) 150–163.
135 E.Schweizer, Slaves of the Elements and Worshipers of Angels: Gal 4:3,9; Col 2:8, 18, 20: JBL 107 (1988) 455–468, wo alle Texte in englischer Übersetzung angeführt sind (Korrigiere in 8.3: posterity statt prosperity, ebenso S. 465 Mitte).
136 Aristobul: Euseb Praep Ev XIII 12,9–16; M.Hengel, Judentum und Hellenismus, Tübingen 1969, 302 (mit A.379a), 306 f., 448 f.; Walter (A.77) 66, A.2 und 158–171.
137 Schweizer (A.136) 3.5 und A.46.
138 Grundsätzlich richtig in seiner Kritik, wenn auch gelegentlich eher zu kritisch: A.Vögtle, Das Neue Testament und die Zukunft des Kosmos, Düsseldorf 1970, 183–208 (zu Röm 8) und 208–233 (zu Kol 1).

139 Zu diesem Problem H.J. Gabathuler, Jesus Christus, Haupt der Kirche — Haupt der Welt, 1965 (AThANT 45) 150-167; Schweizer (A. 38) 202-205.

140 E. Schweizer, Art. *s oma* ThWNT VII 1035, 37-1036, 8; 1041, 25 f.: sogar Sir 43,27!

141 Ebd 1036, 8-13; 1051, 30-38. Daß Kol 1,18; 2,19 von „dem (nicht wie Paulus: seinem oder Christi!) Leib" redet, entspricht diesem hellenistischen Sprachgebrauch. Während Paulus ferner die Ortsgemeinde als „Leib Christi" sieht, freilich so, daß in ihr die Gesamtkirche lebt (s. o. 11.4 mit A. 97), spricht der Kolosserbrief analog zum hellenistischen Verständnis des Kosmos von der universalen Kirche. Umstritten ist, ob die Allgottvorstellung des Hellenismus Ursprung der Leib-Christi-vorstellung ist, so daß Paulus sie bewußt umgestaltet hätte, während der Verfasser des Kolosserbriefs wieder zum religionsgeschichtlichen Vorbild zurückgekehrt wäre (so K.M. Fischer, Tendenz und Absicht des Epheserbriefes, Berlin 1973, 54-78), oder ob erst er von diesem Vorbild her die anders geprägte paulinische Sicht umgestaltet hätte (so Schweizer 1069 f.). Wie gerade Fischer gezeigt hat (ebd 1088-1090 aufgenommen), ist nur sicher, daß die Gnosis nicht Ursprung sein kann.

142 Vgl. R. Schnackenburg, Der Brief an die Epheser, 1982 (EKK X) 193-196 (mit Stellungnahme von E. Schweizer). Wie Schweizer jetzt auch U. Luz, Ueberlegungen zum Epheserbrief und seiner Paränese in: Neues Testament und Ethik (FS R. Schnackenburg) Freiburg 1989, 392, A. 62.

143 H. Merkel, Der Epheserbrief in der neueren exegetischen Diskussion: ANRW 25.4 (1987) 3220.

144 Vgl. U. Luz, Erwägungen zur Entstehung des ‚Frühkatholizismus': ZNW 65 (1974), bes. 94-101; ders., Charisma und Institution in neutestamentlicher Sicht: EvTh 49 (1989), bes. 90-94.

145 W. Trilling, Untersuchungen zum 2. Thessalonicherbrief, 1972 (EThSt 27) (Zusammenfassung 157 f.); ders., Die beiden Briefe an die Thessalonicher. Eine Forschungsübersicht: ANRW 25.4 (1987) 3365-3403; G.S. Holland, The Tradition that You Received from Us, 1988 (HUTh 24), 130: Ende des 1. Jh.

146 W. Schenk, Die Briefe an Timotheus I und II und an Titus (Pastoralbriefe) in der neueren Forschung (1945-1985): ANRW 25.4 (1987) 3404-3407: Trito-Paulinen.

147 NHC 1,3, S. 45 f. (J. Leipoldt/W. Grundmann [ed.], Umwelt des Urchristentums II, Berlin 1967, 370). Zum jüdischen und hellenistischen Hintergrund der Gnosis vgl. jetzt E. Grässer, Das wandernde Gottesvolk: ZNW 77 (1986) 162-167.

148 Solcher Libertinismus wird zwar den Gnostikern von ihren kirchlichen Gegnern vorgeworfen; er scheint aber jedenfalls nicht typisch zu sein für die Gnosis. Wichtig ist, daß es keine „normative" Gnosis gibt, sondern nur Hauptgedanken, die in sehr verschiedener Gestalt erscheinen und sich vor allem durch lange Zeit hindurch erst entfalten (J. Blank, Die Irrlehrer des ersten Johannesbriefes: Kairos 26 [1984] 167).

149 E. Schweizer, Gemeinde und Gemeindeordnung im Neuen Testament, ²1959 (AThANT 35) 154-156. Das gilt für Amt im Sinn von Führung, von Würde und von freiwilliger Dienstleistung (*arch e, tim e, leiturgia*), auch für die Wortwurzel *hier-*, die priesterliches Handeln bezeichnet (höchstens Röm 15,16 für den Apostel). Konkrete geordnete Dienste werden natürlich genannt, 1 Tim 3,1 auch die *episkop e*, die „Aufsicht" (des „Bischofs").

150 Aufgrund solcher Ähnlichkeiten hat A. Strobel, Schreiben des Lukas?: NTS 15 (1968/9) 191-210 an Lukas als den Verfasser der Pastoralbriefe gedacht; vgl. N. Brox, Lukas als Verfasser der Pastoralbriefe: JAC 13 (1970) 62-77 mit kritischen Anfragen.

151 So F. Overbeck, Zur Geschichte des Kanons, 1880, 1: „wie ein melchisedekitisches Wesen ohne Stammbaum".

152 M. Rissi, Die Theologie des Hebräerbriefes, 1987 (WUNT 41) 13. Für einen echten Brief votiert H. Feld, Der Hebräerbrief, 1985 (EdF 228) 20-23.

153 Die häufige Bezeichnung der Adressaten als „Heilige" braucht nicht auf die Jerusalemer Gemeinde hinzuweisen; vgl. Röm 1,7: „erwählte Heilige".

154 R.E. Brown, in: ders./J.P. Meier, Antioch und Rome, New York 1983, 2–8. Vielleicht will aber Apg 7,47–51 nur besagen, daß Gott größer ist als der Tempel und daß die Sünde darin besteht, die Aussagen des Stephanus als Verwerfung des Tempels zu interpretieren (D.D. Sylva, The Meaning and Function of Acts 7:46–50: JBL 106 [1987] 261–275). Doch bleibt das fraglich.

155 So F.F. Bruce, ‚To the Hebrews' A Document of Roman Christianity?: ANRW 25.4 (1987) 3513–3519; H. Feld, Der Hebräerbrief: ebd. 3588–3593.

156 Hebr 9,1–10. Auch nach dem Alten Testament stand dieser nicht im Allerheiligsten, doch konnte man das von seiner Funktion her nach gewissen Stellen erschließen (A. Strobel, Der Brief an die Hebräer, 1975 (NTD 9] 169 f.).

157 So Brown (A. 154) 149–151; Rissi (A. 152) 12 f.

158 Z.B. Josephus Ant 3,123.180–183; vgl. 8,107 f.; Bell 5,212–217 und Philo Vit M II, bes. 98.101.117.133 f., wo das Gewand des Hohenpriesters das Weltall symbolisiert, das er vor Gott bringt.

159 So Rissi (A. 152) 41,89 f. Anders Schenke-Fischer (A. 2) II 250 f., G.W. Buchanan, To the Hebrews, 1972 (AncB 36) 96 mit Verweis auf 1 Makk 14,41; Josephus Ant 16,163.

160 Schenke-Fischer (A. 2) II 252.

161 E. Grässer, Hebr 1,1–4: EKK.V 3 (1971) 76 f.

162 Grässer (A. 147) 165–167, 179, in Auseinandersetzung mit O. Hofius. Vgl. Fischer-Schenke (A. 2) II 263–269.

163 Vgl. dazu Rissi (A. 152) 114 f.; Feld (A. 155) 3584 f.: Ist nur an die Gesamtgemeinde gedacht?

164 Dazu Rissi (A. 152) 119, der auf O. Cullmann verweist.

165 Josephus Ant 20,200; Hegesipp bei Euseb KG 2,23.

166 So B.R. Halson, The Epistle of James: ‚Christian Wisdom'?, in: Studia Evangelica, ed. F.L. Cross IV, 1968 (TU 102) 312–314 (eine Katecheten-„Schule"). H. Paulsen, Jakobusbrief: TRE XVI 492 datiert 70–100 n. Chr. J.A.T. Robinson, Redating the New Testament, London 1976, 139 sieht darin die älteste neutestamentliche Schrift. W. Popkes, Adressaten, Situation und Form des Jakobusbriefs, 1936 (SBS 139) 184–188 nimmt ein Grundmuster einer „Einweisungsrede" an, das auf Jakobus zurückgehen könnte, aber verändert und durch anderes Material (z.B. Bergpredigt!) angereichert wurde.

167 Pratscher (A. 122) 209–213, 218–221.

168 Hermas 59 (= sim.V 6), 3; 69 (= sim.VIII 3),5; Justin Dial. 14,3; 11,2. Zum Gesetz der Freiheit vgl. R. Schnackenburg, Die sittliche Botschaft des Neuen Testaments, 1988 (HThK Suppl. II/2) 206–210.

169 Pratscher (A. 122) 214–216.

170 Chr. Knoch in Link/Luz/Vischer (A. 17) 81.

171 So Schenke-Fischer (A. 2) I 203.

172 H. Preisker, Der erste Petrusbrief ³1951 (HNT 15) 156–162. Zusammenfassung bisheriger Versuche und Kritik daran bei N. Brox, Der erste Petrusbrief ²1986 (EKK XXI) 19–24, der mit Recht an ein einheitlich konzipiertes „Rundschreiben" denkt.

173 Philo beschränkt dieses allgemeine Priestertum auf den Passatag, wo jeder Israelit das Lamm schlachten kann (Spec Leg II 145; Vit M II 224; Decal 159 [als Ausnahme]).

174 In 5,5 sind die „Ältesten" im Unterschied zu den Jüngsten wohl die ältere Generation. Ausführlicher bei E. Schweizer, Das Priestertum aller Glaubenden, in: Im Gespräch mit der Bibel (für P. Frehner), ed. V. Weymann, Zürich 1987, 11–20.

175 F. Hahn, Randbemerkungen zum Judasbrief: ThZ 37 (1981) 212. Ein ursprüngliches Bild „Unreinheiten in euren Achaten", das falsch gelesen wurde (W. Whallon, Should we Keep, Omit, or Alter the *hoi* in Jude 12?: NTS 34 [1988] 156–159) ist unwahrscheinlich.

176 Nur in V. 4 steht *krima* wie in Röm 3,8, in V. 6.15 hingegen *krisis*: G. Sellin, Die Haeretiker des Judasbriefes: ZNW 77 (1986) 209–212. Er denkt nicht an „Gnostiker im eigentlichen Sinn", sondern eher an „Wanderlehrer, die pneumatisch bewirkte Ekstasen erleben" (224).

177 Hahn (A. 175) 209 f., 213–215.

178 Ebd. 215–218.

179 M. Rese, Besprechung von E. Fuchs / P. Reymond, La deuxième épître de Saint Pierre. L'épître de Saint Jude: ThLZ 109 (1984) 266.

180 Ebenda.

181 Z.B. auch Philo Spec Leg II 146.

182 Käsemann, Eine Apologie der urchristlichen Eschatologie, in: ders. (A. 23) I (1960) 135: „wohl die fragwürdigste Schrift des Kanons".

183 130/140 n. Chr., überliefert bei Euseb KG III 39,15 (um 313 n. Chr.) und dazu A. Delclaux, Deux témoignages de Papias sur la composition de Marc?: NTS 27 (1980/81) 401–411, der meint, Papias bezeugte Abfassung noch zu Lebzeiten des Petrus.

184 So z.B. E. Brandenburger, Markus 13 und die Apokalyptik, 1984 (FRLANT 134) 74–83.

185 In Kap. 13 nimmt Markus eine apokalyptische Vorlage auf; nach 14,17 kommt Jesus „mit den Zwölfen", von denen zwei nach V. 12–16 schon vorausgeschickt wurden, vermutlich weil es in einem traditionellen Abschnitt vom letzten Mahl Jesu so stand.

186 Vgl. E. Schweizer, Das Evangelium nach Markus, ⁶1986 (NTD 1) 214; für andere, die es ähnlich sehen, vgl. ders., Matthäus und seine Gemeinde, 1974 (SBS 71) 13 f., A. 22, jetzt auch M. de Tillesse, Evangelho secundo Marcos: Revista Biblica Brasileira 1988, 89–117, 137–156. Pesch (A. 57) II/1, 32–40 sieht den Aufbau ähnlich, grenzt aber den zweiten vom dritten Hauptteil in 6,29/30 ab.

187 Ebd. II/1, 277–281. Vgl. E. Schweizer, Zur Christologie des Markus, in: ders. (A. 78) 86–90 (englisch in: God's Christ and His People [FS N.A. Dahl] Oslo 1977, 29–31).

188 R. Pesch, Der Schluß der vormarkinischen Passionsgeschichte und des Markusevangeliums: Mk 15,42–16,8, in: L'évangile de Marc, ed. M. Sabbe, Gembloux 1974, 402 f.

189 P. Pokorný, Die Entstehung der Christologie, Stuttgart 1985, 157 f.

190 Alles Nähere zum Folgenden: E. Schweizer (A. 187) 90–100 (32–37).

191 Kap. 13 ist vermutlich eine apokalyptische Zukunftsschau, vielleicht aus der Zeit von 44 n. Chr., event. eine katechetische Zusammenstellung verschiedener und verschieden alter Traditionen, wie G. Beasley-Murray, Jesus and the Kingdom of God, Exeter 1985, 323 jetzt auch anerkennt. C. Breytenbach, Nachfolge und Zukunftserwartung nach Markus, 1984 (AThANT 71) 331–337 gebe ich gern zu, daß die Ausrichtung auf die Zukunft Markus vielleicht noch wichtiger ist, als ich es sehe.

192 Dazu vgl. U. Luz, Das Geheimnismotiv und die markinische Christologie: ZNW 56 (1965) 9–30; Nachdruck in: Das Markus-Evangelium, ed. R. Pesch 1979 (WdF 411) 211–237; E. Schweizer, Zur Frage des Messiasgeheimnisses bei Markus, ebd. 1–8; Nachdruck in: ders., Beiträge (A. 40) 11–20.

193 E. Schweizer, Die theologische Leistung des Markus: EvTh 24 (1964) 337–355; Nachdruck in: ders., Beiträge (A. 40) 21–42 und: Das Markus-Evangelium (A. 192) 163–189.

194 Dazu U. Luz, Das Evangelium nach Matthäus, 1985 (EKK I/1) 62–64, 70 f.; R. Hummel, Die Auseinandersetzung zwischen Kirche und Judentum, 1963 (BEvTh 33) 28–33 (keine volle Lösung von der Synagoge).

195 Zum Folgenden Schweizer, Matthäus (A. 186) 20–22.

196 G. Bornkamm in: ders./G. Barth / H.J. Held, Überlieferung und Auslegung im Mat-
thäusevangelium, 1961 (WMANT 1) 48–53. Zur Transparenz des Historischen für die
Zeit der Kirche vgl. die Differenzierungen bei W. Schenk, Die Sprache des Matthäus,
Göttingen 1987, 343 f.

197 M.J. Suggs, Wisdom, Christology and Law, in Matthew's Gospel, Cambridge/Mass.
1970, 120–127. Daß 5,13–16 zu 5,11 f. gehören, hat schon J. Dupont, Les béatitudes III,
1973 (EtB) 327–329 gezeigt.

198 Dazu Schweizer, Matthäus (A. 186) 116–125. Daß nach 27,52 „die Mordopfer" (23,31 f.)
als Zeugen gegen Israel auftreten (P. Hoffmann, Das Zeichen für Israel, in: Zur neutestamentlichen Überlieferung von der Auferstehung Jesu, Darmstadt 1988, 449 f.), bleibt
doch fraglich).

199 Vgl. Suggs (A. 197) 30–61, 98–127.

200 Vgl. Weder (A. 85) 49–119.

201 Dazu E. Schweizer, Jesus Christ — The Man from Nazareth and the Exalted Lord, Macon
GA 1987, 88–90 und die dort Genannten; auch ders. (A. 15) 724 f.

202 Belege: G. Delling, Art. *parthenos*: ThWNT V 828. Bald nach Lukas erklärt Plutarch
(Numa 4,6), die Ägypter hielten es für möglich, daß der Geist Gottes gewisse Anfänge
des Lebens in einer Frau erzeugen könne (ebd.).

203 So H. Conzelmann, Die Mitte der Zeit, ³1960 (BHTh 17).

204 Vgl. aber A. 154.

205 G. Schneider, Die Apostelgeschichte I 1980 (HThK V/1) 76–79.

206 J. Wehnert, Die Wir-Passagen der Apostelgeschichte, 1989 (GThA 40) sieht darin ein rhe-
torisches Stilmittel (angezeigt).

207 R. Pesch, Die Apostelgeschichte, 1986 (EKK V/2) 284–288. Zu den Quellen überhaupt
Schenke-Fischer (A. 2) 142–145.

208 Ebd. 145–149, auch E. Schweizer, Zu den Reden der Apostelgeschichte: ThZ 13 (1957)
1–11 = Schweizer (A. 32) 418–428.

209 So M.E. Boismard, Texte occidentale: reconstruction et réhabilitation, Paris 1984, 8 f.

210 Christentum und Kultur, 1919, Nachdruck Darmstadt 1976, 78.

211 Sie vermittelt wohl nach der Tradition den Geistempfang (vgl. 2,4 dieselbe Formulierung), während Lukas selbst die Wiedergewinnung des Augenlichts betont.

212 J. Becker, Das Evangelium nach Johannes, 1979 (ÖTK 4/1 = GTB 505) 27.

213 J. Blank (A. 148) 168 f.; vgl. jetzt R.T. Fortna, The Fourth Gospel and Its Predecessor,
Edinburgh 1989 (angezeigt).

214 L. Schenke, Der ,Dialog Jesu mit den Juden' im Johannesevangelium: NTS 34 (1988)
573–603 rechnet freilich mit einer Quelle für die Reden in Kap. 3–10 und 12 Ende.

215 B. Bonsack, Der Presbyteros des 3. Johannesbriefes und der geliebte Jünger des Evangeliums nach Johannes: ZNW 79 (1988) sieht in ihm den jeweiligen Träger des Zeugenamts
innerhalb der Lehrerschaft der Gemeinde: er „bleibt", d.h. „das Evangelium" bleibt
(60–62). R.A. Culpepper, Anatomy of the Fourth Gospel, Philadelphia 1983, 215 unterscheidet den 13,23 genannten Jünger beim Abendmahl von dem 19,26; 20,2; 21,7.20 später angeführten.

216 Anders P. Minear, The Original Functions of John 21: JBL 102 (1983) 85–98.

217 J. Becker, Aus der Literatur zum Johannesevangelium: ThR 47 (1982) 279–301, 305–347;
ders., Das Johannesevangelium im Streit der Methoden: ThR 51 (1986) 1–78; H. Thyen,
Johannesevangelium: TRE XVII, bes. 200–218.

218 M. Barth, Das Mahl des Herrn, Neukirchen 1987, 203–259 will darin freilich nur Bild-
rede für den Glaubensakt sehen.

219 Überblick z.B. bei R. Schnackenburg, Das Johannesevangelium 1971 (HThK IV/2)
85–89; vgl. auch E. Schweizer, Art. *sarx*: ThWNT VII 140.

220 Ganz sicher ist die Datierung freilich nicht: G. Strecker, Die Anfänge der johanneischen Schule: NTS 32 (1986) 47, A. 50 (bis gegen 150 möglich).

221 Ant. Bibl. 12,8.

222 Das könnte auch damit zusammenhängen, daß die johanneische Gemeinde ursprünglich Ostern am jüdischen Passa feierte und so Tod und Auferstehung Jesu in derselben Nacht kultisch begangen hätte (J. Blank, die Johannespassion, in: ders. u.a. [ed.], Der Prozeß gegen Jesus, Freiburg 1988, 179).

223 14,3 könnte die Wiederkunft am letzten Tag meinen, bleibt aber unsicher, da davon in den Abschiedsreden nie gesprochen wird, sondern nur vom Kommen des Geistes, in dem faktisch Jesus wieder zu seinen Jüngern kommt (s. u. 29.9).

224 So R. Bultmann — alle Nachweise auch zum Folgenden bei Schweizer (A. 15) 705–707.

225 So L. Schottroff in Anlehnung an E. Käsemann.

226 So Kl. Wengst.

227 So J.A. Bühner.

228 So J. Blank (A. 148) 175.

229 Das griechische Wort, von dem „Paraklet" abgeleitet ist, heißt „herbeirufen, aufrufen zu..., trösten". Es handelt sich aber um eine passive Form, so daß man nur an den „Herbeigerufenen" (lateinisch: *advocatus*) denken kann, also an den „Beistand". Zu seiner Rolle vgl. z.B. E. Franck, Revelation Taught — the Paraklete in the Gospel of John, 1985 (CB.NT 14).

230 Belege für hellenistische Gemeinden (*ekklesiai*): W. Bauer / K. und B. Aland, Griechischdeutsches Wörterbuch..., Berlin 1988, s.v. *kyria* 2.

231 Euseb KG III 39,4.

232 Dazu R.A. Culpepper, The Johannine School, 1975 (SBL-Diss. 26), bes. 259. Kritisch E. Schüssler-Fiorenza, The Quest for the Johannine School. The Fourth Gospel and the Apocalypse: NTS 23 (1977) 406–410.

233 Umgekehrt Strecker (A. 220) 31–47.

234 Von 1 Joh: E. Lohse, Grundriß der neutestamentlichen Theologie, ²1974 (ThW 5) 144, der damit H. Conzelmanns Formulierung übernimmt („Was von Anfang war", in: Ntl. Studien [A. 41] 201).

235 Irenaeus Haer I 26,1 (Harvey 21,1).

236 Daß nur das Blut Jesu als das alles reinigende Wasser bezeichnet würde (*gen. epexeget.*, M.C. de Boer, Jesus the Baptizer: 1 John 5:5–8 and the Gospel of John: JBL 107 [1988] 87–106), scheint mir grammatikalisch unmöglich zu sein. Vgl. ähnliche, aber vorsichtiger formulierte Gedanken bei Barth (A. 218) 238–241 (und 245–247).

237 So schon A.v. Harnack, Über den dritten Johannesbrief, 1897 (TU 15/3); für andere Lösungen: H. Conzelmann / A. Lindemann, Arbeitsbuch zum Neuen Testament, 1975 (UT 52) 297 f.; J.W. Taeger, Der konservative Rebell: ZNW 78 (1987) 267–287, der umgekehrt im Presbyter den sieht, der eine monarchische Stellung anstrebt, während Diotrephes konservativ ist.

238 Zeitlose Auflösung (Lohmeyer) ist ebenso auszuschließen wie ein klares zeitliches Nacheinander (Rissi): T. Holtz, Die Christologie der Apokalypse des Johannes, 1971 (TU 85) 216–218. Vgl. O. Böcher, Die Johannes-Apokalypse in der neueren Forschung: ANRW 25,5 (1988) 3850–3893.

239 Es findet sich auch im Nachtrag Joh 21,15, aber für Gemeindeglieder (vgl. P. Whale, The Lamb of John: JBL 106 [1987] 289–295).

240 KG III 39,6. J. Roloff, die Offenbarung des Johannes, 1984 (ZBK) 15 f. zeigt am Eingang der Offenbarung die Verwandtschaft mit paulinischen und nachpaulinischen Briefeingängen.

241 R. Schütz, Die Offenbarung des Johannes und Kaiser Domitian, 1933 (FRLANT 50) 63.

242 Irenaeus Haer. I 14,6 (Harvey 8,7); Hippolytus El. VI 49,5.

243 L. Brun, Die römischen Kaiser in der Apokalypse: ZNW 26 (1927) 148, A. 1 (als fragliche Möglichkeit). Weiteres bei L. Kreitzer, John and the Nero *Redivivus* Myth: ZNW 79 (1988) 92–115, bes. 92 A. 2: griechisch möglich wäre *Nerōn Kaisar ōn*.

244 So H. Kraft, Die Offenbarung des Johannes, 1974 (HNT 16a) 222.

245 Bei E. Stauffer, 666: CNT 11 (1947) 237.

246 Dazu vor allem U.B. Müller, Prophetie und Predigt im Neuen Testament, 1975 (StNT 10).

247 Körtner (A. 54) 129–132 denkt auch bei den Autoritäten, auf die sich Papias beruft, an Wanderprediger.

248 Schweizer, Matthäus (A. 186) 163–170; jetzt auch Theissen, Wanderradikalismus (A. 9) 83–101 mit A. 20 und 64, zu 1 Kor 9: ders. (A. 67).

249 Überblick über die verschiedenen Auslegungen bei G. Maier, Die Johannesoffenbarung und die Kirche 1981 (WUNT 25) (Zusammenfassung 619–624). Daß sich übernommene Bilder und kreative Neufassung verbinden, zeigt E. Lohse, Wie christlich ist die Offenbarung des Johannes? NTS 34 (1988) 323 f.

250 Conzelmann (A. 7) 119–126.

251 Vorsichtig als Analogie bezeichnet bei H. Schürmann, Auf der Suche nach dem „Evangelisch-Katholischen", in: Kontinuität und Einheit (FS F. Mussner) Freiburg 1981, 354 (und dazu E. Schweizer in: Charisma und Institution, ed. T. Rendtorff, Gütersloh 1985, 332 f., A. 77).

252 In christlich-gnostischen Schriften finden sich in der Regel nur Offenbarungsreden des Auferstandenen (wieweit das Tomasevangelium gnostisch ist, fragt sich) und Wunder der *Apostel* (s. o. 2.1 und Achtemeier [A. 13] 199, A. 3: sogar bei den Apostolischen Vätern).

Sachregister*

---

* Verwiesen wird auf Kapitel und Paragraphen. Besonders wichtige Stellen sind kursiv gedruckt.

Höllenfahrt Christi: 23.4
Hymnen: 5.8-13

Ideologie: 25.8; 26.3
Inkarnation: s. Fleischwerdung
Israel: 4.1; 5.3; 13.6; *16.4*; 21.4; 23.1,7; *26.6*;
   27.8 (vgl. Juden, Zwölfstämmevolk)

Jerusalem: 16.2; 21.5 (himmlisches); 25.4
   (vgl. Galiäa/Jerusalem)
Jesus (irdischer): 6.2-3; 8.4 (Apg, Paulus,
   Joh.briefe); *8.9-10*; V Vorbem.; 25.8
Johannes/Synoptiker: 8.4
Johannes der Täufer: 2.6
Judas: 4.4
Juden: 10.4; *12.5*; *13.2*; *16.4*; 23.7; 27.11; 29.8
   (vgl. Israel)
Judenchristen/Heidenchristen: 16.2; *18.4-5*;
   20.4; *21.1*; 23.7

Kanon: 23.1-3,6 (vgl. Schrift)
Kerygma: 7.9; *8.9-10*
Kirche: 2.8 (durch Jesus gegründet?); 3.2
   (Fundament?); 18.4-5 (Braut Christi);
   23.5-6 (allg. Priestertum); 26.4 (Jünger-
   schar); 28.4 (Apg); 29.6; 30.4-5 (joh.)
   (vgl. Amt, Hausgemeinden, Judenchristen,
   Leib Christi)
Kollekte: 12.2,6; 13.1; 28.4
Kosmos: 5.11; 7.8; 17.5,7; 31.3
Kult: 21.4,6
Kyrios: s. Christologie (Herr)

Lamm: s. Christologie (Lamm)
Leben/Lehre: 8.2,5; 11.6; 20.4
Leib Christi: 11.4; 17.7; 18.3 (vgl. Kirche)
Leidensgeschichte: 4.3-4; 7.2,7,9; 8.4,8; 27.3
Logos: 5.13; 7.8; 31.3
Lukas-Sondergut: 7.4; 27.3

Mahl (Abend-, Herren-): 3.3; 4.3; 5.4; 11.4;
   29.4
Markus: 8.10; 25
Melchisedek: 21.2-4
Menschensohn: *3.8*; 4.2; 5.13; 7.5-8; 8.8
Messiasgeheimnis: 25.5
Monotheismus: 5.2

Nachahmung: 10.4; 21.5
Nachfolge: 3.1,9-10; 6.2; 7.7; 21.5; 26.4
Nero: 31.1

Ostern (als Zäsur): 3.10; 8.6; 9.6; 25.3-4;
   28.3/ = Karfreitag/Himmelfahrt: 21.3;
   29.7

Parusie: 3.3,5-8; 5.2,10; 7.8; 8.4; 10.3; 19.2;
   24.4; 25.1,4; 30.2
Passa: 1.2; 29.2
Passion: s. Leidensgeschichte
Petrusbekenntnis: 2.7; 26.5
Präventivzensur: 3.1
Propheten (christliche): 2.4-5; 3.1-2,4,8,*9*,10;
   8.4,7; 18.3; 24.2; *31.2*
Pythagoreer: 17.4

Q: *7*; 8.2

Raum/Zeit: *5.9*,11; 18.6; 21.5
Rhetorik: 13.5; 16.3
Revelationsschema: 5.7; 17.5

Sabbat: 2.2
Sätze heiligen Rechts: 3.4
Schöpfung: 5.11; 17.5; 24.4/neue Schöp-
   fung: 13.3,5; 16.3
Schrift (Autorität): 6.1-2 (gegen Mündlich-
   keit); III Vorbem. (Situationsbedingtheit),
   24.2 (Paulusbriefe) (vgl. Dialogcharakter,
   Kanon)
Schriftgelehrte (christliche): 4.2; 26.1,5
Schwäche (positiv): 12.7; 16.6; 25.3
Seele: 11.5; 17.3,5; 20.2 (vgl. Anthropologie)
Sendung (des Sohns): 5.6
Staat: 20.4; 31.5

Taufe: 2.6 (Jesu); *28.5* (Wasser-/Geisttaufe);
   29.4
Tod (Jesu, Bedeutung): 5.4-5,10; 7.7,*9*,10;
   8.5,7; 11.*3*,6; 25.6; 27.5; 30.2
Typologie: 21.4

Völker: -wallfahrt: 7.6; *23.7*; -mission: 17.5;
   18.5; 23.7; 25.4; 26.6; 28.4 (vgl. Revelationsschema)

Weisheitschristologie: 2.6; 5.6,13; *7.4-10*;
   26.8; 30.2
Werk(e): 16.5; 18.5; 20.5; 22.3-4
Wundergeschichten: *2.1*; 7.1; 8.10; 25.3,5;
   29.3,8

Zahlenspiele 31.1
Zweiquellentheorie: 7.1
Zwölfstämmevolk: 2.8; 7.6; 22.1 (vgl. Israel)

Bibelstellenregister*

Altes Testament / Frühjudentum

1 Mose 14,18-20: 21.2,4 / *15,6:* 22.1-2
1 Könige 19,19-21: 3.1
Hiob 40,10-13: 31.3
Psalm 2,7: 5.3 / *22:* 4.4 / *69,24.26:* 4.4 /
   103,2-3: 5.1 / *104,12:* 4.1 / *109,8.18:* 4.4 /
   110,4: 21.2
Sprüche 8,22-31: 5.6
Jesaja 2,2-3: 23.7 / *53,7-12:* 4.4; 5.5; 7.9-10;
   8.8 / *66,20:* 23.7
Ezechiel 17,23 und *31,6:* 4.1
Daniel 4,18-19: 4.1 / *7:* 4.2
Hosea 6,2: 5.5
Sacharja 11,12-13: 4.4
Sirach: 5.6 / *24,23* und *51,23-24:* 26.8
Weisheit: 5.6 / *2-5:* 7.9; 25.7
Henoch (äth.): 24.1 / *42:* 7.7

Neues Testament

Matthäus (Kap. 26) *2,1:* 1.2 / *5,32.38:* 2.2 /
   6,9-13: 2.9 / *8,11-12:* 23.7 / *10,41:* 3.1 /
   11,2.19: 2.6; 26.8 / *11,25-27:* 2.9 / *13,55:*
   1.3 / *16,13-20:* 2.7-8 / *18,10-14:* 2.4 /
   18,24-25: 2.3 / *24,45-51:* 3.6 /
   25,1-13: 3.5 / *25,14-30:* 3.6 / *27,53-54:*
   3.3 / *28,16-20:* 1.1
Markus (Kap. 25) *1,1:* 6.2 / *1,9-11:* 2.6 /
   1,16-20: 3.9 / *2,14:* 3.9 / *2,27-28:* 2.2, 8.2 /
   4,1-20.33-34: 2.4-5 / *4,32:* 4.1 / *5,19-20:*
   2.1 / *6,3:* 1.3 / *6,7-13:* 3.1 / *7,15:* 8.2 /
   8,27-33: 2.7 / *9,24:* 2.1 / *10,38:* 5.4 / *10,45:*
   4.4; 5.4 / *13,7-37:* 2.9; 3.3,5; 4.2 / *14,24:*
   4.4 / *14,27-28:* 2.8 / *14,36:* 2.9 / *14,62:*
   4.2 / *15,41:* 3.9 / *16,7:* 1.1
Lukas (Kap. 27) *1,5:* 1,2 / *2,2:* 1.2 / *3,1-2.23:*
   1.2 / *7,18-35:* 2.6; 7.7 / *7,22-23:* 6.3 / *7,34:*
   8.2 / *8.3:* 1.3; 2.8; 3.9 / *9,58:* 8.7 / *10,3-11:*
   3.1 / *10,4:* 8.4 / *11,2-4:* 2.9 / *11,20:* 6.3;
   7.8 / *12,8-9:* 3.4,8; 7,7-8 / *12,36-40:*

3.5 / *12,42-46:* 3.6 / *12,50:* 5.4 / *13,18-19:*
   2.8; 4.1 / *13,21:* 2.3 / *13,33-35:* 7.7 / *15,1-7:*
   2.4 / *15,11-32:* 2.3 / *19,11-27:* 3.6 /
   22,30.32: 2.8 / *24,34:* 1.1
Johannes (Kap. 29) *1,1-18:* 5.13; 7.7,10 / *1,14:*
   9.5; / *3,16-17:* 5.6 / *6,1-30:* 7.2 / *6,68-69:*
   2.7 / *12,1-8:* 8.4
Apostelgeschichte (Kap. 28) *5,1-10:* 3.4 / *8,1-5:*
   3.9; 8.3 / *10,37; 13,24-25; 18,25; 19,3-4:* 1.7
   / *13,33:* 5.3 / *15:* 8.2; 9.1 / *18,12:* 9.1 /
   18,22-23: 9.2; 16.2 / *18,24-25; 19,1-3:* 8.3 /
   18,26: 15.3 / *20,35:* 8.10 / *21,8-10:* 3.9 /
   21,25: 9.1; 13.3 (vgl. auch Kap. 27 und
   Sachregister „Christologie")
Römerbrief (Kap. 16) *1,3-4:* 5.3; 23.4 / *4,25:*
   4.4; 5.4-5 / *5,20:* 14.5 / *6,3-9:* 5.4; 17.6 /
   8,3-4: 5.6 / *10,9:* 5.2 / *11,11-32:* 23.7 /
   15,24.28: 9.2; 14.2 / *16,3-5.23:* 15.3 /
   16,25-27: 5.7
1 Korintherbrief (Kap. 11) *3,11:* 9.6 / *3,17:* 3.4
   / *4,4-5:* 3.8 / *4,8:* 17.6 / *5,1-5:* 3.4 / *9,1-18:*
   8.4; 31.2 / *9,5:* 1.1 / *11,23-27:* 3.3; 4.3; 5.4;
   6.2 / *11,30:* 3.4 / *12,3:* 5.1 / *14,24-25:*
   31.2 / *15,3-5:* 5.2,5; 6.2; 25.3
2 Korintherbrief (Kap. 12) *8,9:* 5.6; 8.7 / *12,14;*
   13,1: 9.2
Galaterbrief (Kap. 13) *1,17-2,2:* 8.3,7; 27.1 /
   1,22: 9.2 / *2,1-21:* 9.1; 16.2 (vgl. 16.3)
Epheserbrief (Kap. 18) *2,11-22:* 23.7 /
   3,1-3.8-11. 5.7 / *5,14:* 5.8
Philipperbrief (Kap. 14) *1,23:* 2.3; 14.4 / *2,5:*
   14.7 / *2,6-11:* 5.6, 10; *7,8,10;* 8.7
Kolosserbrief (Kap. 17) *1,15-20:* 5.6, 11 /
   1,25-26: 5.7 / *4,14:* 27.1 / *4,16:* 9.3 / (vgl.
   auch 18.1)
1 Thessalonicherbrief (Kap. 10) *1,10:* 5.2; 8.7 /
   4,15-18: 3.3; 8.7 / *5,2.4:* 3.5
2 Thessalonicherbrief (Kap. 19)
Pastoralbriefe (Kap. 20) *1 Tim 3,16:* 5.12 /
   2 Tim 4,11: 27.1
Philemonbrief (Kap. 15) *24:* 27.1 / (vgl. auch
   17.2)

---

* Aufgeführt werden nur Stellen, die außerhalb des (in Klammern angegebenen) Kapitels stehen, in dem die
betreffende Schrift behandelt wird. Q wird meist nach Lukas zitiert.